Der Schauspieler und die Musik

In Erinnerung an Doris Winkler

Der Schauspieler und die Musik

Szenisches Lied – Bühnenlied – Melodram

Ein Lehr- und Arbeitsbuch

Hans Martin Ritter

Henschel Verlag

Bildnachweis

Die Fotos auf den Seiten 21, 24 und 33 stammen von Katharina Megnet und wurden zuerst publiziert in dem Buch *Sprechen auf der Bühne*. Die übrigen *Fotos* stammen aus Projektzusammenhängen an der Hochschule der Künste Berlin und der Hochschule für Musik und Theater Hannover. Das Umschlagfoto zeigt Nina Weniger, ehemals Hochschule für Musik und Theater Hannover, in einer Szene aus *Richards Korkbein* von Brendan Behan.

Sie können uns 24 Stunden am Tag erreichen unter:
http://www.dornier-verlage.de
http://www.henschel-verlag.de

Die Deutsche Bibliothek – CIP-Einheitsaufnahme
Ein Titeldatensatz für diese Publikation ist bei Der Deutschen Bibliothek erhältlich.

ISBN 3-89487-403-1

© September 2001 Henschel Verlag, Berlin
Der Henschel Verlag ist ein Unternehmen der Verlagsgruppe Dornier.
Lektorat: Martin Rundel
Umschlaggestaltung: DesignBureau Di Stefano, Berlin
Gestaltung, Satz, Litho: AS Typo & Grafik, Berlin
Notensatz: Lothar Gliese
Druck und Bindung: Wiener Verlag, Himberg
Printed in Austria

Inhalt

Vorbemerkung

Das Buch *Der Schauspieler und die Musik* verhält sich zu dem vorangegangenen Buch *Sprechen auf der Bühne* wie die Kür zur Pflicht. Das bezieht sich sowohl auf den Autor wie auf die schauspielerische Praxis. Während das *Sprechen* ohne Frage zu den Kernkompetenzen gehört, ohne die Schauspiel nicht denkbar ist, wird das *Singen* gelegentlich als Ausflug in das Umland des beruflichen Vergnügens empfunden. Die verbreitete Lust am Singen innerhalb der Ausbildung und die derzeit in fast allen Theatern bei Akteuren wie bei Zuschauern beliebten szenischen Liederabende spiegeln das – mögen sie nun von *Sekretärinnen* oder von *Liebe* und *Mondnächten* handeln. Amüsanterweise geht dieses Vergnügen häufig mit einer kleinen schauspielerischen Koketterie einher – beispielsweise der Behauptung, eigentlich nicht singen zu können und nicht eine einzige Note zu kennen, und der Bereitschaft, statt dessen singend die schauspielerische *Sau* herauszulassen. Die Herausforderungen der Musik verlangen vom Schauspieler allerdings über die Lust hinaus wirkliche Auseinandersetzungen. Es gibt Beispiele dafür, daß dort, wo diese Herausforderungen angenommen und bewältigt werden, auch ungewöhnliche *schauspielerische* Ereignisse entstehen. Zu den besonderen Erfahrungen dieser Art gehören für den Verfasser die *Ophelia*-Szenen in der Hamletfassung der alten Berliner Schaubühne von Michael Grüber mit Jutta Lampe und verschiedene Inszenierungen von Christoph Marthaler. Eine solche befruchtende Wechselwirkung beider Künste ereignet sich leider nicht sehr häufig. Es ist immer wieder schmerzlich zu sehen, wie die Wirkungsmöglichkeiten der Musik und des schauspielerischen Singens – selbst bei großen Regisseuren – als schnelle Zutat verschenkt oder verspielt werden.

Das vorliegende Buch will mithelfen, Voraussetzungen für eine intensive Begegnung und Durchdringung musikalischer und schauspielerischer Kompetenz zu schaffen. Es wendet sich in diesem Sinne an die Lehrenden und Studierenden in der Schauspielausbildung ebenso wie an diejenigen, die bereits in der Theaterpraxis angekommen sind: an Schauspieler, Regisseure und Musiker. Es wendet sich auch an die, die über den professionellen Bereich hinaus theaterpädagogisch arbeiten und damit für ein breiteres Bewußtsein der Möglichkeiten einer solchen Wechselwirkung sorgen können. Unabhängig von dem Zielbereich Theater kann es natürlich all denen nützlich sein, deren künstlerischer Schwerpunkt ohnehin die Stimme, der Gesang oder die musikalische Performance ist. Das gilt nicht nur für den Barden und die Diva des Chansons, sondern in mancher Hinsicht auch für den klassischen Sänger, der nach Anregungen sucht, bestimmte sängerische Konventionen zu sprengen.

Auch für den Autor bedeutet die Publikation dieses Buches eine Art Kür, in der seine ursprüngliche Profession als Musiker in Wechselwirkung tritt zu seiner zentralen Aufgabe in der Schauspielausbildung in den letzten Jahren. Das Buch fußt auf den Erfahrungen des Verfassers in der künstlerischen Praxis, den Auftritten als Konzert- und Bühnensänger, als Sprecher in Melodramen, in Werken neuerer Musik oder in Formen experimenteller Improvisation, und nicht zuletzt den Erfahrungen als Liedbegleiter. Es fußt auf der langjährigen Praxis als Hochschullehrer und auf einer Reihe von wissenschaftlichen Untersuchungen zu angeschnittenen Fragen. Auslöser für die Entdeckung vieler Arbeitsformen und Wege zu Stimme und Stimmentfaltung war natürlich vor allem die Arbeit mit den Studentinnen und Studenten. Wichtige Impulse entstanden in der Zusammenarbeit mit Partnern in der Ausbildung und in der künstlerischen Praxis und Forschung. Ihnen allen ist hier zu danken. Das Buch wäre jedoch in dieser Form nicht denkbar ohne die frühe Begegnung mit *Doris Winkler*. Diese bedeutende Gesangspädagogin an der ehemaligen *Hochschule für Musik Berlin*, dem klassischen Singen ebenso verhaftet wie es letztlich überschreitend, war in vieler Hinsicht geprägt von der Zusammenarbeit mit Walter Felsenstein an der *Komischen Oper Berlin*. Für sie war das Wort, die Sprache und das Sprechen, der unverrückbare Ausgangspunkt für die Entfaltung des Ausdrucks in der Gesangstimme. Der Zusammenarbeit mit dieser Frau und der langjährigen stimmlichen Betreuung durch sie verdankt der Verfasser wesentliche Erfahrungen und nicht zuletzt den Impuls zur Weitergabe dieser Erfahrungen an andere, auch wenn sich die Gegenstände und das eigene Berufsfeld schließlich verlagerten und wandelten. Ihrem Andenken ist das Buch gewidmet.

Prolog

Musik und Schauspielkunst

Schauspielkunst und Musik haben eine fruchtbare und wechselvolle gemeinsame Geschichte. In archaischen Kulturen erscheint der Komplex der Künste ungesprengt und miteinander verwachsen im kultischen Ritual. Es gibt keine szenische Aktion, die nicht vom Tanz mitbewegt würde, keine Äußerung in Worten, die nicht zugleich zum Gesang ansetzte. Auch das europäische Theater entsteht aus einer solchen Einheit von Musik, Dichtung und Tanz. Der *Dithyrambos, das getanzte Chorlied,* in dem der *Mythos* als *Mimesis* gegenwärtig wird, ist Kern und Ausgangspunkt der antiken Tragödie. Bei aller Entfernung von der ursprünglichen kultischen Handlung hat sie auch in ihrer höchsten Entfaltung diese Einheit nie vollständig verloren. Insbesondere in den Chorpartien bleibt sie ungebrochen, und in den Soli der Protagonisten, insbesondere im klagenden Wechselgesang mit dem Chor, dem *Kommos,* entfaltet sie sich – schon bei Sophokles und vor allem bei Euripides – zur ausgesungenen *Arie.* Das hat mit dem heutigen Verständnis einer Wechselwirkung von Musik und Schauspiel nur wenig zu tun. Wenn es direkte Verbindungslinien von der Antike in die Neuzeit gibt, so finden sie sich eher im liturgischen Drama, in den Mysterienspielen des späten Mittelalters oder im *Oratorium,* in den *Passionen,* in denen der christliche Mythos in Gesang und Wort sich äußert, während der Tanz, als sinnlichstes Element dieser Einheit, allmählich verschwindet.

Die Oper hat demgegenüber ein völlig neues Verhältnis zwischen Schauspielkunst und Musik etabliert. Der Versuch, das antike Theater in der italienischen Renaissance wiederzubeleben, mündet durch ein schöpferisches Mißverständnis in einer völlig neuen Kunstgattung. Allerdings hat sich auch hier verhältnismäßig bald herausgestellt, wer *Herrin* und wer *gehorsamer Diener* ist. In der weiteren Entwicklung, die auch das Oratorium beeinflußt, hat sich schließlich eine weite Kluft zwischen dem Gesang auf der Opernbühne und dem aufgetan, was sich im Schauspiel an musikalischen Momenten erhalten und weiterentwickelt hat. Richard Wagners Versuch, Wort und Musik im *Musikdrama* zu versöhnen und in ein neues Gleichgewicht zu bringen, hat diese Kluft zwischen den Spielarten des Gesangs auf der Bühne weiter vertieft und verbreitert. Jedenfalls leitet sich die heutige Diskrepanz zwischen klassischem Gesang und schauspielerischem Singen nicht zuletzt ab aus der Prägung der Gesangskultur durch die Entwicklung der Oper im 19. Jahrhundert. Diese Prägung hat indirekt auch die intimere Spielart des klassischen Gesangs, das *Kunstlied,* dem Schauspiel entfremdet. Brücken zum Schauspiel und seiner Art, Musik einzubinden, schlagen da eher die spielerischen, z. T. parodistischen Reaktionen auf das Überwuchern der Musik und des Gesangs in der Oper wie das *Singspiel,* die *Operette* oder auch das *Musical.*

Sucht man eine eigene Wurzel des schauspielerischen Singens, so findet man sie ansatzweise bei den *Joculatores*, den Spaßmachern, den Spielleuten und Balladensängern des späten Mittelalters und der frühen Neuzeit oder auch im frühen *Bänkelsang*, das heißt, vor allem im Bereich der *niederen* Musikpraxis außerhalb der Kirche oder des höfischen Raumes – letztlich auf dem Markt oder dem Dorfplatz. In diesem Milieu entstehen wenigstens zum Teil auch die frühen Formen neuerer Theaterkunst wie die *Commedia dell' arte* in Italien, in denen Wort, Musik und Tanz zu einer neuen komödiantischen Einheit finden. Diese Einheit ist allerdings weniger von einem wechselseitigen Durchdringen der Elemente bestimmt wie in der Antike als durch ihren Wechsel im improvisatorischen Spiel und orientiert sich musikalisch an den Tänzen und Liedern des Volkes. Aus diesen und ähnlichen Quellen – etwa auch den Lautenliedern im sangesfrohen England des 16. und 17. Jahrhunderts – entwickelt sich schließlich eine eigene Traditionslinie des Singens auf der Schauspielbühne, die unsere Theaterkultur bis heute beeinflußt: das Lied als Einlage oder als Erscheinung der Alltagskultur. Diese Traditionslinie reicht im deutschsprachigen Theater – ausgehend von dem entscheidenden Impuls Shakespeares – über Goethe, Büchner und gewisse österreichische Sonderformen bei Nestroy und Raimund bis zu Wedekind, Horváth und Brecht und findet sich selbstverständlich auch im europäischen Theater insgesamt überall da, wo das Lied Teil der Alltagskultur ist.

Die intensivste Weiterentwicklung und Reflexion des *Theaterliedes* – vom situativ eingebundenen *szenischen Lied* bis zur exponierten Liedeinlage auf der Bühne – wird dabei im Umraum des Brechtschen Theaters geleistet. In dieser Phase der Theaterentwicklung von den zwanziger zu den fünfziger Jahren des vorigen Jahrhunderts emanzipiert sich das Singen auf der Bühne endgültig von den ästhetischen Kategorien des klassischen Gesangs und entwickelt eine eigenständige Qualität gegenüber allen anderen Formen professionellen Singens. Insbesondere die

Tatsache, daß sich hochrangige Komponisten mit Brecht und seinem Theater verbündeten, ist für diesen Entwicklungsschub verantwortlich. Die derzeitige Überschwemmung des Theaterereignisses und seiner Ästhetik durch die Allgegenwart medial vermittelter Musik hat diese besondere Qualität z. T. wieder verschwinden lassen. Nur im Kinder- und Jugendtheater, vor allem in den Produktionen des Gripstheaters in Berlin, hat sich eine ähnliche Liedkultur – nicht zuletzt aus der Tradition des Kabaretts – erhalten. Im übrigen hat sich die ehemalige Abhängigkeit des schauspielerischen Singens vom klassischen Modell heute vielfach ausgetauscht gegen eine Abhängigkeit von Mustern einer medial vermittelten Musikindustrie.

Das gestische Prinzip

Die eigene Qualität des schauspielerischen Singens ist eng mit dem Begriff des *Gestischen* verbunden oder läßt sich unter diesem Begriff beschreiben. Die Entdeckung und Reflexion dieses gestischen Moments – auch in der Musik – geht auf *Brecht* zurück, der es in jedem Element des Theaterereignisses aufsuchte und herausarbeitete: »Den Bereich der Haltungen, welche die Figuren zueinander einnehmen, nennen wir den *gestischen* Bereich. Körperhaltung, Tonfall und Gesichtsausdruck sind von einem gesellschaftlichen Gestus bestimmt.« (16, 665) Unter diesem Begriff des Gestischen ist damit keineswegs eine besondere Kultur des Gestikulierens zu verstehen: »(…) es handelt sich nicht um unterstreichende oder erläuternde Handbewegungen« (15, 482). Gemeint sind vielmehr die im Sozialen verankerten Formen des Miteinanders von Menschen: »Wie sie zueinander ins Zimmer treten mit Plänen / Oder mit Gummiknüppeln oder mit Geld / Wie sie auf den Straßen stehen und warten / Wie sie einander Fallen bereiten / Voller Hoffnung …« – und ihre körperlichen, ihre stimmlichen und sprachlichen Ausprägungen – einschließlich der Handlungsintentionen und der Motive des Handelns, die ihnen zugrunde liegen: »Alle die bittenden Worte, alle die herrischen / Die flehenden, die mißverständlichen / Die lügnerischen, die unwissenden / Die schönen, die verletzenden …« (Brecht, *Lied des Stückschreibers*: 9, 789)

Auch Elemente des Bühnenbildes und nicht zuletzt die Musik entfalten diese gestischen Qualitäten. Nur so können sie Teil des Ereignisses auf der Bühne und der Prozesse dort werden. Was Brecht zum gestischen Sprechen notiert, gilt sinngemäß auch für das Singen: »Man muß dabei im Auge behalten, daß ich meine Hauptarbeit auf dem Theater verrichte (…). Und ich hatte mir für das Sprechen (…) eine bestimmte Technik erarbeitet. Ich nannte sie gestisch. Das bedeutet: die Sprache sollte ganz dem Gestus der sprechenden Person folgen.« (19, 398) Auch die Musik, das Lied auf der Bühne, die Art und Weise des Singens und die Qualität der Stimme folgen demnach dem Gestus der singenden Person. Das eigentliche

Anliegen des Singens wird die besondere Form der Zuwendung, der Behandlung eines anderen Menschen oder die Beziehung zu ihm, nicht aber die gesangliche Darbietung selbst – es sei denn, das schauspielerische Moment verkörpere sich in dieser Darbietung – etwa im Gestus eines Sängers oder einer Sängerin.

Nun stiftet die Musik im Alltag ohnehin Beziehungen, organisiert das Zusammenleben von Menschen oder formt es aus. Der Musik wohnt in vielen Fällen ein natürlicher, vom Alltagsleben geprägter Gestus inne: im Schlaf- oder Wiegenlied, im Liebes- oder Spottlied, im Fest- oder Trauermarsch, in der Tanzmusik, im Choral und letztlich auch im Kunstereignis des Konzerts, das ein Publikum in schweigende Andacht versinken läßt. Diese situative und damit gestische Qualität spiegelt sich in vielen szenischen Situationen: In Büchners *Woyzeck* singt *Marie* ihrem unruhigen Kind ein Lied, um es zum Einschlafen zu bewegen, in Büchners *Dantons Tod* will *Lucile* ihren *Camille* mit einem Liebeslied aus dem Gefängnis locken, in Shakespeares *Was ihr wollt* singt der *Narr* dem *Herzog* ein Liebeslied, um ihn in seinem Liebeskummer zu trösten, und im gleichen Stück singt er mit den Junkern *Tobias* und *Christoph* einen Kanon, um sich mit ihnen zu amüsieren.

Diese einfachen gestischen Momente können sich mit anderen überlagern. Das Lied der *Marie* aus dem *Woyzeck* von Büchner scheint in der szenischen Situation ein einfaches Schlaf- oder Wiegenlied zu sein. Andererseits richten sich seine Worte an Mädchen und warnen vor riskanten erotischen Abenteuern. Das sind zwei sich widersprechende Grundgesten.

> *Marie sitzt mit dem Kind auf dem Schoß, ein Stückchen Spiegel in der Hand. Bespiegelt sich:* Was die Steine glänzen! Was sind's für? Was hat er gesagt? – Schlaf Bub! Drück die Auge zu, fest! *Das Kind versteckt die Augen hinter den Händen.* Noch fester! Bleib so – still, oder er holt dich! *Singt:*
> Mädel mach's Ladel zu,
> 's kommt ein Zigeunerbu,
> Führt dich an deiner Hand
> Fort ins Zigeunerland.
> *Spiegelt sich wieder:* 's ist gewiß Gold! Wie wird mir's beim Tanzen stehn? … *Das Kind richtet sich auf.* Still, Bub, die Auge zu! Das Schlafengelchen! Wie's an der Wand läuft – *sie blinkt mit dem Glas* – die Auge zu, oder es sieht dir hinein, daß du blind wirst!

Die beiden Grundgesten des *Wiegens* und des *Warnens,* die im Lied angelegt sind, verwandeln sich im Verhalten *Maries* in eine doppelte *Bedrohung*: die des Kindes und die der eigenen Person. Die Spiegelscherbe, in der sie sich mit dem Schmuck betrachtet, verbindet beides. »Drück die Auge zu, fest!« richtet sich ebenso an den

Bub wie an sie selbst. Die Gefahr – der *Zigeunerbu* – erscheint für das Kind im Lichtfleck des *Schlafengelchens*, für sie mit dem *Tambourmajor* im gespiegelten Gold. Blindwerden und Verlorengehen in ungewisser Zukunft durch Verführung – beides findet sich im *Zigeunerland*. Was in der Rede getrennt erscheint, berührt sich im Singen und wird eins im Lied.

Diese gleichsam naturgegebene gestische Qualität situativer Lieder ist aber nur *ein* Aspekt gestischer Musik und gestischen Singens. Für die Komponisten, die sich mit Brecht für die Entwicklung einer gestischen Musik engagieren, stellen sich weitergehende Fragen: Was kann Musik von sich aus leisten, um diesen gestischen Aspekt zu entwickeln? Und was kann sie im Zusammenwirken und im Wechselbezug zu den anderen Künsten leisten, um solche gestischen Überlagerungen und Widersprüche einer Situation musikalisch zu konturieren? In seinem Aufsatz *Über den gestischen Charakter der Musik*, der ersten publizistischen Äußerung über gestische Musik und über den Gestusbegriff überhaupt, stellt Weill sehr grundsätzliche Fragen, die letztlich auch über den engen kooperativen Zusammenhang der Arbeit mit Brecht hinausgehen: »Wie ist die Musik auf dem Theater beschaffen, und gibt es bestimmte Eigenschaften, die Musik zur Theatermusik stempeln?« Seine Beispiele findet Weill – abgesehen von eigenen Kompositionen zur *Mahagonny-* oder *Dreigroschenoper* – nicht zuletzt in der klassischen Musik: »Wir finden gestische Musik überall, wo ein Vorgang zwischen Mensch und Mensch in naiver Weise musikalisch dargestellt wird. Am auffallendsten in den Rezitativen der Bachschen Passionen, in den Opern Mozarts, im *Fidelio* (…) bei Offenbach und Bizet.« (Weill, 42) In dieser und ähnlichen Einschätzungen trifft sich Weill mit Brecht. Ein Beispiel für ein solches gestisches Moment ist das *Rezitativ* aus der Bachschen *Johannespassion*, in dem der fließende Sprechduktus des Erzählers, der Rezitationston, durch die Vorstellung der bevorstehenden Kreuzigung unterbrochen wird. Gestisch gesprochen, wird in den Vorgang des Erzählens durch ein »koloraturartiges Verweilen« auf dem Wort »gekreuziget« der Gestus der Klage eingefügt. Dieses »koloraturartige Verweilen« ist also – laut Weill – durch ein »gestisches Verweilen an der gleichen Stelle zu begründen« (Weill, 43):

Weill reflektiert hier vor allem das Problem der musikalisch-melodischen Diktion. Selbstverständlich lassen sich auch alle anderen musikalischen Erscheinungen in den Dienst des Gestischen stellen – anders gesagt: auch Rhythmus, Harmoniebewegung, motivische Struktur, Stil und Tonfall des Singens können gestische

Momente enthalten. So verwendet Eisler im *Song von der Ware* aus der *Maßnahme* Brechts die chromatisch gewundene Melodie und die rhythmischen Motive der Begleitung, um Haltungen und gestische Widersprüche zu markieren. Zusätzlich wünscht er sich für den singenden Händler das Timbre eines Operntenors und damit makellose Glätte und einen Hauch bürgerlicher Kultiviertheit (vgl. S. 75).

Solche gestischen Umsetzungen finden sich nicht nur bei Komponisten, die sich ausdrücklich auf Brecht berufen. Auch die Überlegungen Weills unterstreichen, daß der Begriff des Gestischen und der gestischer Musik keinesfalls auf Brecht und sein Theater- und Musikverständnis beschränkt bleiben. Gestische Momente sind in jeder Musik zu finden, die die Qualität menschlichen Verhaltens in sich birgt und äußert. Sie lassen sich auch gegen die ursprünglichen Intentionen oder Zusammenhänge einer Musik szenisch neu *komponieren*. So fügen sich in einer zentralen Szene aus Horváths *Kasimir und Karoline* mehrere Momente zu einem grotesken und zugleich rührenden gestischen Komplex zusammen: In einer Abnormitätenschau auf dem Münchner Oktoberfest muß das Gorillamädchen *Juanita* – »am ganzen Leib behaart« – die *Barkarole* aus *Hoffmanns Erzählungen* von Offenbach singen. Derweil findet zwischen *Karoline* und ihrem neuen Verehrer eine erste schüchtern-ungelenke erotische Annäherung statt:

> *Der Ausrufer – schlägt auf den Gong:* ... Und nun wird sich Juanita erlauben, den Herrschaften eine Probe ihrer prächtigen Naturstimme zu geben! Darf ich bitten – *Auf einem ausgeleierten Piano ertönt die Barcarole aus »Hoffmanns Erzählungen«. Juanita singt. Und während sie singt, legt Schürzinger langsam seinen Arm um Karolines Taille, und auch ihre Waden respektive Schienenbeine berühren sich.*
> Schöne Nacht, du Liebesnacht
> O stille mein Verlangen! ...

Die Süße der Melodie und ihre emotionalen Versprechungen, im Kontrast zu der grotesken Zurschaustellung der Sängerin, gehen eine innige und zugleich widersprüchliche Verbindung ein mit dem ungelenken Liebeswerben. In ähnlichem Kontrast stehen die Abnormitätenschau und das Oktoberfest mit dem ursprünglichen Ort, an dem die *Barkarole* erklingt: einem erlesenen venezianischen Ambiente (vgl. S. 90 f.).

Unabhängig also von Zeit, Stil und Herkunft einer Musik liefert der Begriff des Gestischen Kriterien für eine Musik, die sich in schauspielerische Prozesse einfügt und sie trägt. Für den Schauspieler liegt darin neben seiner originär schauspielerischen auch eine musikalische Aufgabe: Er muß situativ und gestisch singen können und muß im musikalischen Prozeß und in der musikalischen Struktur Stützpunkte für sein gestisches Verhalten suchen.

Singen in der Schauspielausbildung

Das Singen in der Schauspielausbildung läßt sich aus dem Gesagten mehrfach und differenziert begründen. Die nächstliegenden Aufgaben eines Schauspielers betreffen die szenischen Lieder als Teil einer szenischen Situation. Sie sind zu singen in der Art, wie eben Menschen *im Leben* in den verschiedenen Situationen zu singen anfangen und so ihre Gefühle und Meinungen in Liedern auftun oder verschlüsseln. Das fordert Schauspieler, die singen können – in dem Maß und in der Weise, in der jeder Mensch singen kann, und wäre es erst im Suff.

In einem anderen Sinn gehört das Singen aber auch – wie etwa das Tanzen, Fechten, die Akrobatik – zu den artifiziellen Fähigkeiten, die bestimmte Formen und Stilarten des Theaters dem Schauspieler abverlangen. Das reicht von den Liedern des Brechttheaters über Chansons, Rocksongs und klassische Liedeinlagen bis hin zu Bruchstücken von Arien – beispielsweise bei Thomas Bernhard – oder zum ausgewachsenen Musical. Nicht jeder Schauspieler muß diese Spannweite haben. Auf der anderen Seite ist die Entwicklung der gesanglichen Möglichkeiten und Fähigkeiten nicht nur eine Erweiterung der szenischen Kompetenz und Professionalität. Die Auseinandersetzung mit den Angeboten und Herausforderungen der Musik ist vielmehr grundlegend für eine entwickelte Schauspielkunst überhaupt. Ein Einstieg in diese Auseinandersetzung ist das gesprochene *Melodram* – abgesehen davon, daß dies auch eine eigene Kunst ist. Auch die Verbindung von Sprechstimme und Musik setzt die Fähigkeit voraus, in musikalische Vorgänge hineinzuhören, sich mit ihnen zu verbinden und in ihnen zu bewegen.

In der gesanglichen Ausbildung für das Schauspiel liegt allerdings eine besondere Problematik. Sie kann sich weder technisch noch ästhetisch an der traditionellen Gesangsausbildung orientieren. Die Stilformen des Kunstgesangs, des italienischen oder deutschen *Belcanto*, welche die Oper und das Konzertpodium beherrschen, sind für das Schauspiel irrelevant – es sei denn, die Oper oder etwa die Figuren des *Kammersängers* (Wedekind) oder der *Primadonna* (Bernhard) seien Gegenstand eines Theaterstücks. Ähnlich verhält es sich mit den Stilformen des Schlagers oder der Rockmusik. Sie sind für den Schauspieler Gegenstand der Imitation. Aber die Hauptkategorie für das Singen auf der Schauspielbühne ist nicht ein Stil oder eine losgelöste gesangliche Schönheit. Die Stimme des Schauspielers muß – wie schön auch immer – vor allem *lebensecht* klingen. Die darin liegende Forderung nach *Natürlichkeit* relativiert sich zwar immer wieder an den jeweiligen kulturellen Kriterien einer Gesellschaft. Sie ist für den Schauspieler aber gerade darin immer gebunden an die Situationen des Alltags und die Intonation der Sprache und des Sprechens und entfaltet sich vor diesem Hintergrund.

In gewissem Sinn ist das schauspielerische Singen damit eine besondere Erscheinungsform des Sprechens auf der Bühne oder des sprechenden Menschen überhaupt. Es darf seine Nähe zum Sprechton und Sprechgestus nie verlieren und muß – auch in exponierten Gesangseinlagen – aus der Alltäglichkeit des Sprechens entstehen. Von daher allerdings läßt sich das Singen in der Schauspielausbildung noch viel elementarer begründen. Gerade in der Stimme äußert sich der innere Zustand eines Menschen in besonderer Deutlichkeit. Sie signalisiert, wie weit dieser Mensch wirklich bei sich ist oder wie weit er mit sich im Zwiespalt lebt. Singen als besondere Art des Sprechens und eben auch als besondere Art der Arbeit an und mit der Stimme macht dies einesteils noch deutlicher, weil es die Stimme stärker herausfordert. Es zeigt aber auch einen wichtigen Weg zur Bearbeitung der Probleme. Man könnte pointiert sagen: bestimmte Probleme des Sprechens lassen sich nur über das Singen lösen. Nicht zu vergessen ist dabei, daß es die besondere schauspielerische Fähigkeit sein muß, in sich die unterschiedlichsten Menschen in den verschiedensten Situationen und Verfassungen zu spiegeln. Das wäre die besondere Qualität der Schauspielerstimme – auch im Gesang.

Von den besonderen Prämissen und der Methode her bildet das vorliegende Buch eine Einheit mit dem Buch *Sprechen auf der Bühne,* dem es auch in Aufbau und Struktur ähnelt. Wie dieses unterteilt es sich in zwei große Arbeitsbereiche: die *elementare* Arbeit und den Bereich des *gestischen Singens,* die Arbeit am Lied. Die elementare Arbeit setzt an den gleichen Punkten an wie das Buch *Sprechen auf der Bühne.* Sie bezieht verschiedene dort entwickelte Arbeitsformen und Übungen ein und wendet sie ins Gesangliche. Wie in der elementaren Arbeit zum Sprechen ist auch beim Singen die Körperaktion der Grundimpuls für die Stimmaktion. Der Begriff des Gestischen greift dabei weit über die Brechtsche Definition hinaus. Er umfaßt jeden inneren Impuls, der zum Handeln und zur Äußerung drängt und sich in ihr verkörpert. Dabei gilt das Prinzip, alle *technischen* Probleme zugleich gestisch und schauspielerisch, das heißt: *situativ* – anzugehen. Hauptaspekte sind die *horizontale* Dimension der Entwicklung des Stimmklangs und die *vertikale* der Gleitklänge, Intervalle und der *Mehrstimmigkeit.* Die kleineren Zwischenkapitel bereiten diese Arbeitseinheiten vor oder setzen bestimmte Erfahrungen spielerisch um. Ein besonderer Gegenstand der Aufmerksamkeit ist dabei der *Sprechklang* als Element und Widersacher des Gesangstons.

Der zweite Teil zum *gestischen Singen* entfaltet die drei wesentlichen Aufgabenfelder des schauspielerischen Singens: das *szenische Lied* als Teilelement der szenischen Situation, das *Bühnenlied* – ausgehend von seinen Grundimpulsen, den Bänkelliedern Wedekinds und des jungen Brecht, bis zu seinen Ausprägungen vor allem bei Weill, Eisler und Dessau – und schließlich die Möglichkeiten der Anverwandlung von Liedern der *Klassik, Romantik,* der *klassischen Moderne* und von *Songs* der zwanziger Jahre, des *Musicals* und des *Jazz.* Neben kleinen Projektbeispielen findet sich in den Zwischenkapiteln ein Abriß zum *Bänkellied* und seinen späten Erscheinungen der *Moritat* und des *Küchenliedes* und eine Anleitung zur Erarbeitung von *Extremklängen* der Stimme: dem charakteristisch-grotesken

Stimmklang, den Extremlagen und Ansätzen zur *Koloratur*. Der Schlußkomplex widmet sich dem Melodram von den Anfängen des Orchestermelodrams über die romantischen Balladenkompositionen Schumanns und Liszts bis zu den auskomponierten Sprechpartituren Schönbergs und seiner Schule. Diese Melodramen bilden in der Verbindung von Sprechstimme und Musik eine ganz eigene Ästhetik aus. Sie bieten in der Verbindung von schauspielerischen und musikalischen Aspekten starke und ungewohnte Herausforderungen.

1. Teil

Elementare Arbeit

Vorspiel

Atembewegungen

Antagonismen und Korrespondenzen

Sprechen und Singen beruhen auf Atembewegungen. Diese Atembewegungen gehen von Impulsen aus, dem Willen sich – sprechend oder auch singend – zu äußern. In der Ruhe, am deutlichsten im Schlaf, fehlt dieser Impuls. Der Atem fließt von selbst, unbeeinflußt durch Bewegungen und Handlungen, unbeeinflußt auch durch das Bewußtsein. Er sucht sich seine Räume, so wie sie sich ihm von sich aus öffnen und nicht durch Lage oder Haltung eingeschränkt sind. Die ungehinderte freie Atembewegung erfaßt alle Atemräume und ist im Brustraum, im Rücken, in den Flanken, im Bauchraum und im Beckenboden spürbar. Die Ruheatmung verläuft in drei Phasen: *Einatmen – Ausatmen – Atemruhe.* In Aktion, schon in Erwartung einer Aktion, verkürzt sich die Ruhephase und entfällt schließlich ganz. Aus dem *Dreitakt* des Atmens wird ein *Zweitakt.* Je stärker die Aktion die Ausatmung aktiviert, desto deutlicher erscheint die Einatmung als *Reflex* auf die Ausatmung. Wir empfinden dies als ein *Zurückfedern* in eine neue Aktionsbereitschaft. Je elastischer der Körper im ganzen agiert, desto leichter und unangestrengter läuft dieser Prozeß ab. In der Beruhigung stellt sich wieder der Dreitakt des Atmens ein. Der Schauspieler, der den Anstoß zur Äußerung nicht unmittelbar, sondern durch ein Gegenüber, die Rolle, den Text, das Lied, erhält, muß sich diese Prozesse immer wieder bewußt machen, auch wenn sie sich im Bühnenalltag schließlich mehr oder weniger spontan ereignen.

Eine wichtige Rolle spielt in diesem Prozeß das Zwerchfell, der Hauptatemmuskel in der Körpermitte. Es ist nicht willkürlich zu aktivieren. Um so wichtiger werden in der Atemarbeit die *Korrespondenten*, die Beine und Füße und die Arme und Hände. Ihre Aktivitäten werden von den Atembewegungen impulsiert und geben ihnen wiederum durch ihre Bewegungen Impulse. Das läßt sich durch leichtes Tänzeln und Abfedern der Füße vom Boden erfahren, bei dem natürlicherweise sogleich die Arme und vor allem die Handflächen mit federnden Schlägen antworten. Besonders auffällig ist dieses Zusammenspiel in der bewegten Beinarbeit beim Boxen oder Fechten: den Angriffen und Scheinangriffen der Fäuste oder des Floretts, dem Vor- und Zurückweichen, dem Abducken des Körpers und den ausgleichenden Bewegungen aus der atmenden Körpermitte.

Die Korrespondenzen erfolgen nach einem sehr einfachen gegenläufigen oder antagonistischen Prinzip. Das Zwerchfell hat in der Ruhelage einen nach oben gewölbten Korpus. Seine Aktivität richtet sich nach unten: In gespanntem Zustand bildet es eine Fläche, auf der die eingesaugte Atemluft gleichsam ruht. Die natürliche Korrespondenzbewegung des Körpers insgesamt geht zunächst in die Gegenrichtung: er richtet sich auf. Aus diesem *Antagonismus* gewinnt der Mensch seine Basisenergie. Schon kleine Körperaktionen können diesen Antagonismus stimulieren. Richten sich die Beine im Atemzug aus der Hockstellung auf, so zieht das Zwerchfell aktiv nach unten, sinken sie in diese Stellung zurück, schnellt es in der Ausatmung entspannt nach oben. Die Korrespondenzbewegung der Arme vervollständigt diesen Vorgang zur ganzkörperlichen Aktion. Modell dieses Antagonismus ist der Hampelmann an der Wand: Der Zug am Mittelfaden, ähnlich dem Zug des Zwerchfells, hebt Arme und Beine.

Die Arbeit mit den Korrespondenten ermöglicht nicht nur eine mittelbare Einflußnahme auf die Tätigkeit des Zwerchfells, sie macht auch das System des Atemvorgangs nach außen sichtbar und verwandelt den ganzen Körper in ein komplexes sichtbares und behandelbares Atemorgan. Das läßt sich in vielen Übungsvarianten erproben (vgl. Ritter 1999). Eine besonders aktivierende Übung ist der *Adlerflug*.

- Der Flug beginnt mit dem Fall in die Hocke und der Ausatmung, die Arme hängen entspannt herab. Mit dem Heben der Arme hebt sich auch der Körper. Den neuen Fall federn die Füße und der Schlag der Handflächen ab. Das wichtigste Moment ist das einatmungsintensive Abheben. Die *Flügel*, die bogenförmig gerundeten Arme mit dem Zugpunkt im Ellenbogenbereich, heben den Körper in die Höhe – in einer Gegenbewegung zum Zwerchfellzug nach unten. Dies ist fast wesentlicher als die Beinarbeit. Im ausatmungsintensiven Flügelschlag führt die Handfläche einen federnden Schlag gegen einen imaginären Widerstandspunkt. Die Handflächen korrespondieren mit den abfedernden Beinen und Ballen. Der simulierte Luftwiderstand aktiviert sofort neue Korrespondenzen: Die sich spannenden Lippen formulieren ihn als Geräuschlaut aus.

Ähnlich stimulierend für die Arbeit der Korrespondenten ist die Schwing- und Drehbewegung des Körpers im Atemrhythmus. Gerade das Vergnügen und die Lust an Aktionen – wie die Dreh- und Schwingbewegungen beim Tanzen oder auch beim Diskus- oder Hammerwurf – ist mit diesen Korrespondenzen verbunden: Das Öffnen des Körpers im Atemzug verschafft Weite, das Eindrehen drängt den Atem im Einklang mit der Bewegung des Zwerchfells zusätzlich hinaus. Die Kombination von Atemrhythmus und Drehbewegung läßt sich jedoch auch umkehren. Das Eindrehen im Atemzug setzt in diesem Fall der Bewegung des Zwerchfells einen deutlichen Widerstand entgegen und fordert es heraus. Entsprechend angenehm und entlastend ist die Rückdrehung in der Ausatmung.

Bereitschaftsatem und Atemspannung

Aktivierende Übungen dieser Art sind für das Singen wie für das Sprechen wichtig. Mindestens so wichtig sind Übungen zur Intensivierung des Atems aus der Ruhe und der konzentrierten Aufmerksamkeit – auf einen Partner, auf Gegenstände, Geräusche, Gerüche, Vorgänge, Vorstellungen usw. Bereits die Betrachtung des eigenen Atemvorgangs ist eine solche Intensivierung. Dabei läßt sich der Atem nicht nur in den eigentlichen Atemräumen spüren, sondern darüber hinaus im ganzen Körper – im Beckenboden und an den Extrempunkten: den Fußsohlen und Fingerspitzen. Jede Berührung des Körpers – schon die Annäherung der berührenden Hand oder die Vorstellung von Berührung – intensivieren den Atemfluß. Der Atem fließt sozusagen an den Ort der Empfindung.

In diesen Prozessen ist immer wieder auch ein gehaltener oder besser: *gespannter* Atem spürbar, ein Abwarten in der Atemfülle. Der Moment der *Atemspannung* erweitert den Dreitakt des Atmens um eine *vierte Phase*. Dieser Vorgang ereignet sich – in den verschiedensten Lebensmomenten und sehr unterschiedlich begründet – immer wieder: in Momenten des Staunens etwa, der Wachsamkeit oder Vorsicht, der Neugierde, des Zögerns oder Rätselns, der Erwartung, in der Beruhigung eines Schmerzes, im Erwachen der Lust, auch wenn wir mit geschlossenen Augen etwas ertasten oder befühlen, um es zu identifizieren, oder hinhorchen auf ein ungewohntes Geräusch. Er dehnt gleichsam den Empfindungsvorgang. Die Phase kann durchaus lange währen. Situation und Motiv bewirken, daß die Atemspannung als Vorgang, als Prozeß, nicht als Stillstand, als Blockade erfahren wird.

Diese vierte Phase, das Spannen des Atems, ist vor allem die Phase der *Bereitschaft*. In ihr entsteht die Basisspannung für die kommende Handlung: die *Bereitschaftsspannung* des Körpers und die von einem inneren Motiv ausgeformte

Bereitschaftshaltung. Dieser Körperzustand der inneren Aktivität und Weite enthält die Momente von Freiheit und Kraft, die zum Handeln – und damit auch zum Singen – überhaupt erst fähig machen. Bei einer bestimmten Dauer der Atemspannung stellt sich dann – wiederum situationsbedingt – fast von selbst ein minimaler Atemaustausch ein: es wird ein wenig Luft abgegeben und gleich wieder aufgefüllt. Der Körper bleibt in einer vom Motiv bestimmten differenzierten und pulsierenden aktiven Gesamtspannung. Der minimale Austausch ist Kennzeichen des *Bereitschaftsatems.* Die Übung *Rehe am Abend* vermittelt eine Erfahrung dieser Art: In der Dämmerung treten die Rehe aus der Sicherheit des dunklen Waldes auf die Wiesen am Waldrand, um zu äsen. Sie rücken langsam vor, verhalten, schauen wie stillgestellt auf ungewohnte oder sie beunruhigende Erscheinungen möglicher Gefahr, wechseln die Blickrichtung, verhalten wieder, bis die Situation ihnen sicher scheint. Dieses bewegte Bild ist das Modell der Übung. Sie bringt vor allem die Aktivität der Augen und Ohren ins Spiel, aber auch die Hände wollen tasten, und die Füße sind in Bereitschaft und auf mögliche Richtungswechsel eingestellt. Im Grunde horcht und schaut und fühlt der ganze Körper. In Cocteaus Einakter *Der schöne Teilnahmslose* heißt es: »Ich horche mit der ganzen Haut meines Körpers – wie die Tiere.« Und das heißt hier auch: Ich atme mit der ganzen Haut meines Körpers. Die kleinen austauschenden Atembewegungen erfolgen dabei vor allem in der Körpermitte, während der Brustkorb und letztlich die ganze Körperhaltung ins Weite tendiert.

Atemspannung und Bereitschaftsatem, und damit die ruhige Weitung des Brustraumes auf der Basis des tief gespannten Zwerchfells, sind für die singende Stimme wesentliche Voraussetzungen. Sie lassen sich auch in verschiedenen Übungen zur Balance weiterentwickeln. Eine Grundübung dazu ist das *Fliegen* in der Art segelnder Vögel:

- Mit dem Atemzug werden die Arme wie Flügel ausgebreitet, der Körper balanciert auf einem Bein bzw. Fuß und geht mit dem Ausatmen wieder in die Grundstellung. In der Balance kann eine kleine Atemdehnung hinzukommen: Der Adler oder Bussard *schwebt auf dem Atem.* Der Blick ist auf ein entferntes Ziel ausgerichtet oder geht ins Offene. Weitausgreifende segelnde Flugbewegungen erhöhen das Risiko der Balance. Die Atemspannung spielt mit dem Gleichgewicht. Die Arme bleiben als Flügel ausgebreitet. Die Flugbewegungen werden durch Richtungswechsel der Arme und Impulse aus der Körpermitte gesteuert. Der Blick führt die Bewegungen. In der Bewegtheit des Fluges wechseln durchgehende Atemspannung und feine Nachatmungsbewegungen. Ein Heben auf die Ballen des Fußes kann für Augenblicke eine zusätzliche kleine Atemspannung in der *Mitte* provozieren.

Eine Umkehrung der *Flugbalance* ist die Balance von *Stäben.* Der Zusammenhang von Atem- und Aktionsimpuls, die Korrespondenz der Organe und ihr Antagonismus werden in der Auseinandersetzung mit dem Gegenstand besonders anschaulich und handgreiflich. Der Stab wird mit leicht gebeugtem – nicht angewinkeltem – Arm balanciert und ruht auf den ersten geschlossenen Fingergliedern der flach geöffneten Hand. Die Hand wird tief, in jedem Fall unterhalb der Höhe des Zwerchfells geführt. Fuß, Hand, Zwerchfell und die Haltung insgesamt korrespondieren in einem bewegten Zusammenspiel. Die Übung erfolgt in drei Stufen:

- Die *erste* Stufe besteht in dem Freisetzen des Stabes auf der Hand. Sobald sich die haltende Hand vom Stab löst, wird dieses Freisetzen des Stabes unwillkürlich, reflexartig mit einem Atemzug beantwortet: Das Zwerchfell setzt sich in Spannung, um aus der Mitte heraus balancieren zu können. Die *zweite* Stufe ist das Spiel mit dem *Risiko*. Ein provozierendes Schwanken, eine Schrägstellung des Stabes, ein Kreisen der balancierenden Hand fordern reflexartig eine geschmeidige Ausgleichsbewegung der Körpers heraus. Das Ausbalancieren erfolgt zunächst im Stand, dann in freier Bewegung im Raum. Dabei fließt der Atem oder wird je nach dem Grad des Risikos oder des Tempos der Bewegung – mit leichtem Nachatmen – auf natürliche Weise gespannt. Die *dritte* Stufe der Übung ist die der konzentrierten Ruhe. Der freigesetzte Stab bleibt unbeweglich. Der Blick hilft, ihn zu stabilisieren. Auch die andere Hand hilft, indem sie sich im Abstand beschwörend öffnet. Der Atem ist leicht gespannt – mit sehr ruhigen kleinen Nachatmungsbewegungen. Nach einer Weile kann diese Balance aus dem Stand in eine sehr langsame Bewegung im Raum übergehen.

Eine Übung, die Momente des Atemspannens, des schnellen, kleinen reflexartigen Atemaustauschs und der Aufmerksamkeit verbindet, ist das *Schnuppern* des Hundes oder auch das *Hecheln*. Hier wechseln tiefes Einatmen, schnelles Ausstoßen des Atems, Reflexatem und gelegentliches Atemspannen mit tiefem Ausatmen und Atemruhe. Mit dem suchenden Blick und Ohr verbindet sich – hundeartig – der Geruchssinn. Neben dem Impuls durch die Vorstellung läßt sich das *Schnuppern* durch den rhythmisch federnden Schlag der Handflächen und den federnden

Gegenimpuls des Fußes stimulieren. Rhythmisiertes Ausatmen im Dreier- oder Vierertakt und korrespondierende Schläge der Handflächen oder rhythmische Sprungbewegungen können diesen Prozeß ganzkörperlich erfahrbar machen. Bei heftigen Körperaktionen wechselt die Nasenatmung zur kombinierten Nasen-Mund-Atmung oder zur reinen Mundatmung mit dem Charakter des *Hechelns.* Aktionsakzent ist immer die Ausatmung: das Schnaufen oder das geräuschhafte Hauchen. Für das schauspielerische Singen sind alle drei Atemformen wichtig.

Musikalisches Atmen

In musikalischen Zusammenhängen ist der Atemzug Teil der rhythmischen und dynamischen Bewegung eines Liedes und zugleich der Situation, die im Lied selbst oder durch das Singen eines Liedes entsteht. Das Atmen ist ein *Hinatmen* in mehrfacher Hinsicht: auf ein Gegenüber, den Partner, dem das Lied gilt, auf den Gegenstand der Aussage und schließlich auch auf die musikalische Form hin, in der sich die Stimme bewegt, und in sie hinein. Auch im Singen verkörpert der Atem eine Willensbewegung, ist eine innere Vorwegnahme der Aktion. Atemimpuls und -geste erfolgen beim Singen innerhalb eines musikalisch-rhythmischen Ereignisses, sind also *selbst* ein musikalisch-rhythmisches Ereignis. Sind sie das erste Ereignis überhaupt, bestimmen sie nicht nur Atmosphäre, Zartheit oder Heftigkeit, sondern auch Tempo, rhythmische Bewegtheit und den Takt eines Liedes. Ist der musikalische Vorgang durch ein instrumentales Vorspiel bereits etabliert, nimmt der Atem dessen rhythmische Bewegtheit auf und fügt sich so in das Lied und seine Atmosphäre hinein. Dieses *Hinatmen* hat – musikalisch gesehen – fast immer eine *auftaktige* Tendenz. Nur in sehr seltenen Fällen ist der akzentuierte Atem angezeigt – gleichsam als ein Ereignis für sich. Ein Fehler, der im Gegensatz dazu sich häufig findet, ist das knappe Luftschnappen auf das erste Wort eines Liedes hin. Etwas anderes ist der schnelle Reflexatem innerhalb einer Melodiebewegung, der ein neues Motiv aufgreift und eng an das Geäußerte anfügt. Aber auch er darf nie ein nur technischer Vorgang sein. Er ist ausdrucksmäßig zu begründen: als eine schnelle Wendung auf ein neues Motiv der Aussage zu. Er verbindet die Motive mehr als daß er sie trennt:

Wenn der Atemzug ein Ausdrucksvorgang ist, muß in ihm das, was zu sagen oder zu singen ist, bereits leben. Von den Worten her betrachtet, heißt das: Der Atemzug zielt auf den Kern einer Äußerung, ein bestimmtes Wort, einen Hauptbegriff. Dabei formt er die Mimik und die gesamte Körperhaltung vorab aus. Das Wort – und sogar der beherrschende Laut, insbesondere der Vokal, treten also schon im Atemzug mimisch in Erscheinung. Gesungene Vokale spielen durch Dehnung oder melodische Ausweitung häufig eine dominante Rolle, und so gilt dieser Vorschein des Lauts in der mimischen Bewegung für das Singen in besonderem Maße. Dabei kann der Atemimpuls innerhalb eines komplexen Vorstellungszusammenhanges auf Worte hin erfolgen, die noch lange nicht ausgesprochen werden, in der Vorstellung aber dominant sind. Jede Äußerung reagiert über den Sinn hinaus, von dem zu sagen oder zu singen ist, schließlich auf eine Wahrnehmung oder Erfahrung – in diesem Falle die Schönheit *Silvias*. Auch das bestimmt und charakterisiert die Qualität des Atems. Der Körper weitet sich nicht nur physisch, sondern auch in seinen Empfindungen. Bevor der Mensch etwas ausdrückt, etwas gibt, muß er empfangen haben. In den Begriffen Stanislawskis ist also die Pause für den Atem immer eine *psychologische* Pause.

Gerade weil das Moment des Atems immer ausdrucksmäßig zu begründen ist, ergibt sich innerhalb eines Liedes gelegentlich ein Konflikt zwischen Takt und Rhythmus einerseits und dem gestischen Impuls einer Äußerung und damit dem Atemimpuls andererseits. Das Singen des Schauspielers sucht immer den situativ begründeten Kompromiß und nimmt dabei die musikalischen Vorgaben unter dem Primat des Ausdrucks in den Griff. Das gilt generell für das Verhältnis des schauspielerischen Singens zum konzertanten, das lange *Atembögen* anstrebt und kultiviert. Das schauspielerische Singen orientiert sich mit seinen immer neuen und häufig wechselnden gestischen Atemimpulsen vor allem am Atemrhythmus des *Sprechens*. Da der Atemzug ein Ausdrucksvorgang ist, macht er sich je nach Situation, Anliegen, emotionaler Verfassung oder Erregung auch bemerkbar. Er wird hörbar. Er *muß* sogar in bestimmten Momenten – durchaus nicht in allen – hörbar werden. Das verbreitete Dogma, daß er unhörbar bleiben müsse, ist ein Relikt aus dem Gouvernantenzeitalter der Gesangspädagogik, vergleichbar dem Radiergummi auf der klavierspielenden Hand.

1. Hauptstück

Klangrichtungen – Klangwege – Klangräume

Vokalklänge

Die Vokale sind die Sprachlaute, in denen die Stimme am reinsten erklingt. Sie sind für das Singen von besonderer Bedeutung. Sie tragen den Stimmklang weit in den Raum und haben eine erheblich größere dynamische Skala als die Konsonanten. Das zeigt sich schon beim Rufen über größere Distanz, aus dem das Singen und bestimmte melodische Formeln sich zum Teil entwickelt haben. Der singende Tonfall des Rufs mit seinen gedehnten Vokalen und dem fallenden Intervallschritt der Terz verkörpert sozusagen den Flugbogen, mit dem die Stimme die Entfernung überbrückt.

Der Ruf will Weite und damit auch körperlich Weite gewinnen. Der Stimmklang wird also nicht in einem Zusammenziehen des Körpers, des Bauchs, der Brust herausgepreßt oder -gestoßen, sondern er ruht oder *federt* auf dem Zwerchfell wie auf einem gespannten Sprungtuch. Das weitgespannte Zwerchfell bewirkt, daß auch die Brust und die Mitte des Körpers sich weiten. Die elementaren Stimmübungen setzen daher unmittelbar an der *Atemspannung* an. Sie provozieren die Weitung der Körpermitte durch natürliche Impulse wie Sprung und Abdruck der Füße vom Boden oder das Abfedern der Handflächen von realen und fiktiven Widerständen. Als einfacher Impuls genügt schon das Spannen der geschlossenen Handfläche, die formend an einem Widerstand entlangstreicht oder ein – auch nur vorgestelltes – leichtes Gewicht in den Raum trägt. Auch der leicht bewegte *Federsitz* in der Hocke provoziert diese Weitung. In der elementaren Arbeit verbinden sich daher die Aktionen der Stimme mit Aktionen und Gesten im Raum. Diese bewahren – als zunächst führendes Moment – den Körperzustand und das Gefühl der Weite, bis die Stimmaktion endet. Sie machen zudem die Ausformung des Klanges sichtbar, fühlbar und behandelbar. Prozesse, die sich in der *Zeit* ereignen, lassen sich als Bewegungen im *Raum* erfahren. Das ist für die singende Stimme, die viel bewußter mit den Prozessen der Zeit umgehen muß, fast wichtiger als für die sprechende Stimme.

Das Malen von *Klangbändern* oder das *Modellieren* von Formen im Raum sind die ersten Übungen dieser Art. Sie gehen von Sprechklängen aus und wechseln zu gesungenen Vokalen auf einer Tonhöhe. Wichtig ist dabei die Erfahrung, daß die Sprechklänge eine natürliche Dynamik mit einem schnellen Crescendo am Beginn und einem Decrescendo im Ausklingen entwickeln. Es geht einher mit einem leichten Anspannen und Entspannen der Hand und einem Absinken der Intonation. Der auf einer Tonhöhe gesungene Stimmklang hält dagegen die Spannung und die Klangstärke nahezu bis zum Ende der Bewegung:

- Mit einer oder beiden sich öffnenden und nach außen gewendeten Handflächen werden – in mittlerer Tonlage – lange horizontale Vokal-Klangbänder in den Raum gemalt – zunächst eher mit dunklen Vokalen, dem »a« oder dem offenen »o«. Die Klangdauer ist identisch mit der Aktionsdauer. Wichtig ist die Pausenfermate am Ende. Das Körpergefühl der Weite dauert bis zu diesem Augenblick. Die horizontalen Klangbänder wechseln schließlich mit senkrechten, diagonalen, geschwungenen. Beteiligt sich die andere Hand an der Aktion, kann sie das Klangband gleichzeitig vom gleichen Ansatzpunkt in Gegenrichtungen ausbreiten, sie kann es mit einem neuen dynamischen Impuls verlängern, sie kann eine Grenzfläche markieren, an der sich das Klangband entlangbewegt. Mehrfaches Bemalen, Hin- und Herstreichen, Winkel und Bögen geben zusätzliche Impulse. Vorzugsweise wird diese Malaktion im *Federsitz*, in der Hocke mit weitgestellten Füßen und federndem Körper, durchgeführt. Schließlich überdauert der Vokalklang die Aktion, er bekommt einen Anfangsimpuls und geht auf dem angebahnten Weg weiter durch den Raum auf ein Ziel zu: Die Stimme wird *gesendet*.
- Beide Hände formen eine schmale Klangsäule oder – in gleichzeitiger oder versetzter Aktion – einen plastischen Körper aus. Die Vokale wechseln. Bei den formenden Bewegungen der Hände – vor allem in den zeitlich versetzten Aktionen – wird man leicht die formenden Korrespondenzbewegungen der Lippen empfinden, die an den Vokalklängen mitarbeiten.

Der federnde Sprung erzeugt die Weite der Mitte aus sich selbst, indem das Aufsetzen des Körpers durch die schnelle Weitspannung des Zwerchfells elastisch abgefangen wird. Die Vokale erhalten auch hier Aktionshilfe von den sich öffnenden, weich gespannten, abfedernden Händen. So ergeben sich *Klangflecken* und *Klangtupfer* bzw. *Portato-Klänge*:

- Der Körper hebt im Atemzug ab und fliegt wie in der *Adlerübung* aus der Hocke mit sich ausbreitenden Armen auf. Mit dem Schlagakzent der *Flügel* werden wechselnde Vokale weich angeschlagen. Die Intensität verstärkt sich durch den *Sprung*. Der Vokal erklingt im Augenblick des Aufkommens und Abfederns der Füße – in einer prägnanten Körperfiguration. In veränderter Aktionsrichtung werden die Vokalklänge mit einer Hand weich in den Raum geschlagen. Schlag- und Aufprallenergie fallen ineins: die Hand schlägt am Zielpunkt an. Die freie Hand federt den Schlag ab.

Eine Umkehrung dieser schlagenden Bewegung ist das Auffangen des Vokals oder der *Fall in den Klang*. Dabei wird der fallende Körper von dem tiefgespannten Zwerchfell federnd aufgefangen. Diese Reflexbewegung weitet die Körpermitte:

- Die Einatmung setzt an mit dem *Fall in die Hocke*. Der rechte oder linke Arm fährt mit der flachen gestreckten Hand aus – als wollte man einen fallenden Gegenstand auffangen. Mit der elastischen Aufrichtung des Körpers setzt der Stimmklang ein: Der Vokal wird auf der flachen Hand *gerettet* und als *Klangballon* oder freies *Klanggebilde* in den Raum und an einen Zielpunkt getragen. Material sind vor allem dunkle Vokale in der tiefen Mittellage oder Klangsilben wie »mom«, »nom«, som«.

Die Vokale kommen der singenden Stimme in unterschiedlicher Weise entgegen. Sie sprechen unterschiedlich an und entwickeln untereinander durchaus einen Eigenwillen und eine besondere Eigenart, die Korrespondenten herauszufordern und sich mit der Körperaktion im ganzen zu verbinden. Das liegt an der Art, wie sie den Stimmklang formen und welche Organe an dieser Formung beteiligt sind. Bei den hellen Vokalen »e« und »i« ist es vor allem die Zunge; bei den dunkleren, beim »a«, dem offenen und geschlossenen »o« und »u«, sind es vor allem die Lippen, insbesondere die Oberlippe. Bei den Umlauten »ö« und »ü« oder auch »ä« ist es eine besondere Zusammenarbeit von Lippen und Zunge. Dies ist nicht ohne Einfluß auf die Körperspannungen. Man kann das leicht spüren, wenn man die Zungenspitze stumm gegen die Innenwand der unteren Zähne stemmt, so daß die Zunge sich gegen den Gaumen wölbt, oder wenn man die Lippen weit vorzieht und zuspitzt: Die Körpermitte und die Atmung antworten darauf mit unterschiedlichen Spannungen. Die Vokale entwickeln von daher auch eine je eigene Tendenz zur Korrespondenz mit dem Raum und seiner Behandlung. Die Zungenlaute wollen den Raum schmal durchdringen, die Lippenlaute ihn weit und weich aufnehmen. Das fordert den Körper auf, sich dieser Tendenz entsprechend im Raum zu verhalten und sich *gestisch* zu äußern.

Ausgangsmaterial bei den elementaren Übungen sind die dunklen Vokale, vor allem das offene »o« und das »a«, dann das geschlossene »o« und das »u«. Das wesentliche Merkmal dieser Vokalreihe ist das allmähliche Öffnen der Lippen vom »u« zum »a«. Der Impuls dazu geht von der Mitte der Oberlippe aus. Dieser

Führungspunkt bleibt auch beim »a« noch erhalten. Zugleich ziehen sich die Lippen aus ihrer exponierten Position beim »u« schrittweise zurück. Auch diese Zuspitzung und ihre Aufweichung betrifft vor allem die Oberlippe. Korrespondierende Momente sind die Berührungspotentiale der Lippen und der sich öffnenden Hände. Daneben ist der Zahnkontakt der Zunge wichtig. Aus einer Streckungstendenz beim »u« entspannt sie sich zum »a« hin. Günstigster Einstiegslaut ist das offene »o«. Der Führungspunkt der Oberlippe ist eindeutig zu spüren, die leichte Aktivität der Zunge ebenfalls. Für die gestische Behandlung der Laute im Raum sind diese Artikulationsbewegungen ein wichtiges Anregungspotential.

Die hellen Vokale »i« und »e« sind vor allem Zungenlaute und werden in ihren körperlichen Korrespondenzen wesentlich durch die Aktionsformen der Zunge bestimmt. Je energischer sie sich in beiden Fällen an die Innenwand der unteren Zähne stemmt, desto eher wird der häufige Ersatzdruck in der Kehle vermieden. Die Lippen sind entspannt, die Öffnung bleibt schmal. Das oft geübte Breitziehen der Lippen von den Mundwinkeln her bei der Artikulation beider Laute ist für das Singen besonders nachteilig. Es zieht den Lautbildungsprozeß nach hinten und läßt die Laute flach und plärrig klingen. Der Unterschied der Laute »e« und »i« liegt in dem eindeutig nach vorn gerichteten schmalen Bogen der Zunge beim »i« und der flächigeren Tendenz mit einer größeren Seitenspannung der Zungenränder beim »e«. Dadurch entsteht das Gefühl, als dringe das »i« pfeil- oder florettartig vorwärts. Die Breitenspannung der Zunge beim »e« suggeriert eher ein flächiges Vordringen, das Widerstände unterläuft.

Die Doppelspannung von Zunge und Lippen ist charakteristisch für alle sogenannten *Umlaute*. Das »ä« formt sich aus der Lippenstellung des »a« und der Zungenstellung des »e«, das »ö« aus der Lippenstellung des »o« und der Zungenstellung des »e«, das »ü« entsprechend aus der Lippenstellung des »u« und der Zungenstellung des »i«. Die Haltungen des Körpers und seine Gesten sind aus diesen Artikulationsbewegungen und Spannungen zu entwickeln. Die starke Aktivität der Zunge beim »ö« und »ü« und die Zuspitzung der Lippen verstärkt bei beiden Lauten die Tendenz, den Raum zu durchdringen. Der Laut »ä« tendiert in Anlehnung an das »a« eher zu einer Öffnung des Raumes. Er erscheint beim Singen im übrigen erheblich häufiger als beim Sprechen: alle abgedumpften Vor- und Nachsilben der gesprochenen Sprache verwandeln sich, wenn sie melodisch gedehnt werden, in einen offenen »ä«-Klang.

Die *Gleitvokale* »au« und »ei« setzen mit einem reinen »a« ein, das »eu« mit einem offenen »o«. Sie erklingen gesungen häufig gedehnter als im Sprechablauf. Dennoch liegt bereits im Ansatz zugleich auch schon die – aufgeschobene – Tendenz des kommenden Gleitvorganges. Gleicht das »ei« gesprochen beispielsweise einer gerundeten kleinen Streichelbewegung, so gleicht das gedehnt gesungene »ei« einer Streichelbewegung über einen langen Hunde- oder Katzenrücken. Entsprechend verbleibt der Klangcharakter des Vokals verhältnismäßig lange im

Bereich des »a« und gleitet erst spät in die Nähe des »e«- oder »i«-Klanges. In manchen Genres oder Stilarten des Gesangs gleitet er auch verhältnismäßig schnell in den Abschlußvokal und verweilt dort; in jedem Fall aber bleibt der eigentliche Gleitvorgang des Doppelvokals fast so kurz wie im Sprechklang.

Die unterschiedlichen Spannungen der Zungen- und der Lippenbewegungen bei der Artikulation von Vokalen und die entsprechend unterschiedlichen Tendenzen der Vokale, den Raum aufzunehmen und in ihn hineinzuwirken, lassen sich gezielt in verschiedenen Übungen zur *Balance* aufnehmen und bearbeiten. Die Balance aktiviert einmal die Spannung des Zwerchfells und die Weitung der Körpermitte und trägt so den Stimmklang. Sie weckt zusätzlich die Korrespondenzen zwischen den Zungenbewegungen und den Aktivitäten der Hände und Füße. Sie ist darüber hinaus charakterisiert durch eine Art dialektisches Verhältnis von Weitenspannung im Raum und zielhafter Bewegung. Das trifft sowohl auf die Balance des eigenen Körpers als auch auf die Balance von Gegenständen zu. Die folgenden Übungen entwickeln verschiedene Ansätze zur Atemspannung weiter, so etwa die *Balance mit Stäben*:

- Der Stab vertritt gleichsam die balancierte Klangsäule der gesungenen Vokale. Der freie Arm und die freie Hand beteiligen sich an der Führung des jeweiligen Vokals in charakteristischer Weise, indem sie den Raum weit und offen erfassen – vor allem mit den dunklen Vokalen »a« und »o« – oder schmal oder auch flächig – in Bodennähe – durchdringen. Die Balance sucht das Risiko und fängt es mit ausgleichenden Korrespondenzbewegungen des Körpers im Wechsel der Vokale auf. Das Tempo wechselt entsprechend: sich verlangsamend und ausbreitend eher mit den dunklen, vor allem dem »a« und dem offenen »o«, sich beschleunigend mit den hellen Vokalen, aber auch mit den geschlossenen Vokalen »o« und »u«. In bewußten Wendungen, im Kreisen der Bewegung ergibt sich ein gleitendes Ineinander der auf einer Tonhöhe ausgesungenen Vokale. So lassen sich schließlich auch Intervallschritte oder Melodiebewegungen singend erfassen.

In der Umkehrung dieser Übungen zum getragenen Klang läßt sich der Singende in der Balance auf einem Bein selbst vom Klang tragen. Die Tendenz zur Weitung der Körpermitte dauert natürlicherweise so lange wie der Balanceakt selbst. Die Atemübung *Segelnder Bussard* wird in diesem Sinne einfach um den gesungenen Vokal erweitert zum *Segeln auf dem Klang*:

- In dem Impuls zur Balance werden die Arme atmend wie Flügel ausgebreitet. Der Stimmklang setzt an mit einem weichen gespannten Flügelschlag der Handflächen. Mit einem gedehnt ausgesungenen »a« vertraut sich der *segelnde Bussard* der Luft an. Dem Druck der Handflächen gegen einen fiktiven Widerstand antwortet dabei der Druck der Sohlen oder Ballen gegen den konkreten Widerstand des Bodens und gibt diese Impulse an den Vokalklang weiter. Auch hier wird schließlich das Risiko gesucht: Die Haltung der ruhigen Balance geht in kleine Flugbewegungen über, mit denen man auf den wechselnden und ineinandergleitenden Vokalen segelt: weit in den Raum ausgerichtet wie ein Bussard mit den Vokalen »a« und »o«, schmal und gezielt ausgerichtet wie ein Falke auf den Vokalen »i« und »e« oder in schnellen Schwenks auf den Umlauten »ü« und »ö«. In dieser schmalen Ausrichtung werden die Fingerspitzen zu den eigentlichen Führungsorganen des Fluges.

Eine Variante dieser Flugbalance ist die Übung *Die Erschaffung des Adam* nach Michelangelo. Sie ist eine zielhafte Klang-Körper-Bewegung aus der Schwebe, der Balance auf einem Fuß: Der ausgestreckte *Finger Gottes* zielt im Vokalklang auf den unbewegten *Adam*, um ihn zu beleben – er berührt ihn in einem Punkt, dem entgegengestreckten Finger (»i«), erfaßt ihn als ganze Figur (»a«) oder sendet ihm den Atem zu (»u«) usw.

Viele Übungen des Anfangs lassen sich so von dem Gesichtspunkt des gestischen Potentials der Vokale her erweitern und differenzieren. Diese Behandlung der Vokale kann – und muß – im übrigen in der weiteren Arbeit durchaus auch umgekehrt und gegenläufig behandelt werden. Das »a« muß die durchdringende Qualität sozusagen vom »i« lernen – und umgekehrt. Gerade durch das gestische Agieren ist dies leicht möglich: Ich *denke* ein »i« und agiere seine schmale durchdringende Tendenz aus, artikuliere aber und singe ein »a« und umgekehrt und dies in den verschiedendsten Kombinationen der Laute.

Resonanzen und Resonanzräume

Die Bewegungen der Zunge und der Lippen formen die oberen Resonanzräume, insbesondere den Mundraum, für die verschiedenen Vokalklänge aus. Die Qualität des Klanges hängt darüber hinaus von der ganz individuellen Ausgestaltung der oberen Resonanzräume insgesamt ab: dem harten und dem weichen Gaumen, dem Rachenraum, dem Nasenraum – einschließlich der Nebenhöhlen – und schließlich dem Schädel insgesamt. Die Tragfähigkeit der Stimme, ihre Durchschlagkraft, auch das charakteristische Timbre werden durch diese oberen Resonanzräume wesentlich mitbestimmt. Das Gefühl für die Einheit der Klangräume gewinnt man durch die Vorstellung einer *Kuppel* oder vielmehr mehrerer übereinanderliegender und miteinander korrespondierender Kuppelräume, in denen der Klang anschlagen und sich entfalten kann. Es sind dies die kleine Kuppel des *harten Gaumens*, die größere Kuppel des *Schädeldachs* und als Unterbau die Kuppel des

Brustraumes. Es ist wichtig, ein Gefühl dafür zu entwickeln, daß der Klang an diesen Kuppelwänden ankommt, anschlägt – etwa an den harten Gesichtsknochen, der *Maske,* oder dem Brustbein –, und wie er dies tut. Letztlich noch wichtiger ist das Gefühl, daß die Stimmklänge nach außen abstrahlen und dieses dreifache Kuppelsystem des Körpers aufgeht in der Kuppel des Raumes, in dem man konkret oder in der Vorstellung steht. Nichtsdestoweniger ist es wichtig, sich der Kuppelklänge im einzelnen zu versichern.

Der kleine Kuppelraum des harten Gaumens ist leicht zu erfassen. Der Anschlagsort ist die Auswölbung hinter der oberen Zahnreihe. Je weiter die Klänge hinten im weichen Gaumen anschlagen, desto dumpfer werden sie, es sei denn, sie werden hart *gepreßt.* Für die Eroberung dieses kleinen Kuppelraumes und die Entwicklung eines sicheren Anschlaggefühls sind die dunklen Vokale, das offene »o« und das »a«, wiederum der beste Einstieg. Die Übungen setzen mit gedehnten, auf einer Tonhöhe zu singenden Vokalklängen ein. Dabei sind wesentliche Erfahrungen zu machen: Alle Vokale wollen diesen Kuppelraum auf ihre je eigene Weise erobern. Sie schlagen an unterschiedlichen Höhenlinien der Kuppel an. Das hängt damit zusammen, wie sie den Raum jeweils ausformen: als hohen Kuppelraum beim »a« und dem offenen »o«, als flachen beim »i« und »e« oder als länglichen Raum beim geschlossenen »o« und »u«. Auch unterschiedliche Tonhöhen nehmen die Kuppel auf eigene Weise und von je unterschiedlichen Anschlagspunkten oder -räumen her in Besitz.

Die kleine Kuppel geht, wenn sie einmal – tastend und klingend – erfaßt ist, leicht in der größeren Kuppel des Schädels auf. Mit leichten Berührungen der Hände und Fingerspitzen lassen sich die Stimmklänge dorthin locken. Die Vibrationen auf der Schädeldecke sind die Vorboten des Klanggefühls. So können mit wechselnden langgezogenen Vokalen in verschiedenen Tonhöhen immer neue Resonanzregionen erschlossen werden: die Stirn, das Schädeldach, der Hinterkopf, die seitlichen Wände. Der Ort der Resonanz verändert den Stimmklang.

Die Brustresonanz ist vor allem für die Fülle des Klanges verantwortlich. Insbesondere die tiefen Stimmklänge ergreifen von diesem Raum Besitz. Gleitet die Stimme aus der Höhe in die tiefen Register, geschieht diese Inbesitznahme in fließender Kontinuität. Die wachsende Vibration des Brustbeins zeigt das deutlich an. Der Brustraum wird aber zum Resonanzraum nur, wenn er das Gefühl von offener Weite vermittelt. Dieses Gefühl der Weite kann sich schon dadurch entwickeln, daß die Hände sich auf Rippen und Brustbein, auf Brust und Flanke, auf Brust und Rücken, auf Rücken und Rippenabschluß legen und der Körper sich mit dem gedehnten Vokalklang in die Hände hineinschmiegt und weitet.

Das Zwerchfell – in der Ruhe selbst ein Kuppelsystem – zieht sich im Atemzug zur Ebene zusammen und wird so – ähnlich der Zunge im kleinen Kuppelraum – zum Boden des Brustraumes. Es korrespondiert mit dem tieferen Grund, dem Beckenboden, und schließlich mit der Ebene, auf der wir mit dem gesamten Kuppelsystem stehen, dem Erdboden. Es lehnt sich als gespannte Ebene gleichsam gegen diesen Boden, den letzten Grund. Insofern bietet die Erschließung des Kuppelraumes der Brust für die Stimme eben durch diese Mitarbeit des Zwerchfells eine Voraussetzung für das Gefühl, auf festem Boden zu stehen.

Um die drei Kuppeln des Körpers miteinander zu verschmelzen, locken die Hände und Fingerspitzen den Stimmklang gleichzeitig in die verschiedenen Resonanzräume und suchen ein doppeltes, schließlich dreifaches Resonanzgefühl zu entwickeln. Ist dieses verbundene Klanggefühl erreicht, öffnet sich der Schädel – für das Körpergefühl wie von selbst – zur großen Kuppel, der realen oder vorgestellten Raumdecke. Das Gefühl des Verschmelzens aller Kuppeln in der großen Kuppel ist das Ziel, ebenso das verschmelzende Gefühl für den Boden dieser Kuppelräume im Stand der Füße auf dem Erdboden.

Zwei Übungen können helfen, diesen Kuppelklang und das entsprechende Körpergefühl zu entwickeln und zu differenzieren. Die erste, *Das magische Gewölbe*, baut einen Kuppelraum aus Vokalklängen auf und orientiert sich dabei an den Artikulationsspannungen und den Anschlagspunkten oder -räumen in der Klangkuppel. Die Übung kann mit Sprechklängen, mit gesungenen Vokalen auf einer Tonhöhe, schließlich auch mit Gleitklängen und Intervallen durchgeführt werden:

• Im *Federsitz*, in aktiv ausgestellter und in der Hocke ausbalancierter Beinhaltung, wird mit der Fingerspitze und einem klingenden »i« um den Körper herum ein möglichst weiter Kreis gezogen. Um ihn abzusichern, werden die Linien mehrfach verstärkt. Mit dem »e« wird der Fußboden sorgfältig geebnet. Um den magischen Schutzraum aufzubauen, wird ein Gewölbe errichtet. Die Hände malen mit dem klingenden »a« zunächst überkreuz und in ganzem Bogen die Rippen der Wölbung, dann malen sie die Wände aus: unten beginnend mit dem »u«, die mittlere Höhe mit dem geschlossenen, die beginnende Wölbung mit dem offenen »o«. Undichte Stellen werden

mit den Umlauten »ä«, »ö« und »ü« ausgeschmiert. Beim neuerlichen Über-
malen der Wände werden alle Vokale und Vokalkombinationen als Farb-
nuancen verwendet.

Die zweite Übung ist das *Graben und Kraulen*. Es verbindet die Entwicklung des
Vokalklanges und den sicheren Griff nach dem richtigen Anschlagspunkt der
Vokale in den verschiedenen Höhen- und Tiefenlagen mit dem *Schwingen* der
Stimme in der Klangkuppel. Die Übung ist bestimmt durch fließende Vokalrepetitionen auf einer Tonhöhe. Die kleine Kuppel wird zu diesem Zweck vorstellungs-
mäßig in den Außenraum verlagert. Mit rhythmischen Bewegungen der Hände
und Arme wird in ihr und an ihr gearbeitet:

- Wie ein Kind beim Tunnelbohren im Sandkasten mit den baggerartig
  geschlossenen Händen gräbt – vorsichtig, damit sein Werk nicht zusammen-
  fällt –, so gräbt der Singende die Kuppel immer neu: Er artikuliert den fort-
  dauernden Vokal-Klang immer wieder weich aus und gibt ihm kleine rhythmische Bewegungsimpulse. Er *wirbt* um den Kuppelraum als Klangraum.
  Auf diese Weise gerät der Vokalklang ins Schwingen. Den verschiedenen
  Vokalcharakteren entsprechen dabei unterschiedliche Handhaltungen des
  Grabens – schmaler und länger ausgerichtet beim »i«, flacher beim »e«,
  schräg angesetzt bei den Umlauten. In der Vergrößerung der grabenden
  Handbewegung erweitert sich auch der kleine Kuppelraum schließlich zum
  Raum, in dem der Singende konkret oder in der Vorstellung steht. Die gra-
  bende Bewegung wandelt sich zum raumgreifenden *Kraulen*. Zuletzt wan-
  delt sich das *Graben* und *Kraulen* in ein rhythmisches *Senden* des Klanges:
  Beide Hände senden den Vokalklang in sich erweiternden oder schmal
  gezielten, rhythmisch wiederholten Bewegungen in den Raum.

An diesem Punkt der Übungen setzt die Hilfe des begleitenden Instruments ein.
Wiederholt angeschlagene Akkorde des Klaviers geben gleichmäßige rhythmisch-
harmonische Impulse. Wechselnde Akkorde für den gleichen Melodieton verstärken das Gefühl dafür, daß der Klang – nicht nur harmonisch – in immer neuen
Räumen schwingt. Obwohl der Stimmklang seine Tonhöhe nicht ändert, verändert
sich dadurch das Tonhöhengefühl. Das hat zu tun mit der musikalischen Funktion
eines Tones innerhalb von Dissonanz oder Konsonanz. Der Wechsel der Vokale, vor
allem wenn er mit einem Akkordwechsel einhergeht, ist immer auch ein Wechsel
der Zuwendung zu Raum und Zielpunkt und der Handlungsintention: vom *Erfüllen* oder *Aufnehmen* des Raumes zum *Durchdringen* oder zum *Treffen* eines Zieles. Das Werben um den Klang ist eine Intensivierung dieser Tendenzen.

Die rhythmische Erneuerung des gesungenen Vokalklanges ist damit auch ein
wiederkehrender Impuls für die Intention der Aussage und des Ausdrucks. Darauf

zielt die folgende *Kalif-Storch-Übung*. Sie verwendet die Zauberformel *Mútabor* – »Ich werde verwandelt werden« – für ein Beschwörungsritual. Musikalisch ist dies ein Werben um Klang und Resonanz auf einer Tonhöhe für verschiedene Vokalklänge – aber nicht nur. Von der Situation her spielt die Übung auf das Märchen von Hauff an, in dem der *Kalif* versucht, sich in einen *Storch* zu verwandeln:

- Die Grundaktion der Beschwörung knüpft an das *Graben* und *Kraulen* ebenso wie das *Senden* des Klanges an. Der linke Arm und die ausgestreckte Hand sind beschwörend nach Osten ausgerichtet, die rechte Hand zielt mit der ersten ausgesungenen Silbe »mu« in einer ausgreifenden Bewegung in die gleiche Richtung und formt damit den Resonanzraum des »u« – einschließlich der vorgezogenen Lippen – im Raum aus. Auf der gleichen Tonhöhe erklingen die folgenden Silben »ta« mit der kleinen Grab- und »bor« mit der etwas größeren Kraulbewegung der rechten Hand. Der neue Klang entfaltet sich jeweils auf der Basis des vorangegangenen und ist gezielt in die Ferne gerichtet. Die Harmoniefolge des begleitenden Klaviers gibt gewichtige Impulse. Sie bewegt sich zunächst von der *Tonika* zur *Subdominante* und zurück zur *Tonika*. In Erweiterung des Rituals richtet sich die Beschwörung – dem Lauf der Sonne entsprechend – auch nach Süden, Westen und Norden. Die Silbe »bor« wird gedehnt und erhält einen modulierenden Zusatzakkord, der die Tonhöhe jeweils einen halben Tonschritt höher rückt. Krönender Abschluß des Rituals ist die Wendung zum Himmel als der überwölbenden Klangkuppel.

Werben um den Klang in der Melodiebewegung

Viele Lieder enthalten das Moment des Werbens um den Klang in den Klangdehnungen oder den Ton- und damit Vokalrepetitionen der Melodiebildung. Eine spielerische Vorform davon ist das Werben um den Widerhall, das *Echo*: »Wie heißt der Bürgermeister von Wesel? – *Esel!*« Dabei spielt über die Tonrepetition hinaus das gedehnte Ruf-Intervall, die kleine *Terz*, eine Rolle, die die Werbung melodisch verstärkt. Überhaupt wird das Werben um den Klang auf einer Tonlinie zusätzlich pointiert durch die Art und Weise, wie diese Tonlinie dann wieder verlassen wird. Die Zauberformel »Simsalabimbambasaladusaladim« des Kinderliedes vom »Kuckuck« tut das in anderer Weise als das »Nibbynabnoopy – sabasibbysabba« in dem Lied *Good morning starshine* aus dem Musical *Hair*. Dieses Werben um den

Klang verwandelt sein Gesicht in den verschiedenen Liedern auch durch die jeweilige Situation und ihren Sinn. Es kann korrespondieren mit dem Werben um einen Zielpunkt im Raum: ein Echo, einen Blick, um einen Menschen, um Liebe, Zuwendung, um ein Kommen, Bleiben, ein Gehen, um eine Intention, eine Haltung oder Meinung, um die Fassung, um ein Bild der Erinnerung, der Vorstellung, um ein Gefühl, einen Sinn, um die Aufmerksamkeit oder Zuwendung aller Menschen oder eines göttlichen Wesens. In vieler Hinsicht ist dieses Insistieren auf dem Klang häufig mehrfach begründbar. Ob dabei der Singende auf diese Weise *technisch* um den Klang oder als *Figur* um ein Anliegen wirbt, sollte kein Widerspruch sein, es sollte sich in der Aktion verbinden und wechselseitig stützen.

Die *Gregorianik*, der mittelalterliche Kirchengesang, hat eine der einfachsten Formen des Werbens um den Stimmklang ausgebildet: das *Psalmodieren* auf einer Tonstufe mit Klangdehnungen auf den Kern- oder Zielworten und bestimmten melodischen Anlauf- und Schlußformeln. Diese Art des Singens ist nicht losgelöst von den zugehörigen Räumen, den hallenden Kirchen, zu denken. Als Übung läßt es sich mit originalen Texten und Melodiemodellen, aber ebenso aus fast jeder Wortfolge entwickeln. Übungshalber sind dabei die Vokale sehr dicht mit differenziert grabenden Handbewegungen zu modellieren. Sie können sich bis zur weiten Inbesitznahme des Raumes vergrößern. Zu unterscheiden ist dabei zwischen den leichteren Bewegungen in den anlaufenden Worten und Silben und dem intensiven Bemühen um die Hauptvokale in den sinngebenden Worten und schließlich der besonders sorgsamen Behandlung der ausklingenden Wendungen, in denen der Rezitationston verlassen wird.

Parodien des Psalmodierens übernehmen dieses Insistieren auf einem Ton und damit das Werben um den Klang, auch wenn die Räume und die Anliegen sich ändern. Solche Parodien finden sich schon in den zeitlich benachbarten Gesängen des Landsknechtsordens zu Beginn des 16. Jahrhunderts – etwa den Landsknechtsliedern *Wir zogen in das Feld ...* oder *Got gnad dem großmechtigen keiser frumme Maximilian ...* Schon in diesen parodierten Gesängen läßt sich die Verwandlung der *technischen* Bewegungen des Grabens und Modellierens in einen *Gestus* – eben die parodierte Haltung des singenden Priesters – anlegen. Die dem Vokalklang eingeborenen Aktionstendenzen sind damit nicht nur eine Hilfe, um diese Klänge zu entwickeln, sie können sich auch mit gestischen Momenten des Verhaltens auf schlüssige und spielerische Weise verbinden.

Brechts Eigenvertonung des Liedes *Gegen Verführung* – ursprünglich mit dem Titel *Luzifers Abendlied* – ist ebenfalls eine Parodie des Priestergesangs in ironisch-destruktivem Sinn. Das hier vorgeschlagene gestische Verhalten orientiert sich an der Rolle des Luzifer als eines falschen Priesters, der seiner Gemeinde ins Gewissen redet.

Zunächst ist mit gedehnten Stimmklängen silbenweise die jeweilige Aktionstendenz der Vokale herauszuarbeiten. Die raumerfassenden Laute betreffen die

Gemeinde insgesamt und bekommen den segnenden Gestus der beiden erhobenen Hände. Das betrifft die Silben »Laßt«, »euch«, »ver-«, »-ren«. Die Worte bzw. Silben »nicht« und »füh-« richten sich gestisch mit einem oder beiden ausgestreckten Armen und Händen an den einzelnen nahen oder fernen *armen Sünder* – nageln ihn mit der Stimme fest. Im nächsten Schritt werden nicht die Silben, sondern die Worte und schließlich nur noch die sinnentscheidenden Worte – in jeder Verszeile höchsten zwei – gestisch umgesetzt. Mit den letzten Worten »... *kein Morgen mehr*!« wird das Kreuz geschlagen: Es ergibt sich aus der Betonung der Senkrechten: »Mor« – schmal oder weit gefaßt – und der Waagerechten: »mehr«, mit welcher der Segnende über die Gemeinde fährt und sie niederdrückt:

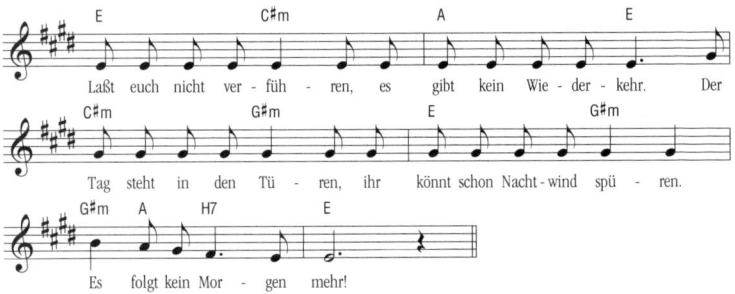

Auch die beiden folgenden Beispiele sind von der geistlichen Praxis des Singens nicht unbeeinflußt. Abgesehen davon aber unterscheidet sich der Gestus beider Lieder sehr deutlich. In dem italienischen Beispiel aus der frühen Zeit der *Oper* ist es der Blick in die »glücklichen Gefilde« der Unsterblichen, der den Stimmklang bewegt:

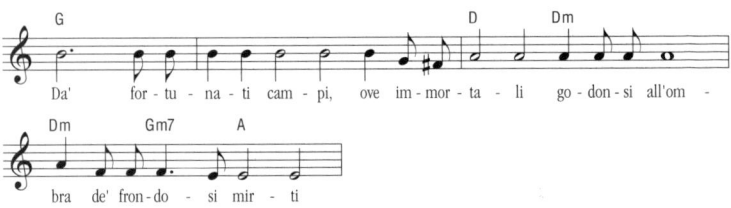

In dem Brechtschen *Choral vom Manne Baal* ist es der sinnliche Genuß von Naturerscheinungen, vor allem des Blicks in den »ungeheuer wundersamen« Himmel. In beiden Liedern ist zunächst mit kleinen und ausgreifenden Handbewegungen differenziert um den Vokal-Klang im kleinen und großen Kuppelraum zu werben, dann im Raum, den das Lied sich selbst schafft. Hauptangriffspunkte sind die den Wortsinn beherrschenden Vokale. Die übrigen fügen sich in den Bewegungs- und Artikulationsfluß ein. Das Zielwort ist dabei in beiden Fällen im Klang gedehnt: Die Melodie endet in einer *Fermate*. Insbesondere im *Choral vom Manne*

Baal, aber auch in dem italienischen Beispiel sind es vor allem die vom gedehnten »a« beherrschten Zielworte, auf die sich die Artikulation und die melodische Linie zubewegt. Bei Brecht markieren sie auf diese Weise den Sinnraum des Ganzen – den weiten Himmelsraum – in doppelter Weise: in der immer neu und weiter sich öffnenden Klangkuppel und in der stufenweisen Steigerung der Tonhöhe des Melodiebogens mit der Rückkehr zum melodischen Ausgangspunkt. Das kann im Singen gestisch ausagiert werden – ähnlich dem *Magischen Gewölbe*:

Momente eines solchen Werbens um Klang und um Sinn im Klang finden sich über die Nähe zur Psalmodie hinaus in vielen Melodien. Die *Fermate* oder abschließende Dehnung des Klanges erscheint häufig als Zielpunkt dieses Werbens. Verstärkt wird dieses Werben gelegentlich durch die klangliche und zugleich sinnbestimmende – gestische – Funktion wechselnder Harmonien in diesen Melodien auf einer Tonlinie. Die wechselnden Harmonien arbeiten so von der musikalischen Seite her an der Entfaltung des Ausdrucks, in dem sich Klangqualität und emotionale Entwicklung wechselseitig stimulieren.

Ein klassisches Beispiel für eine gestische Qualität der Tonrepetition und die stimulierende Kraft des Harmoniewechsels ist die Melodie des *Todes* in Schuberts Vertonung von *Der Tod und das Mädchen*. Die Annäherung und der Griff nach der Hand des *Mädchens* verbinden sich mit Beruhigung und weitem, sanftem Umfassen: »Gib deine Hand … schön und zart Gebild … bin Freund … nicht wild … sollst sanft in meinen Armen schlafen.« Die Grundbewegung ist ein verzögertes sich Annähern, in dem immer wieder Momente des Wartens, Zurückweichens, Sich-Öffnens erscheinen. Das direkte Ansprechen wird immer wieder abgemildert, bis die Initiative vom Mädchen selbst ausgeht. Anfangs können wieder die Vokalklänge eine Orientierung geben: Vokale, die artikulatorisch in den Lippen- und Zungenbewegungen diese Annäherungsmomente enthalten, werden differenziert als Zugriff und Annäherung ausagiert, die dunklen Laute »a« und das offene »o« als Zurücktreten, Abwarten und Öffnen der Haltung. Ist keine Partnerin vorhanden, wird der Raum wie ein Partner – das *Mädchen* – behandelt. Das Schlußmoment ist ein weites weiches Umfangen im tiefen Stimmklang:

(Der Tod)

Gib dei - ne Hand, du schön und zart Ge - bild! bin Freund und

kom - me nicht zu stra - - fen. Sei gu - tes Muts! ich

bin nicht wild, sollst sanft in mei-nen Ar-men schla - fen!

Ein anderes charakteristisches Beispiel findet sich in der letzten Strophe von
Schuberts *Wegweiser* aus der *Winterreise* nach Texten von Wilhelm Müller:
»Einen Weiser seh ich stehen unverrückt vor meinem Blick …« In der hartnäckigen Tonwiederholung der Melodie ist das Unverrückbare des Gegenstands, der
gleichsam mitwandert, eingefangen: das Unausweichliche des Weges, der nirgends
hinführt, das endlos Wiederkehrende des Schrittes. Für die Stimmbehandlung
bedeutet das nicht zuletzt ein ebenso hartnäckiges Anschlagen des Stimmklanges,
sei er nun – technisch – in der kleinen Kuppel, dem Ort der Resonanz, empfunden
oder letztlich in der Vorstellung der großen Kuppel der Welt mit den wenigen Mar-
kierungen: des *Weisers*, der *Straße*. In dieser Wiederkehr des Klanges im bereits
angeschlagenen Klang liegen für die Stimme die Möglichkeiten der Entfaltung
und Differenzierung. Sie wird dazu zusätzlich herausgefordert durch die zweimaligen hilferufartigen melodischen Rückungen um einen Terzsprung und schließlich
um einen Halbtonschritt und das chromatische Verschieben der Harmonie-
schritte. In der Schärfung der begleitenden Akkorde ist das emotional Bedrän-
gende angelegt, das die Stimme äußert:

Wei-ser seh ich ste - hen un-ver-rückt vor mei-nem Blick; ei - ne
Stra-ße muß ich ge - hen, ei-ne Stra-ße muß ich ge - hen, die noch
kei - - - - -ner ging zu - rück.

Ei -nen

Die Vertonung des *Erlkönig* von Goethes Zeitgenossen Reichardt verbindet das
Singen auf einem Ton, die Rede- oder vielmehr Singweise des *Erlkönigs*, mit einer
besonderen harmonischen und melodischen Verflechtung. Die auf einer Tonhöhe
gesungene Melodie des Erlkönigs wird überlagert von der ursprünglichen Hauptmelodie im begleitenden Klavier. Das Singen auf einem Ton bleibt davon nicht
unbeeinflußt, im Gegenteil: Die Hauptmelodie teilt sich dem Singenden indirekt
mit und beeinflußt die Art, vor allem die wechselnde Intensität, mit der er *auf
einer Tonlinie* singt. Insbesondere geschieht dies in dem ersten Halbschluß der
Melodie am Ende des zweiten Verses, in dem die Hauptmelodie ihren Höhepunkt
erreicht, die gesungene Melodie einen vorläufigen Schlußpunkt. Diese Stelle wird
zusätzlich geschärft durch einen Halbtonschritt und durch einen besonderen *alte-
rierten* – harmonisch doppeldeutigen – Spannungsklang eingeleitet. Im nächsten
Augenblick – zu Beginn des zweiten Strophenteils, mit dem dritten Vers – wechselt

die Harmonie mit dem hohen Hauptmelodieton in einen sehr hellen Durklang. In diesen Farben bewegt sich die *eintönige* Stimme des *Erlkönigs*. Diese Einflüsse der umgebenden Klänge sind – technisch gesehen – wichtige Impulse für den eindringlich werbenden Stimmklang. Sie ermöglichen wechselnde Nuancierungen gestischer Art zwischen Gewalttätigkeit und Verlockung in der Verführung. Die auffällige Bevorzugung des Vokals »i« charakterisiert vor allem eindringliche Zielorientierung der lockenden Stimme: »Du liebes Kind, komm geh mit mir, gar schöne Spiele, spiel ich mit dir …«

Der Widerspruch von Verführung und Gewalttätigkeit zeigt sich offen in der sechsten – musikalisch und textlich – aufgespaltenen Strophe:»Ich liebe dich, mich reizt deine schöne Gestalt / und bist du nicht willig, so brauch ich Gewalt.« Der gewaltsame Zugriff des *Erlkönigs* findet seine musikalische Basis in dem nach unten ausweichenden Halbtonschritt der gesungenen Melodie, dem gleichzeitigen fremdartigen Spannungsakkord. In der antwortenden Stimme des Knaben wird die gesungene Melodie unerwartet wieder zur Hauptmelodie und springt jäh – wie ein Aufschrei – mit dem Harmoniewechsel in die Höhe. Mit den einfachsten Mitteln des Strophenliedes gestaltet Reichardt so ein genaues gestisches Szenario:

Ein Element der Belebung und Nuancierung der Stimme in Tonrepetitionen oder in gedehnten Vokalklängen ist der Harmoniewechsel, ein *zweites* eine überlagernde begleitende Melodieführung, ein *drittes* schließlich die treibende Bewegung von kleinen Tonwerten in dem begleitenden Instrument. Sie wirken als fortgesetzte Impulse auf die Stimme. Technisch ist das eine Aufforderung, die Stimmklänge immer wieder aus erneuerten und sich entfaltenden Vokalen von innen zu beleben. Gerade stimmlich exponierte Melodiebewegungen bedürfen dieser wiederholten Belebung. In diesen Impulsen ist zugleich ein Insistieren auf dem Sinn der Worte angelegt, der im Schwingen des Stimmklangs mitschwingt. Es ist wichtig, sich diesen Vorgang der Belebung durch die Vokale und in ihnen immer wieder bewußt zu machen und ihn auch im Notentext visuell zu markieren.

Neben der *technischen* Hilfe, die in ihren Impulsen verborgen ist, bieten die kleinen Tonwerte auch ein gestisches Potential für den *Ausdruck*. Das zeigt beispielsweise ein Blick auf Mozarts Lied *Der Zauberer* – vor allem in dem Moment des erotischen Erwachens: »Da fühlt' ich, so was fühlt' ich nie …«:

Die Werbung um den Stimmklang geht hier einher mit dem wachsenden Wunsch, ein unbekanntes Gefühl auszudrücken, das in Worten nicht ausdrückbar ist – und erst *nach* dieser Werbung um den Ausdruck in dem jauchzenden Sprung in die Oktave sich entladen kann: »Mir war, mir war, ich weiß nicht wie!« Das Anwachsen dieses Gefühls hat musikalisch seine Basis in der Wiederholung des Melodietones und in der Bewegtheit der Begleitung mit ihren harmonischen Schrittwechseln. Hinzu kommen die Oktavsprünge der begleitenden Oberstimme, die für die durchgehende Gesangsmelodie jeweils eine kleine Aufhellung, einen innerlichen Jauchzer andeuten und den folgenden Oktavsprung der Melodie vorwegnehmen. Der abschließende schnelle Lauf des Klaviers setzt den ungewohnten Liebesschauer auf seine eigene Weise in Musik. Diese schnellen Notenwerte könnten und sollten als *Vibration* allerdings bereits in dem langgezogenen »mir ward« mitschwingen, in jedem Fall in dem abschließenden Melodieteil: »Glaubt mir, er muß ein Zaubrer sein« – vor allem in dem gedehnten »mir«. Letztlich können diese kleinsten charakteristischen Tonwerte auch im ganzen Lied eine Rolle als durchlaufende Impulse spielen. Ein solches *Sprühen* verhilft nicht nur den Vokalen zu Leben und Glanz, es läßt auch die Emotionen sprühen und verstärkt in den gedehnten Klängen die horizontale Senderichtung: die immer wiederkehrende Intention, den anderen zu erreichen.

Musikalische Wellenbewegungen

Die melodische Welle bringt die gehaltene Tonlinie in Bewegung. Sie dynamisiert auf diese Weise das Werben um den Klang. So hebt sich aus dem Senden der Stimme auf einer Tonlinie *die kleine Welle* als eine Intensivierung der Klangbewegung heraus: die kleine und gelegentlich auch die *große Terz*. Echorufe der Kinder, Lockrufe, Klagerufe usw. sollen Entfernungen überbrücken, den anderen heranziehen und verstärken die Zielhaftigkeit der Stimme, indem sie das Berührungsmoment, den Berührungswunsch kurzzeitig oder auch in rhythmischer Wiederholung verstärken. In Übungen – auch in Zusammenhang mit Liedern – ist das gestische Moment eine wichtige Hilfe: von der Ausrichtung des Stimmklangs durch die Schalltrichter der Hände bis zu lockenden Bewegungen oder den Versuchen, im Akt des Rufens den anderen oder den angerufenen Ort mit der Geste zu erreichen und zu berühren. Viele Lieder mit Ruf- und Sendecharakter, mit Klage- oder Lockton enthalten diese *kleine Welle* – beispielsweise so gegensätzliche Lieder wie das altdeutsche Liebeslied aus den *Carmina burana* von Orff *Chume, chum geselle min*, Schumanns Heine-Vertonung *Es fiel ein Reif in der Frühlingsnacht*, wenn von den Blumen gesprochen wird: »Sie sind verwelket, verdorret …« oder Brechts und Weills Vertonungen des *Alabamasongs* oder auch Weills *Matrosensong* aus *Happy End*: »Ja das Meer ist blau so blau …«

Im *Blues* gehört diese kleine Welle – häufig in einer Mixtur von großer und kleiner Terz – zum melodischen Grundvokabular und spielt auch in den Liedern, die von ihm beeinflußt sind, eine immer wiederkehrende Rolle – in unterschiedlicher gestischer Funktion. So ist der Mittelteil des Spirituals *Oh nobody knows …* von diesem Intervall als religiöser Klageruf geprägt: »Sometimes I'm up, sometimes I'm down …« In Gershwins *Summertime* gibt der Wechsel zwischen großer und kleiner Terz und zwischen hoher und tiefer Stimmlage dem Lied unterschiedliche Locktöne:

Eine andere Form der Intensivierung der ausgesungenen Tonlinie ist der Halbtonschritt, die kleine *chromatische Welle.* Auch der Halbtonschritt ist stimmtechnisch gesehen eine Werbung um den Klang, gestisch kann darin eine Werbung um den Partner liegen. Als emotionale Intensivierung schließt das Momente der Lust – wie im Refrain des Schlagers vom *Zigeunerjungen* – oder des Schmerzes oder des Jammerns ein – etwa in Beethovens Kanon *Signor Abbate.* Von daher ist er schärfer und eindringlicher als der Lockruf der kleinen Terz. Im Gegensatz zum Rufcharakter der kleinen Terz, der Distanzen zu überbrücken sucht, wirkt in dem Halbtonschritt eher das Moment der Annäherung – bis hin zum Anschmieren.

Ein klassisches Beispiel für den Sehnsuchtscharakter dieses Intervalls ist das berühmte *Lamento der Arianna* von Monteverdi. Der *Klageruf* des Anfangs verbindet beides: das Rufintervall mit einer gedehnten chromatischen Ausweitung, in der das Werben um den Klang und das Werben um ein Ohr, das die Klage annehmen könnte, zusammenfallen. Der Klageruf wiederholt und steigert sich auf doppelte Weise: Die chromatische Ausweitung führt über vier Tonstufen auf den melodischen Gipfel des *Lamentos* und reißt dann ab. Der Ruf fällt in Resignation und verklingt – wieder im Halbtonschritt – im Tiefenbereich der Stimme:

Die *große Welle* bringt die ganze gehaltene Melodielinie in Bewegung. Vor allem zwei Formen sind charakteristisch und für die Entwicklung des Stimmklangs wichtig: die gleichmäßige Wellenbewegung einer Melodie mit einer Klangdehnung oder *Fermate* am Ende – gelegentlich auch am Anfang – der Liedzeile und Melodien, die aus einem kurzen bewegten Anlauf in den gedehnten Stimmklang hineintreiben und in denen dieses Motiv als wiederkehrende musikalische Geste wirkt. In beiden Erscheinungen entsteht ein Charakter des An- oder Ausrufs – in sehr verschiedenen Schattierungen. Zu dem ersten Typus gehören vor allem Choräle. Die Fermate am Ende ist gleichsam der Sammelpunkt aller Stimmen in diesem Anruf und die Summe der Botschaft oder der ausgesungene Nachhall im Kirchenraum. Manche Choräle entwickeln für fast jedes Wort oder jede Tonsilbe eine Fermate – und damit diesen Anrufcharakter, etwa der Choral: »O Haupt voll Blut und Wunden, voll Schmerz und voller Hohn …« Nahezu mit jedem Wort wird hier das Bild des Schmerzensmanns oder der Klageton beschworen. Auch pervertierte Choräle, etwa der *Morgenchoral* des *Mr. Peachum* aus der *Dreigroschenoper,* oder Bänkellieder orientieren sich an dieser Welle. Sie übernehmen vor allem die Rufqualität in der Dehnung des ersten oder auch letzten Melodietones.

Der andere Melodietypus, in dem der schnelle Anlauf in die Klangdehnung als

Grundmotiv immer wiederkehrt, ist in sich bewegter, von daher im Gestus individueller, häufig emotionaler – so etwa Brechts *Erinnerung an die Marie A.* Diese
Melodie lebt in ihrer Bewegung durchgehend von dem Einschwingen der Stimme
auf einer Tonstufe und den folgenden Aufschwüngen in einen gedehnten Vokalklang. In ihm wird die rhythmische Bewegtheit des Anlaufs aufgefangen und lebt
trotzdem als Bewegung weiter. In diesen Dehnungen breiten sich mit den Zielworten die bestimmenden Vorstellungen des Liedes aus: *Tag – September – Pflaumen-
baum – sie – Liebe – Arm – Traum* usw. Das Werben um den Klang korrespondiert
mit dem Werben um Erinnerungen und Bilder:

Ein solcher Anlauf in den gedehnten Klang kann sehr unterschiedliche gestische
Qualität gewinnen. Im vierten der *Sprüche Omars des Zeltmachers* von Blacher
sind es weite Rufe in die Wüstennacht: »In dieser Nacht, da keine Sterne blinken
…« (vgl. S. 190). In Weills Lied *Wie lange noch?* äußert sich das als Versuch, den
anderen zu erreichen und rüttelt an seiner Unbeweglichkeit: »Sie mich doch an
…« (vgl. S. 194 f.). Ähnlich ist es in dem Lied *The impossible dream* aus dem Musical *Der Mann von La Mancha.* Das melodische Grundmotiv bleibt durchgehend
der kleine Wellenschlag mit dem umspielten, aber immer wieder hartnäckig
intonierten Terzintervall: der Sehnsuchtsruf mit dem gedehnten Zielton. Die
melodische Linie treibt diese Welle aber in mehreren Neuansätzen immer weiter in
die Höhe. Die stufenweise und immer neu anschwellende Welle ist zwar auch eine
wachsende Herausforderung an die Stimme, aber sie ist auch ein Prozeß des
allmählichen Einsingens auf die Gipfelpunkte zu. Das macht zugleich den Weg
deutlich von der eindringlichen Argumentation im Detail bis hin zum heftigen
Insistieren und melodischen Durchkämpfen der Widerstände: »To be willing to
march into hell …« – bis zur Erschöpfung, als würden sie konkret ausgefochten.
Die Atemimpulse innerhalb dieses Kampfes müssen immer wieder als notwendige
Neuansätze, Wendungen bis zur Erbitterung – und schließlich auch als Erschöp-
fungsmoment erscheinen und in Ausdruck verwandelt werden. Sind sie als
Neuansätze nicht gestisch eingebettet, verlieren sie leicht an durchgehender Span-
nung oder sie verhärten sich. Darüber hinaus sind sie – technisch gesehen – die
Basis für die letzte Steigerung, das hymnische Ausrufungszeichen: »the unreach-
able stars…« – nur im Gesang lassen sie sich erreichen:

To dream ___ the im-pos-si-ble dream, ___ To fight ___ the un-beat-a-ble foe, ___ To bear ___ with un-bear-a-ble sor-row, ___ To fight for the right ___ with-out ques-tion or pause, ___ To be will-ing to march in-to hell for a heav-en-ly cause! ___ And I know, ___

Eislers Vertonung *Hollywood* nach Brecht differenziert diese Art der Wellenbewegung aus. Sie orientiert sich am Blues. Das Lied beginnt mit einem einfachen klagenden Rufmotiv über der gewohnten Dur-Moll-Mixtur der Begleitung. Mit dem Widerspruch *Paradies – Hölle* schlägt die Melodie weit und dissonant aus. Die Bluesklage – einschließlich des charakteristischen chromatischen Abseufzens – rahmt diesen Ausbruch ein. Die Einheit der Widersprüche von *Paradies* und *Hölle* ist diese *Stadt*.

Die - se Stadt hat mich be-lehrt, ___ Pa-ra-dies und Höl-le kön-nen ei - ne Stadt sein.

Im Gegensatz zu der expressiven Melodieführung ist hier die Diktion allerdings nüchtern und läßt sich nicht einfach melancholisch dahinsingen. Das ist wiederum ein reizvoller ästhetischer und zugleich gestischer Widerspruch.

Scherzo

Das Spiel
mit Konsonanten

Widerstände und Korrespondenzen

Die Konsonanten entspringen wie die Vokale unmittelbar dem Fluß des Atems. Sie formen allerdings den fließenden Atem nicht durch die Gestaltung von Resonanzräumen, sondern bilden sich an Widerständen aus. An ihnen entwickeln sie ihren besonderen Geräusch- oder Klangcharakter. Die Aktivität der Ausatmung und der beteiligten Muskeln wird an diesen Widerständen und damit in der Artikulation der Konsonanten entsprechend deutlicher und vielfältiger spürbar. Sie sind von daher auch weniger raumgreifend als zielgerichtet im Raum – ähnlich einem Schlauchabschluß, der durch Verengung den Wasserstrahl zielgerichteter werden läßt. Dennoch gibt es auch hier gegensätzliche Tendenzen. Sie werden – ähnlich wie bei den Vokalen – durch die besonderen Aktivitäten der Zunge oder der Lippen oder ihre besondere Zusammenarbeit hervorgerufen, durch weiche oder unterschiedlich geschärfte Widerstände und ihre Überwindung.

Die Organe der Artikulation sind vor allem die Lippen, die sehr bewegliche Zunge und das Gaumensegel. Sie werden wirksam, wenn sie sich einander oder festen Widerstandspunkten nähern: den Zähnen, der Gaumenkuppel oder dem Gaumenwulst, der diese Kuppel gegen die obere Zahnreihe abrundet. Die drei klassischen Orte des Widerstands, die Berührungslinie der Lippen, der Kontaktpunkt von Zungenspitze und Innenkante der oberen Zähne und die Kontaktregion von Zungenrücken und Gaumenwulst, werden am deutlichsten von den Explosivlauten markiert. Die doppelte Qualität dieser Laute liegt in der stummen Verschlußspannung und der *Explosion*, dem elastischen Absprung vom Widerstandsort. Entscheidend ist, daß alle Energie in der Artikulation nach außen gerichtet ist, daß der Verschluß sie nicht blockiert und der Laut nicht *implodiert*. Vor allem beim »p« gibt es diese Gefahr, weil die Lippen wechselseitig nur eine weich gespannte Widerstandslinie bieten. Die Laute »b«, »d«, »g« bilden den Widerstand an den gleichen Orten, explodieren aber weniger heftig. Sie bleiben – wie fallende Wassertropfen – fast tonlos.

Auch die übrigen Konsonanten setzen – mit wenigen Ausnahmen – an diesen drei Orten an oder umspielen sie. Das »m« erklingt nahezu an demselben Ort wie das »p«, nur sind die Lippen weicher gespannt, bilden eine feine geschlossene Vibrationslinie und leiten den Klang durch den Nasenraum nach außen. Beim »w« und beim »f« wird, um das Geräusch zu schärfen, die Kante der oberen Zahnreihe zum Ort des Widerstands für die weich gespannte Unterlippe, die Oberlippe wölbt sich ein wenig vor und übernimmt eine präzisierende Ausrichtung. Das »n« hat den gleichen Verschlußpunkt wie das »t« , ebenso das »l«, nur ist hier der Verschluß aufgehoben durch die leicht gelüfteten Seitenränder der Zunge; sie bekommt dadurch eine leichte Breitenspannung. Das stimmhafte »s« und das stimmlose »ss« nehmen die Zungenspitze nur wenig zurück und gewähren dem Luftstrom so einen schmalen Durchlaß. Für das »sch« zieht sich die Zungenspitze zum Gaumenwulst zurück, im Gegenzug schiebt sich die Oberlippe weit vor. Es ist auch möglich, die entscheidende Lücke für das »s« und das »ss« durch die an die Innenkante der Unterzähne gelehnte Zungenspitze zu bilden. Der Luftstrom dringt dann zwischen Oberzahnkante und Zungenrücken hindurch. Das hat allerdings für den gesungenen Laut nicht die gleiche Klangintensität. Die Grundposition beider Laute nähert sich damit dem dritten Widerstandsort zwischen Zungenrücken und Gaumenwulst an. An eben diesem Ort, wo auch das »k« den Verschluß markiert, bilden das »j« und das vordere »ch« ihre Enge.

Das »ng« markiert einen vierten Kontaktpunkt. Es schließt den Mundraum hinten durch die Berührung von Gaumensegel und hinterem Zungenrücken ab. Dieser Berührungsvorgang ist sehr weich und fein. Der hintere Zungenrücken nähert sich dabei in einer leichten Spannung dem geweiteten Gaumensegel, ohne daß eine aktive Enge im Hals oder im hinteren Mundraum spürbar wird. Falsch – insbesondere für das Singen – ist die enge, näselnde Version des »ng«, das den Kontaktpunkt des »k« oder des vorderen »ch« aufsucht. Das geweitete Gaumensegel im flüchtigen Kontakt mit dem Zungenrücken läßt auch das hintere »ch«, den »Ach«-Laut entstehen. Die zarte Energie dieses Lautes wird nur noch unterboten durch das »h«. Hier sind alle Engen verschwunden. Mit seinen den Hauch ausformenden Lippen nähert sich der Laut deutlich den Vokalen an.

Die Zunge mit ihrer beweglichen, nach vorn gerichteten Aktionstendenz gibt allen von ihr geprägten Lauten diese Zielhaftigkeit. Die Lippen nehmen in ihrer Breitenbewegung das Raumgefühl schon deutlicher in die von ihnen bestimmten Laute hinein. Vom »p« und »f« über das »w« zum »m« nimmt diese Tendenz fühlbar zu. Sie ist auch in der Breitenspannung der Zunge beim »l« angelegt. Die Laute, die mit den Artikulationsbewegungen des weiten Gaumensegels über der ruhenden oder wenig bewegten Zunge verbunden sind, das »ng«, der »Ach«-Laut, auch das »h« vermitteln ohnehin ein weiches, weites Raumgefühl. Dieses Gefühl von Zielhaftigkeit oder Weite teilt sich selbstverständlich nur mit, wenn die Laute und die Auseinandersetzung mit Widerständen und deren Überwindung schon im Ansatz den ganzen Körper erfassen. Möglich ist das durch das Zusammenspiel der Artikulationsorgane mit den Korrespondenten. Dieses Zusammenspiel wird durch die besonderen Aktivitäten und Eigenschaften der Artikulationsorgane herausgefordert. So korrespondiert die Zungenspitze vor allem mit den Fingern, besonders dem Zeigefinger, aber auch der Spitze und den Ballen des Fußes. Der Zungenrücken korrespondiert vor allem mit Organen, die sich in ähnlicher Weise aufbäumen oder ausbuchten können, dem Ellenbogen, dem Handballen, aber auch dem Handrücken, Fußrücken, dem Rücken überhaupt und der Schulterpartie. Die Lippen entsprechen in ihren Berührungsbewegungen der Handfläche, vor allem der Innenhand, aber auch der Fußsohle. Eine besondere Rolle spielt das Gaumensegel. Die Laute, die sich aus seinen Bewegungen bilden, vor allem das »ng«, weichen den Körper auf, aktivieren die hintere Halspartie und den Rücken, aber auch das Zusammenspiel der sich öffnenden gerundeten Arme und Hände. Diese Korrespondenzbewegungen nehmen die Artikulationsspannungen, mit denen an den Orten des Widerstands gearbeitet wird, in den ganzen Körper auf und vergrößern den Aktionsimpuls. Sie wirken so auf die Führung des Atems und seine Impulse zurück und *stützen* und *schützen* die Stimme in ihrer Aktion.

Vokale und Konsonanten

Die singende Stimme ist auf ein gutes Verhältnis der Laute untereinander, vor allem das der verschiedenen Konsonanten zu den Vokalen, angewiesen – auf die Art, wie sich der Vokalklang im Konsonanten anbahnt und wie der jeweilige Widerstand zum Vokal hin sich öffnet. Stanislawski spricht, wenn er die Vokale mit den Konsonanten vergleicht, von dem *Fluß* und seinen *Ufern*. Dieses Bild ist für das Singen dann ergiebig, wenn man einen Fluß mit vielen Windungen vor Augen hat, dessen Strömung sich am Widerstand der Ufer abarbeitet und nach der Überwindung dieses Widerstands gleichsam ins Freie tritt. Wo die Artikulationsbewegungen der Vokale und Konsonanten dicht beieinanderliegen, gehen diese Übergänge verhältnismäßig leicht vonstatten. Das gilt beispielsweise für alle dunklen Vokale und die Lippenlaute unter den Konsonanten, aber auch das »ng«. Diese Konsonanten können sich vorab, ohne ihre Klang- oder Geräuschqualität zu verlieren, in die Artikulationspositionen der Vokale begeben, sie gleichzeitig ansetzen oder vorbereiten. So kann etwa in der Anfangszeile von Brechts *Choral vom Manne Baal* »Als im *weißen Mutterschoße* aufwuchs Baal ...« die Artikulationsbewegung zum »u« im »n« anlaufen und sich schon im »m« ausbilden, bis sie sich endgültig exponiert; kurzzeitig werden dabei »n« und »m« ineinander artikuliert, bis das »n« verschwindet; die exponierte Position des »u« bleibt über das »o« erhalten und geht zuletzt in die Greifbewegung zum »au« über. Solche Parallelaktionen bewirken die Dichte der Lautkette. Im artikulatorischen Zusammenspiel der Vokale und Konsonanten dominieren – insbesondere beim Singen – letztlich die Vokale. Sie bestimmen und nuancieren die Positionen des Widerstands für die Artikulation der Konsonanten. Sie bewirken indirekt eine Ökonomie der Bewegungsabläufe und bewahren den mimischen Ausdruck vor der Zerstörung durch Überartikulation.

Eine genaue Übergabe der Laute und das Ineinanderfließen ihrer Energien ist – ähnlich wie in der Stafettenübergabe – insbesondere für die ausgesungene Melodielinie unerläßlich. Die Artikulationsorgane zeigen dabei durchaus unterschiedliche Geschicklichkeit. Die bewegliche Zungenspitze etwa leistet die Übergabe der Lautstafette leichter als die zum »k« oder »ch« gespannte Zungenmitte, es sei denn, die Vokalstellung der Zunge ist identisch – wie beim »i«, beim »e« oder allen Umlauten. Das »j« wiederum entwickelt seine klangliche Qualität überhaupt erst in Richtung auf den jeweiligen Vokal, in den es geschmeidig hineingleitet. Die Dichte der Lautkette ist eine entscheidende Voraussetzung für die »kontinuierliche Klanglinie« der Stimme, von der Stanislawski spricht. Dabei leisten die verschiedenen Laute wiederum auch wechselseitig Hilfestellung. Die summenden, surrenden, vibrierenden Laute etwa können mit ihren Klang- und Geräuschwirbeln in den vorderen Resonanzräumen die Vokale beleben. Die Vokale ihrerseits können mit der Kontinuität ihres Klanges die Konsonanten zum Klingen bringen. In den wechselnden Prozessen von Widerstand und Formung verändern sich die Spannungsverhältnisse dabei nicht allein in den Artikulationsorganen, sondern ebenso in den korrespondierenden Muskelgruppen des ganzen Körpers. Aus dem je eigentümlichen Gefühl dieses Widerstands und seiner Überwindung im Konsonanten wird der Körper in den gedehnten Vokalklängen jedesmal auch in seiner Ganzheit in die *Freiheit* entlassen. Nicht zuletzt durch dieses Wechselbad der Körperspannungen wirkt der Akt des Singens so lustvoll und belebend. Von dorther sind auch die positiven Rückwirkungen der entfalteten Singstimme auf die Sprechstimme erklärlich.

Für das dichte und bewegliche Wechselspiel der Konsonanten mit den Vokalen ist die Wiederholung oder auch die gezielte Variation von Klangsilben ein wichtiges Arbeitsmittel. Im freien musikalischen Spiel der wiederkehrenden oder sich austauschenden Lautgruppen paaren sich die unterschiedlichen Lautqualitäten noch einmal auf besondere Weise und auf höherer Stufe: der Klangreichtum und die Klangfarben der Vokale und die Treffsicherheit, Kontaktqualität und die Nuancierung der Spannungen bei den Konsonanten. Sie entwickeln sich mit- und aneinander. Lieder aus allen Kulturen – nicht nur Kinderlieder – machen dies mit ihrem *Trallalla, Dingdingeling, Don-derry-don-don, Nibbynabnoopy* oder *Simsalabimbambasaladusaladim* spielerisch vor. In diesem *Lautsalat* ist vor allem das Zusammenspiel der Artikulationsbewegungen und der feinen Spannungs- und Lösungsprozesse mit den Tonhöhenbewegungen melodischer Formeln erfahrbar.

In diesem ausgesungenen Wechselspiel der Laute ist die Unterscheidung von klingenden, sogenannten *stimmhaften* und den geräuschhaften *stimmlosen* Konsonanten von besonderer Wichtigkeit. (vgl. Ritter 1999) Die stimmhaften Laute können – wie die Vokale – in allen Tonhöhen klingen und spielen in den Gleitklängen der Stimme eine besondere Rolle. Die *stimmlosen* Konsonanten kennen zwar als Geräusche keine Tonhöhe. Dennoch stellen sie sich in ihren Spannungsgraden auf die jeweilige Tonhöhe des folgenden Vokals ein. Dies ist leicht zu spüren, wenn man etwa ein stimmloses »ss« oder »f« auf vorgestellte Tonhöhen hin ausspricht oder vielmehr auf bestimmte Intervallsprünge oder Tonschritte hin *singt*. Die Spannungsgrade der Laute erhöhen sich mit der Tonhöhe. Dies läßt sich sogar bei den Explosivlauten spüren. Insofern ist in diesem Spiel der Laute die Tonhöhe auch in den stimmlosen Lauten leicht vorzuempfinden oder mitzudenken. Das erleichtert die sängerische Präzision und Treffsicherheit und erzeugt eine ununterbrochene Linie der Spannungen und Spannungswechsel in den Lauten – wenn auch nicht, wie Stanislawski meint, die ununterbrochene Klanglinie.

Die folgenden Übungen zielen auf Leichtigkeit und Präzision der Stimmgebung. Hände und Füße werden in diesem Spiel zu Instrumenten des Singens:

- Das Lautmaterial der Übung sind geschlossene Tonsilben, die mit klingenden Konsonanten schließen – z. B. bim-bam, ding-dong, bing-bang – und offene Tonsilben, die mit einem Vokal ausklingen – etwa ba-ba, mo-mo. Geschlossene Tonsilben enden glockenartig in einem kleinen Nachhall, währenddessen der Körper sich entspannt. Offene Tonsilben erfordern eine den Klang überdauernde Körperspannung, so als horchten Ohr und Körper in der Pause dem Klang nach. Aus einer leicht gespannten Körperhaltung werden so mit federnden Handflächen oder den pointiert aufgesetzten Ballen der Füße wechselnde Portatoklänge um den Körper herum im Raum verteilt: Dreiton-Motive, d.h. Intervallschritte und -sprünge, die zum Ausgangston zurückkehren, und schließlich freie Tonfolgen.
- Die flachen Hände schlagen Klangsilben wie Tennisbälle gegen die Wand: hohe Stimmklänge auf Zielpunkte in der Höhe gerichtet, tiefe niedrig, mittlere in die Mitte, dann umgekehrt: tiefe Stimmklänge gegen den oberen Teil der Wand, hohe auf den unteren. Im letzten Fall ist es wichtig, sich für die Tiefen weit und groß zu machen, dagegen klein und fein gespannt für die hohen Klänge. Schließlich gehen die Körper- und Schlagaktionen frei wechselnd mit den Höhen und Tiefen der Stimmklänge um. Dann wird die Übung auf Ziele im *Raum* ausgerichtet. In der neuen Dimension von Weite und Nähe sendet der Schlag der Hände hohe Stimmklänge weit, tiefe nah – und umgekehrt. Der federnde Schlag der Hand symbolisiert dabei das Ankommen der Klangsilbe am Zielpunkt.

Singen mit Händen und Füßen

Neben der federnden Qualität des Stimmklangs geht es im folgenden um Melodiebewegungen im Raum und korrespondierende oder gegenläufige Einstellungen
des Körpers auf sie. Das *erste* Beispiel ist der Kanon *Der Hahn ist tot*:

- Der Kanon ist auf die Klangsilbe *don* zu singen und pantomimisch mit
  einem Schlegel an die Wand zu schlagen. Die Wand bildet eine Art hochkant
  gestelltes Xylophon. Die tiefen Klangstäbe liegen unten, die hohen oben.
  Dann kehrt sich dies um. Schließlich sind die Anschlagspunkte ganz frei zu
  setzen. Variationen mit anderen Tonsilben wie ding-ding, bam-bamm o. ä.
  folgen, dann auch offene Tonsilben: pa-pa, po-po, ta-ta, ti-ti, ko-ko o. ä. Die
  Schlegel können bei jeder neuen Tonsilbe weicher oder härter, kleiner oder
  größer werden. In der folgenden Aktion gegen ein reales oder vorgestelltes
  Publikum werden die tiefen Melodiepartien gegen Zuschauer in der Nähe
  ausgerichtet, die hohen gegen fern sitzende, die mittleren gegen die
  Zuschauer im mittleren Bereich – und umgekehrt.
- Die Melodie wird auf die Silbe *don* gesungen und – auf den Fußballen und
  mit den flachen Händen federnd – zunächst im Grundschlag, dann exakt den
  Rhythmen folgend, schließlich frei wechselnd ausgetanzt. Eine Bewe-
  gungschoreographie verbindet die Raum- und die Klangbehandlung: Die
  beiden Anfangssequenzen werden in mittlerer Schrittweite vorwärts und
  rückwärts oder in verschiedene Richtungen ausgetanzt. Die beiden mittleren Sequenzen werden als klangliche Höhenlinie in weiten Sprüngen – zielgerichtet durch den Raum jagend und im Gegenzug flüchtend – ausagiert.
  Der tiefliegende Schlußteil wird mit weit gestelltem Körper in kleinen Trip-
  pelschritten fast auf der Stelle rechtsherum und linksherum getanzt – wie
  eine sich drehende bauchige kleine Tonne. In den Tiefenausschlägen der
  Stimme muß die Abfederung der Stimmklänge besonders weich sein.

Das *zweite* Beispiel wendet diese Übungsmomente ins Gestische. Es handelt sich
um das Schlußlied des *Narren* aus *Was ihr wollt* nach einer originalen Melodie aus
der Shakespearezeit. Es enthält musikalisch wie gestisch einen fruchtbaren
Gegensatz. Es gibt Partien im *Erzählton*, die sich gezielt an ein Publikum wenden:
»When that I was …« und »a foolish thing was …«. Diese kleinen Botschaften richten sich an einzelne Zuschauer. Dem gegenüber stehen die raumgreifenden, das
ganze Publikum als Einheit erfassenden *Refrainpartien* »With a hey ho, the wind
and the rain« und die Schlußformel »For the rain it raineth …«. Die schnellen
gestischen Wendungen machen dabei einen Reiz dieses Liedes aus – als Überraschung für das Publikum und als Aktionslust für den Singenden. Einher geht
damit die Veränderung der Blickqualität: der schmale gezielte Zugriff auf das eine

– und das weite Überfliegen aller Gesichter. Ein Zuschauerrund ist dabei eine stärkere Herausforderung als ein frontales Publikum. Als Sendung in die Weite läßt sich der Refrain auch aus dem Rufen entwickeln – mit dem fallenden Terzintervall des »Hey ho« und im Schlußteil mit dem leicht gedehnten Terzsprung nach oben und einer *Fermate*: »rai*neth*«. Um ein Raum- und Bewegungsgefühl für die Dauer der Fermate zu gewinnen, dreht sich der Singende in diesem Klang einmal um sich selbst und endet in einer schnellen Zuwendung an einen einzelnen Zuschauer: »every day«. Aus diesen Elementen läßt sich das Lied auch als animatorisches Wechselspiel zwischen Vorsänger und Chor entwickeln. Die Tonbindungen dürfen im übrigen – wie überhaupt beim schauspielerischen Singen – nie durch ein eingeschobenes »h« zerstückt werden, also nicht: *e-hev-ry-hy day*, ebensowenig: *wi-hind and the rain*.

Beethovens Melodie zu *Mephistos Lied vom Floh* aus dem *Faust* ist für ein Kunstlied ungewöhnlich dicht am Sprech- und Erzählton orientiert. Die punktierten Tonwiederholungen geben der Melodie über das reine *Parlando* hinaus eine besondere Elastizität. Von daher muß der Stimmklang direkt, schlank und federnd sein. Das läßt sich aus den vorangegangenen Übungen entwickeln. Losgelöst von der originalen Situation in *Auerbachs Keller*, ist das Lied hier als Modell für eine Gruppenaktion zu verstehen. Die *erste* Strophe wird zeilenweise aufgesplittert und solistisch nach außen – ins Publikum – gerichtet. In der Wiederholung des Refrains erfolgt eine entschiedene Wendung zu- und gegeneinander im parodierten Gestus des Befehls: »Da miß dem Junker Kleider …« Die *zweite* Strophe ist von der Wortwahl her sehr viel weicher und lautlich an den klingenden Konsonanten orientiert: »In Sammet und in Seide …« Sie lebt körperlich von entsprechend weichen Bewegungen und altertümlichen Tanzposen, stimmlich von einer zarten, fast dünnen Tongebung und entfaltet im Gegensatz zu der trockeneren ersten Strophe ein ironisches Klanggespinst mit feinen Glissandoklängen in den Intervallverbindungen. Alle singen auf diese Weise einander zu. Die erzählende Zuwendung zum Publikum erfolgt eher nebenbei – *über die Schulter* –, ist aber dennoch sehr pointiert. In der Wiederholung des Refrains richten sich alle in plötzlicher Wendung sehr gezielt ans Publikum. In der *dritten* Strophe wandelt sich dieses Verhalten und wechselt zwischen Stechen und Gestochenwerden mit abrupten Wendungen und stichelnden oder ausweichenden Bewegungen. Alle singen, wenn auch nicht notwendig alles. Der Ton ist halblaut, trocken und sehr spitz mit scharfen Explosivlauten. Der Vorgang steigert sich – am Rhythmus orientiert – von der Störung durch Stiche: »und durften sie nicht knicken …« über verstecktes Jucken, Kribbelschauer bis zum Veitstanz in der Wiederholung des Refrains: »Wir knicken und ersticken …« Mit dem Finale »Ja, wir knicken und ersticken …« entfaltet sich das

gesamte Repertoire von Aggression und Qualen – sehr schnell, leicht und sprechend gesungen und heftig bewegt. Die plötzliche Wendung ans Publikum erfolgt in prägnanter Schlußpose: »wenn einer stiiicht«:

2. Hauptstück

Vom Gleitklang zu den Intervallen

Glissando-Spiele

Bei der Erkundung der Resonanzen und der Entwicklung des Stimmklangs spielen die Vokale eine Vorreiterrolle. Das bedeutet nicht, daß nicht auch Konsonanten beteiligt wären. Im Gegenteil – in vieler Hinsicht eröffnen sie auf ihre Art die Klangmöglichkeiten des Vokals und seine spezifische Resonanz. Die folgenden Übungen mit klingenden Konsonanten können von daher für die singende Stimme durchaus in ähnlicher Weise den Einstieg in Klangräume öffnen und die ersten Schritte auf den *Klangwegen* sein. Diese Schritte führen – wenn auch eher vordergründig – in eine *vertikale* Dimension der Musik. Wir sind gewohnt, bei Intervallschritten oder auch bei den sie verbindenden oder umspielenden Gleitklängen von Höhen und Tiefen zu sprechen. Der Weg des Vokalklanges, seine Richtung im Raum, die Zielsuche, seine Dauer, seine Dehnung oder pulsierende Wiederkehr, das Werben um Resonanz von einer Tonhöhe aus als besondere Form der Aneignung eines Raumes: alle diese Momente betreffen eher die *horizontale* Dimension der Musik. In den *vertikalen* Bewegungen der Stimme ist andererseits die *horizontale* Dimension mit angelegt oder erscheint auf eine neue Weise: als emotional gesteigerte Zuwendung, als Wunsch zur Überbrückung einer Distanz.

Kinder sprechen in Hinblick auf diese Höhen und Tiefen zunächst – und vielleicht bezeichnender – von *hellen* und *dunklen* Klängen. Diese Vorstellung ist für den Umgang mit Höhen und Tiefen in der Musik durchaus hilfreich, in vielen Fällen hilfreicher als die Vorstellung von hohen und tiefen Tönen. Die Vertikalbewegung der Stimmklänge hat allerdings vom Körperempfinden her durchaus eine Basis. Das zeigt der Weg der Resonanzen im Gleitklang oder *Glissando* aus der Höhe in die Tiefe: Die hohen Stimmklänge sind vor allem in den oberen Resonanzräumen spürbar, die tiefen im Resonanzraum der Brust. Gleitet die Stimme aus der Höhe in die tiefen Register, geschieht die Inbesitznahme des Brustraums, spürbar am Brustbein, in fließender Kontinuität. Aber auf dieser Umfärbung der Resonanzen beruht auch wieder die Wahrnehmung von hellen *Kopfklängen* und dunklen *Brustklängen*. Die ausschlagenden Gleit- oder Glissandoklänge, aber auch weite Intervallsprünge machen damit ein besonderes Phänomen – und zugleich auch ein Problem – des Singens auffällig: das Verhältnis der Tonlagen, der *Register* der Stimme zueinander und damit verbunden das der Klangräume des Körpers. In den Gleit- oder Glissandoklängen werden die Stimmlagen und Klangräume kontinuierlich durchlaufen und erschlossen. Sie sind von daher für die Entwicklung und Befreiung der Stimme von großer Bedeutung.

Die Glissandoklänge sind das zentrale Begegnungsfeld von *Sprechen* und *Singen*. Sie sind der sprechenden Stimme generell eigen, und zwar vor allem im immer erneuten Absinken der Stimme von den Gipfelpunkten der Sprechmelodie, dem Ton*fall*. Die mittlere Tiefe ist von daher die eigentliche Heimat der Stimme. Dorthin kehrt sie immer wieder zurück. Die Stimmbewegungen in die Höhenregion der Stimme sind einmal klangliche Ausflüge in Momenten erhöhter Spannung und emotionaler Erregung. Es gibt aber auch – gerade in der sprachlichen Intonation – die gleitende Aufwärtsbewegung in den feinen Klang – etwa in der offenen Frage, der Verwunderung, auch der Ironie oder in der zärtlichen Zuwendung. Auch von daher sind also gesangliche Gleitbewegungen zu entwickeln – mit feinerer Spannung und emotionaler Aufhellung. Für die Singweise des Schauspielers, die von der Sprechintonation bestimmt ist und diese Verbindung nie völlig verliert, ist das von prinzipieller Bedeutung. Der Gleitklang der Stimme bleibt auch im melodischen Aussingen der Intervalle mehr oder weniger erhalten. Er spielt im übrigen auch im klassischen Gesang, etwa in der Oper, eine – wenn auch anders motivierte – Rolle.

In der Arbeit mit Gleitklängen und Intervallen werden die Korrespondenzen des Körpers und seiner Glieder in dreifacher Weise wirksam. Die gestische Aktion macht auch hier die Stimmklänge körperlich handhabbar und bindet sie an Orte und Anlaufpunkte im Raum. Zusätzlich gewinnt die Bewegung der Klanglinie gestische Qualität und gibt der Körperbewegung im Raum eigene Impulse. Schließlich verbinden sich die hohen und die tiefen Stimmklänge und damit auch der sogenannte *Registerwechsel* mit unterschiedlichen Körperspannungen. Hier können Aktionen des ganzen Körpers und auch die korrespondierende oder komplementäre Vertikalbewegung mit ihren wechselnden Spannungen eine wichtige unterstützende Rolle spielen.

Bei den Gleitbewegungen der Stimme, dem Spiel mit klingenden Konsonanten und Vokalen, geht es zunächst um einen feinen, sich entspannenden Gleitklang. Die Glissandobewegungen setzen von oben nach unten an, dann auch in umgekehrter Richtung. Im *Doppelglissando crescendieren* die Stimmklänge zur Tiefe hin und gleiten *diminuierend* zum Ausgangspunkt zurück – oder umgekehrt. Bei Vokalen stellt sich dann auch der intensivere, *geführte* Gleitklang ein:

- Kleine Gleitklänge oder *Glissandi* mit klingenden Konsonanten und Vokalen wechseln sich ab. Die weich gespannten Hände und Fingerspitzen malen oder zeichnen ihre Höhen- und Tiefenbewegungen in vertikalen Klanglinien und Klangbändern in den Raum. Die Serpentinenbewegung spielt bereits mit der Verwandlung in horizontale Linien. Die Kehren in der Handbewegung sind dabei für den Übergang der Kopfklänge in Brustklänge und umgekehrt wichtige Impulse. Spannungsnuancen ergeben sich im Führungswechsel von Handrücken und Handinnenfläche oder auch in der konsequenten Führung der Kehren mit der Handfläche. Bei all diesen Bewegungen ist der Körper elastisch und ausgleichend beteiligt.

- *Variationen*: Mit einem gedehnten Glissando des »ng« oder »m« gleitet die Hand wie an einem schweren Samtvorhang entlang – zuerst mit dem Handrücken, dann – aktiver – mit der nach außen gewendeten Handfläche. Von den leicht gespreizten Fingerspitzen gehoben, öffnet sich ein sehr leichter Seidenvorhang, dazu gleitet das »l« aus der Höhe in die Tiefe und umgekehrt. Die gleiche Bewegung wird mit dem Zeigefinger geführt: Mit dem Glissando-Klang »n« entsteht eine feine Linie. Mit dunklen Vokalklängen und offener Handfläche werden weiche vertikale Bögen in den Raum gemalt – entsprechend der klanglichen Glissandobewegung. Den Glissandoklang des »i« zeichnet der Zeigefinger als Kehre in den Raum hinein, den der Laute »e« und »ä« schneidet die flache Hand als schrägen diagonalen Bogen durch den Raum.

Um die Empfindungen der Tonhöhenbewegung zu relativieren, ist ein Umdenken, eine Umkehrung der Klang- und Bewegungskombination sinnvoll. Die Hände führen den hohen Stimmklang durch eine Bewegung vom Fußboden zur Decke in die Tiefenlage und umgekehrt. Oder der Körper wächst auf dem Weg zu den tiefen Stimmklängen groß in den Raum und wird bei den hohen Stimmklängen in der Bewegung nach unten schmal und klein. Eine spielerische Form dieser Umkehrung ist die Begegnung mit dem *Geist in der Flasche*:

- Die Flasche steht auf dem Boden. Der *kleine* Geist entsteigt ihr und wird *groß* – das Glissando bewegt sich von hohen Stimmklängen in die Tiefe. Die Bewegung der Hand oder auch beider Hände gestaltet dies – von unten beginnend – in Form einer auf die Spitze gestellten Birne. In der umgekehrten Bewegung verschwindet der Geist wieder in der Flasche, während die Stimme in die Höhe zurückkehrt. Die Gleitklänge wechseln vom »n«, dem kleinen Geist, zum »m«, dem großen Geist, oder entsprechend von »i« zum offenen »o« oder »a«. In einer Reduzierung des Bewegungsablaufs weist die Hand dem *Geist* nur den Weg aus der Tiefe in die Höhe und umgekehrt.

Hohe und tiefe Stimmklänge stützen sich auf unterschiedliche Körperspannungen. Dieser Wechsel von Körperspannungen auf dem Weg zwischen Höhen und Tiefen und durch die Region, in der sich diese Klänge mischen, spielt sich im günstigen Fall unwillkürlich ab und folgt der Klangvorstellung. Es bedarf oft nur minimaler Körperaktionen, um einen ähnlichen Wechsel von Spannungen hervorzurufen. Schon in der Ablösung der Sprachlaute voneinander, beispielsweise im Lautwechsel vom »m« zum »n« oder im Wechsel verschiedener Vokale, laufen solche Prozesse ab. Die Korrespondenten der Lautbildung vergrößern diesen Wechsel der Spannungen durch die körperliche Aktion. Ein zentraler Impuls ist dabei die Vertikalbewegung des Körpers. Sie aktiviert das Zwerchfell, das den Wechsel der Spannungen zentral steuert und so die wechselnden Spannungen in der Tonhöhenbewegung ausbalanciert. Das unterstützt insbesondere den *geführten* Gleitklang der Vokale. Der *Geist in der Flasche* kann so im Glissando der Vokale als ganze Gestalt verkörpert werden. Er wächst mit einer crescendierenden Klangbewegung aus der Tiefenstellung weit in den Raum und sinkt mit dem sich verfeinernden Glissando in den hohen Stimmklang klein in sich zusammen. Wechseln dabei die Vokale, so wechseln sie innerhalb der Gleitbewegung in der tiefen Mittelregion der Stimme.

Vom Glissando zu den Intervallen

Musikalisch gesehen sind in den Gleitklängen die Intervalle verborgen: als Ausgangs- und Zielton einer Gleitbewegung oder in der besonderen melodischen Ausformung *diatonischer* oder *chromatischer* Klangbewegung. Die Verbindung der Glissandobewegung der Stimme mit dem Singen auf bestimmten Tonhöhen läßt sich am einfachsten durch die Fixierung der Ecktöne als Quint- oder Oktavintervall entwickeln, in denen die Stimme sich mehr oder weniger lange auslebt. Viele der vorangegangenen Übungen können um dieses Moment der festen Tonhöhen – mit feinem Glissandoklang zwischen den Außentönen – weiterentwickelt werden. Der *Geist in der Flasche* wächst im Quintfall zu mittlerer, im Oktavfall zu gewaltiger Größe und kehrt im hohen Stimmklang in seine Flasche zurück. Ebenso können die Übungen der *Balance mit dem Stab* in dieser Weise variiert und erweitert werden, vor allem die bewegte Risikobalance des Stabes mit ihren kreisenden, auf- und abtauchenden oder gegenläufigen Balancebewegungen (vgl. S. 24). Diese Balanceakte dynamisieren die unwillkürlichen wechselnden Körperspannungen und befördern die Verschmelzung der Klangregionen der Stimme.

Eine ruhige ganzkörperliche Balanceübung, in der die Gleitklänge der Stimme durch die Tiefenbewegung des Körpers und seine Aufrichtung sowie durch die Zugkräfte der Arme getragen werden, ist die *Partner-Balance*. Die Partner formen in ihrer Balancebewegung gleichsam das Aktionsbild der Zwerchfelltätigkeit aus:

- Die Partner fassen einander mit gestreckten Armen im Handgelenkgriff und balancieren ihre Körper im Zug der Arme aus. Sie gehen mit dem Atemzug gemeinsam in den Federsitz, heben sich im Grundton, sinken im aufwärts gesungenen Quintintervall in den Federsitz, verstärken dabei den Zug der Arme vom Rücken und den Flanken her und richten sich im Grundton wieder auf. In Umkehrung der Aktion wird der Quintklang mit verstärktem Zug der Arme in der Aufrichtung erreicht.

Auch das Übungsmodell des *Magischen Gewölbes* (vgl. S. 34 f.) ist – über Klanglinien auf einer Tonhöhe hinaus – in Gleitklängen und Intervallbewegungen auszuagieren. Die verwandte Übung *Der enge Raum*, die ein Situationsmotiv aus der Pantomime aufnimmt, zeigt darin ähnliche Details:

- In der ersten Aktionsphase baut der Akteur einen fiktiven Raum um die eigene Person herum und tastet ihn mit Vokalklängen ab, bis er in seinen Linien, seinen Wänden, seiner Höhe etabliert ist. Portato-Klänge in verschiedenen Tonhöhen wechseln mit Glissando-Bewegungen, die die Ausmessungen des Raumes und seine Winkel in Intervallausschlägen – vor allem Quinten und Oktaven – anzeigen. Alle Wände, auch die Decke, der Boden können zusätzlich einen besonderen Vokalcharakter bekommen. Dann rücken die Wände und die Decke des Raumes plötzlich näher. Sie können mit Vokalklängen erfaßt, zurückgehalten werden. Gelegentlich läßt sich eine Wand oder auch die Decke in einem ansteigenden Glissando zurückdrängen, federt aber im absinkenden Glissando zurück. Der schnelle Wechsel in der Ausrichtung der Aktivität – von einer Wand zur andern, zur Decke und entsprechend von einem Vokal zum andern – erzeugt dichte Vokalverbindungen und -verwandlungen.

Einen gezielten Umgang mit den verschiedenen Klangqualitäten von Vokalen, aber auch die besonderen Herausforderungen in Höhe und Tiefe zeigt die Übung *Säulen aufrichten und polieren*:

- Mit dem offenen »o« oder auch »a« wird das Dreitonmotiv – Quinte oder Oktave aufwärts und wieder abwärts – intoniert. Dabei lassen die offenen Hände eine Säule entstehen und formen sie mit leichtem Druck der Handflächen. Der Atem fällt ein mit dem Griff der beiden Hände nach oben. Im Grundton modellieren die Hände die Säule abwärts, mit der Quinte oder Oktave aufwärts. Zum Grundton streichen die Hände die Säule entlang wieder nach unten und bilden zum Abschluß einen Säulenfuß. Oder umgekehrt: Der Atem fällt ein mit dem Absinken des Körpers in die Hocke, der Grundton wird nach oben, der Quintton nach unten modelliert, zum Grundton hin streichen die Hände wieder aufwärts und bilden dort ein weiches Kapitell. Ein paralleler Vokalwechsel – »a-i-u« – intensiviert die Aktion. Die Quinte oder Oktave auf dem Vokal »i« wird jeweils in einer schnelleren Hin- und Herbewegung der Hände – z. B. einer Triolenbewegung – mit leichtem Druck *poliert*: die Säule, der Säulenfuß, das Kapitell glänzen.

Insbesondere die genauen Vokalwechsel in den gleitenden Wendungen zu auf- wärts- oder abwärtsgerichteten Intervallausschlägen, die präzise Übergabe der Energien an den Artikulationspunkten der Lippen und der Zunge – wie bei einer Stafettenübergabe, erzeugen die Dichte des Klanges der singenden Stimme. Um diese Dichte geht es auch in der Mal- und Streichaktion an *Tom Sawyer's Garten- zaun*. Mark Twain erzählt: »Tom schwang den Pinsel 'rauf und 'runter, trat zurück, um die Wirkung zu prüfen, fügte hier und da einen Strich hinzu, kritisierte wieder das Ergebnis. Ben bewachte jetzt jede Bewegung, und sein Interesse wuchs.« Die Genauigkeit des Blicks, die Differenziertheit der Streichbewegung, vor allem aber der hohe ideelle Stellenwert dieser Tätigkeit garantieren die Dichte: Auf und ab, entsprechend den steigenden und fallenden Intervallschritten, den Quinten und Oktaven, aber auch gegenläufig, werden die Vokale gesungen und glattgestrichen, damit keine *Nasen* entstehen. Der Vokalwechsel ist die Intensivbehandlung einer Stelle. Alle diese Übungen sollten in ihrem Ausgangsintervall oder -motiv zunächst die Mittellage umfassen. In der Übungsfolge können sie in kleinen Schritten sequenzartig in die Höhe steigen und dann in die Tiefenlage der Stimme führen. Das gilt auch für die folgenden Übungen.

Vor allem drei Momente sind es, die in Situationen des menschlichen Miteinan- ders einen deutlichen Ausschlag der Stimme in die hohe Lage bewirken: die *Dring- lichkeit* einer Botschaft, das gesteigerte *emotionale Engagement* und – der nahe- liegendste Anlaß – eine wachsende *Entfernung* des angerufenen oder angesunge- nen Partners oder Zielpunktes. Entsprechend enthält der Weg in die Tiefenregion wiederum ein Moment der Nähe, der Beruhigung, des Abklingens von Emotion. Wie sich alles umkehren kann, so können die situativen oder emotionalen Nuan- cen von Höhe und Tiefe des Stimmklanges aber auch genau umgekehrt angelegt und legitimiert sein. In einer solchen Umkehrung liegt immer eine besondere situative Herausforderung. Das Moment der Ferne und Nähe zwingt zum Umden- ken der Vertikalbewegung von Intervallen in horizontale Aktionstendenzen. Aller- dings können emotionale Momente immer mit hineinspielen. Die folgende Übung mit Vokalklängen zeigt das Umdenken der vertikalen in die horizontale Dimension auf einfachste Weise:

- Wie ein Gegenstand wird der Grundton im Quintintervall zunächst vom Erd- boden auf die Kommode, im Oktavschritt auf den Schrank gelegt und im Grundton an den alten Platz zurückgenommen. In gleicher Weise wird der

Intervallschritt von einem nahen Punkt an einen fernen und zurück getan. Die Wege werden umgekehrt: Der Grundton wird mit weitem Griff auf der Kommode oder dem Schrank erfaßt und im Quint- oder Oktavintervall in die Nähe auf den Boden gelegt und im Grundton wieder zurückgelegt, ähnlich von einem ferneren Ort an einen nahen Punkt und zurück. Der höhere Ton tendiert dadurch zum feineren Stimmklang. Bei weiteren Distanzen weist die Hand nur noch den Weg.

In der *Flugbalance* auf einem Bein sind vertikale und horizontale Ausrichtung des Körpers sozusagen im Einklang. Im *Anflug* auf vorgestellte Ziele oder Zielgebiete dominiert schon deutlicher die Horizontale. Das steigert sich im gezielten Anflug *Gottvaters* auf den noch *unbeseelten Adam* – nach Michelangelo.

- Mit dem Vokal oder anlautendem »m« oder »n« wird der Grundton intoniert, der Körper steht in der Halbbalance, das Gewicht liegt auf einem Fuß, die Spitze des anderen ist aufgesetzt, die Arme halb hängend. Im Glissando zum Quint- oder Oktavklang breiten sich die Arme aus, der freie Fuß hebt sich in die Vollbalance. Oder: Der Körper schwebt im Grundton in der Balance, mit dem Glissando zum Quintklang wechselt die Richtung des Flugs oder schwankt in weichen Bögen.
- Mit dem ausfahrenden, beseelenden Finger berührt *Gottvater* in balancierendem Flug den dahindämmernden *Adam*. Die erhöhte Zuwendung erfolgt im Quintintervall, die Berührung in der Oktave, zwischendurch und am Ende fällt die Stimme auf den Grundton zurück. Da *Adam* schwer zu beseelen ist, bedarf es schrittweiser Rückungen in die Höhenlage der Stimme, bis er die Augen aufschlägt und atmet.

Im *Diskuswurf* und im *Skiflug* verstärken sich Zielorientierung und Weitegefühl:

- Der Atemgriff erfolgt als Ausholbewegung im Bogen nach vorn. Der Probewurf mit genauem Blick, genauer Zielorientierung, erfolgt auf dem Vokal »i« im Quintintervall, der eigentliche Wurf im Oktavintervall mit dem Vokalwechsel zum »o« oder »a« in die Weite des Raumes. Der Flug des Diskus bewirkt die Dehnung des Vokalklanges. Ähnlich ist das Bild vom Skiflug: Der Atemgriff der flachen Hand ist eine Ausholbewegung in Gegenrichtung zur Schanze. Der Grundton setzt in der Extremposition ein. In der Anlaufbewegung gleitet der Vokal in die obere Quinte oder Oktave, der gedehnte hohe Stimmklang ist der *Flug in der Schwebe*. Er senkt sich im Glissando und setzt weich mit dem Ausgangston auf.

Von diesem Wunsch nach Weite ist auch der *Sehnsuchtsruf* – nach einem Menschen, nach einem Ort – beseelt:

- Verschiedene Vokalklänge werden auf den Weg und ins Weite geschickt. Die Hände strecken sich ihm sehnsüchtig nach. Ausgangsmotiv ist zunächst der Quintsprung mit der Rückkehr zum Grundton, dann die Weitung zur Oktave, schließlich das Doppelmotiv mit beiden Intervallen. Die Dehnung des Klanges in der Höhe ist Ausdruck des Wunsches nach Berührung, Hilfe, Rettung oder nach dem Erreichen des Zieles. Die Geste des Verlangens führt bis zur Balance auf einem Bein mit der weit ausgreifenden Hand. Dreisilbige Sehnsuchtsworte definieren die Situation eindeutiger – etwa: *Maria*. Oder auch – in Anlehnung an eine Episode aus Mark Twains *Huckleberry Finn* – der Ruf *Ohio*: Der rettende Ohiostrom ist verpaßt und verschwindet am Horizont, während das Floß mit Huck und dem Schwarzen *Jim* den Mississipi hinab- und für *Jim* der drohenden Sklaverei entgegentreibt. Oder der Ruf der drei Schwestern aus dem gleichnamigen Stück von Tschechow: *Nach Moskau!* Diese Sehnsuchtsrufe lassen sich auch in einer immer weiter ausschlagenden Intervallfolge – von der Sekunde ausgehend, über Terz und Quinte – schließlich über alle Intervallstufen – zur Oktave steigern. Je höher der Intervallsprung, desto weiter der Weg, desto ferner das Ziel, desto größer die Sehnsucht, es zu erreichen.

Ebenso wie die Intervallausschläge ins Weite, an ein fernes Gegenüber, ausgesendet werden können, ist es möglich, diesen fernen Punkt im Ausschlag des Intervalls an sich heranzuziehen – ähnlich dem Auswerfen und Einholen von Fischernetzen. Dies ist für die Dringlichkeit eines Anliegens oder ein emotionales Engagement ebenso plausibel, gelegentlich noch sinnvoller und – technisch – manchmal sogar hilfreicher. Der Atem fällt mit dem Griff in die Weite ein, der tiefe Stimmklang bindet sich an diesen fernen Punkt, der Singende zieht ihn im Ausschlag des Intervalls heran und entläßt ihn wieder mit dem Grundton.

Melodische Wellenschläge: Intervalle

In entfalteten Melodien sind die Ausschläge der Stimme, die Wendungen in die Höhen- und Tiefenlage, in differenzierter Weise miteinander verbunden. Sie nehmen die Elemente der verschiedenen Übungen ähnlich in sich auf, wie sie auch das Werben um den Klang in sich aufnehmen. Ausschlagsweite der Stimme, ihr Umfang, die Beweglichkeit, die Ausgeglichenheit oder Variabilität der Farben binden sich auch in elementaren Schritten immer an Vorstellungen, an Gesten und Beziehungen zwischen Menschen, an situative Momente. Sie sind Basiselement von Ausdrucksbewegungen. Ähnlich wie das Werben um den Klang immer auch ein Werben um ein Gegenüber ist, sind auch die Intervallausschläge grundsätzlich zu verstehen als Versuche, ein Gegenüber zu erreichen.

Das Rufen und Locken mit dem Stimmklang in den Ausschlägen des Terzintervalls oder die chromatische Abweichung, die *kleine Welle*, spielte bereits eine Rolle als Intensivierungsmoment in der Sendung des Stimmklangs auf einer Tonlinie. Daran knüpft die folgende Aufschlüsselung der Intervalle bis zur *großen Welle* an. In der Begründung der Ausweitung oder auch des Charakters der Intervalle kehren die drei situativen Momente immer wieder: die *Nähe* oder *Entferntheit* des angerufenen oder angesungenen Partners, die *Dringlichkeit* einer Botschaft und die Nuancierung des *emotionalen Engagements*. Ein schönes Beispiel für das Erscheinen dieser Momente und ihrer Verbundenheit ist der Anfang des Liedes *The impossible dream* aus *Der Mann von La Mancha*, in dem der *Ritter von der traurigen Gestalt* sein Credo kundtut (vgl. S. 47). Sie erscheinen in der allmählichen Verdeutlichung einer Botschaft und ihrer Dringlichkeit, in der emotionalen Emphase durch den Aufschwung der Melodie, und auch das Moment der – unerreichbaren – Ferne spielt mit hinein.

Die Quarte, das nächst größere Intervall ist als Anruf eines Gegenübers in manchem eine Variante der Terz. Der Signalton der Trompete, das Trara der Jagd – tradiert im Signal der Feuerwehr – das alles sind Rufe. Sie klingen ein wenig kühler oder aggressiver als die Terz. So jedenfalls erscheint die Quarte, im Wechsel mit der Terz, in einer eigenen Melodie des *Tantenmörders* von Wedekind: als selbstbewußter Ausruf in einem unverfrorenen öffentlichen Bekenntnis:

In der Reduktion wird der Quartsprung zum Signal für den Liedanfang, vor allem in erzählenden Liedern. Der Singende springt aus der Tiefe der ausgeruhten Sprechlage in den Grundton einer Melodie und damit auf die gehobene Ebene des Gesanges. Die *Quinte* steigert dieses Anheben zum Gesang durch das weitere Ausschlagen der Stimme. Die Stimme erhebt sich von der Grundebene einer Melodie, der *Tonika*, in die höhere und vor allem harmonisch spannungsreichere Lage der *Dominante*. Das kann den Charakter des Aufmerksamkeit heischenden Ausrufens bewirken. So markiert die Quinte den Beginn der alten *Ballade vom Lindenschmidt*. Der Quintklang ist raumgreifend, daher auch geeignet als Sammelruf zu gemeinsamer Aktion, so in dem alten Rundtanz *So treiben wir den Winter aus …* In dem alten Lied aus dem Dreißigjährigen Krieg *Es geht ein dunkle Wolk herein*

erscheint das Quintintervall als Klageruf – strenger als die Terz. Das Klagemotiv steigert sich noch in der Mitte des Liedes. Nach einem melancholischen Absinken der Stimme schwingt sich die Melodie auf im Oktavintervall, das angebundene Terzintervall macht das zum doppelten Klageruf.

Der *Oktavsprung* aus der Tiefenlage in das Höhenregister der Stimme ist stärkste Intensivierung des Rufes. Er fordert Aufmerksamkeit oder wirkt als emotionaler Ausbruch. In seiner einfachsten Funktion – in Steigerung der Quarte und Quinte – ist er das Einstiegsintervall für wichtige Botschaften, so in Goethes *Lied von der Ratte* (vgl. S. 76). Aussagekräftiger und emotional bewegender ist der weite Intervallsprung innerhalb oder am Ende einer Melodielinie. Diese Aufschwünge markieren gerade in klassischen Liedern die Grenzpunkte des Stimmumfangs und in ihnen den Ausschlag der Gefühle. Ein Beispiel ist der hymnische Ausschlag der Stimme in Schuberts Shakespeare-Vertonung *An Silvia*. Ein zusätzliches Ausdrucksmittel ist die treibende Bewegung der Begleitung. Sie unterstützt die Stimme und muß als innere Bewegung in den gedehnten Melodietönen wiederkehren:

In einer eigenen Vertonung von Wedekinds Gedicht *Lulu* erscheint der Oktavsprung als lustvoller Aufschrei am Ende. Er bahnt sich in der Rufterz des Beginns und den folgenden Quint- und Septimensprüngen an. Aus den treibenden Impulsen, den Synkopen und den melodischen Anfeuerungsrufen schwingt sich die Melodie hoch auf und spannt die Weite des »Welten*meeres*« in einem wilden Glissando-Aufschrei über die ganze Oktave:

Abwärts gerichtet hat der Oktavsprung, vor allem als Glissando, zunächst eher den Charakter eines gedehnten Seufzers oder eines Aufstöhnens – so in ironischer Färbung in dem doppelten Oktavfall »Ach Gott! Mein Gott!« im Refrain der *Brigitte B.* von Wedekind. (Vgl. S. 145) Abweichend von dieser natürlichen und gewohnten

Abschwächung des fallenden Oktavintervalls wird der Stimmklang in Schumanns *Ein Jüngling liebt ein Mädchen* im Oktavfall der letzten Strophe sarkastisch verschärft, groß und fast hart in die Tiefenlage geführt: »Es ist eine alte Geschichte …« (vgl. S. 107). Noch härter erscheint der Oktavfall in der dritten Strophe, dem Mollteil des *Lindenbaum* von Schubert. Die Stimme gleitet in die Tiefenregion und führt dort die Melodie und ihre widerständige Aussage exponiert weiter. Emotional verschärfend kommt der doppelte und gegenläufige Halbtonschritt hinzu:

Sexte und Septime und auch immer wieder die Oktave sind in vielen Liedern die Intervalle des emotionalen Aufschwungs, der das Herz weitet und die Gefühle aufblühen läßt. Exemplarisch klassisch sind die Sextaufschwünge mit den gedehnten exponierten Klängen und das anschließende sanfte Abseufzen in Mozarts Bildnis-Arie aus der Zauberflöte: »Dies Bildnis ist bezaubernd schön …« oder bei Beethoven: »Ich liebe dich so wie du mich …« Ähnlich klingt es bei Brahms: »Wir wandelten, wir zwei …« Auch die kleine Septime hat diese emotionalisierende Wirkung. In beiden Intervallen kommen körperliche und emotionale Spannungen mit musikalischen – melodischen, aber auch harmonischen – Spannungen zusammen. In der Vertonung des Goetheschen *Veilchen* seines Zeitgenossen Reichardt wechseln im Verlauf des Liedes immer wieder die Septim- und Oktavaufschwünge einander ab: »*Es sank* dahin *und freut* sich noch …« Und auch in der Mozartschen Vertonung sind diese Aufschwünge zu finden: »*… bis mich* das Liebchen abgepflückt *und an* dem Busen matt gedrückt …« und – in einer gedehnten Nebensilbe mit einer verminderten Septime aufschluchzend: »Ach! denkt das Veil*chen, wär* ich nur …« Die leichte Muse – vor allem das Küchenlied – nimmt dieses wirkungsvolle Moment klassischer Lieder und Arien gern auf. Das Glissando zwischen den exponierten Tönen, das in den frühklassischen Mädchenliedern noch verhältnismäßig keusch klingt, kann in der trivialeren Variante zu einem sentimentalen oder gar ordinären Aufjaulen werden. Dieses sentimantale Glissando kommt vor allem durch ein Crescendo in den gleitenden Vokalen zustande. Es kann sich im Küchenliedmilieu auch in den noch weiteren Intervallausschlägen der großen None ausleben. Der melodiöse und emotionale Aufwand ist dabei – dem Genre entsprechend – teils deplaziert: »Brigitte B. war sie genannt …« – »… war den Geschäften zugetan«, teils begründet: »dann lief sie heulend und gestand …«:

Ein Beispiel für das unterschiedliche gestische Potential solcher Intervallausschläge bietet das *Wienerlied* von Eisler. Es ist inhaltlich durchaus auch eine Art Küchenlied. Zugleich ist es eine kleine Dialogszene zwischen einer jungen *Frau*, die um die Freigabe ihres Geliebten bittet, und dem *Hauptmann*, der ihr dies verweigert. Der Melodieanfang ist charakterisiert durch Aufschwünge im Intervall der Sexte, die sich chromatisch in die Höhe schieben. Es ist aufschlußreich, wie sich die gleichen Elemente gestisch sehr gegensätzlich verwandeln lassen. Das Lied beginnt mit einer dreimaligen Anrede »Herr Hauptmann« in einem bittenden Schmeichelton. Die Stimme gleitet sehr leicht nach oben: nicht Steigerung im Melodieaufschwung, sondern Verfeinerung ist angesagt – der Akzent liegt im tiefen Stimmklang. Ein kleines Zögern auf der zweiten Zählzeit des Taktes gehört zum Wienerischen des Walzers, kann aber zugleich als gestisches Moment des Schmeichelns genutzt werden – oder eines Zögerns, das auf Reaktionen achtet. Der *Hauptmann* antwortet in den gleichen, chromatisch verschobenen, nun crescendierenden Aufschwüngen der großen Sexte. Das Verweilen auf der zweiten Taktzeit bekommt durch die falsche Betonung etwas ironisch Anmachendes, Zynisches: Er läßt sie zappeln mit Rätseln, in denen sie die Aussichtslosigkeit ihrer Bitte erraten wird. Ähnlich bekommen die Locktöne seiner Rätselfragen durch die chromatische Abwärtsbewegung etwas unangenehm Bedrängendes. Im zweimaligen triumphalen Ausschlagen der Melodie wirft er sich in die Brust. Die Frau beginnt zögernd zu raten. Das Verweilen auf der zweiten Taktzeit des Sextsprungs in der Wiederkehr der Anfangsmelodie bietet jetzt ein Wartemoment für das Raten oder eine Dehnung für den kleinen Triumph des Erratens: »Da rat' ich …«

Ähnlich breit ist die Skala im *Abseufzen*, dem weiten Fall in die Tiefenregion der Stimme: Sie reicht vom angedeuteten über das leicht geführte bis zum sentimentalen Glissando. Eislers Vertonung des *Liedes vom Kleinen Wind* beispielsweise bekommt durch ein sehr feines diminuierendes Glissando in dem fallenden Sextintervall des Beginns ein zärtlich lockendes, erotisch anziehendes Moment:

Eil Lieb-ster, zu mir, teu-rer Gast, wie ich kei-nen bes-sern find. ___ Doch wenn du

mich im Ar - me hast, dann sei nicht so ge - schwind. ___

Die Geste kann dabei – über das Moment des Ausdrucks hinaus – eine kleine technische Hilfe sein. In den hohen Stimmklängen ist das in die Ferne greifende, im tiefen Stimmklang das heranziehende Moment angelegt. Das ist auch in der kleinen crescendierenden chromatischen Ausweitung »teurer Gast« oder »keinen bessern find« spürbar und in dem diminuierenden Glissando in die Höhenlage. Das ergibt das »sanfte Wiegen«, das Wechselspiel zwischen Locken und Lassen. In dem bekannten Spiritual-Song *O nobody knows the trouble I've seen ...* crescendiert das Glissando dagegen eher beim Fall der Sexte in die Tiefenlage. Der tiefe Stimmklang, die Klage, geht ins Weite.

Weite Sprünge – Kleine Schritte: Dreiklänge und Tonleitern

Stimmübungen im Gesang bedienen sich in ihren konventionellen melodischen Formeln vor allem der Dreiklangssprünge und der Tonleiterbewegungen. Das ist von der musikalischen Zielsetzung – Ausweitung des Stimmumfangs oder Geläufigkeit und Beweglichkeit der Stimme – auch naheliegend. Für das schauspielerische Singen ist die Ausweitung des Stimmumfanges oder die virtuose Koloraturen-Geläufigkeit der Stimme nicht in erster Linie wichtig. Alle Intervall-, Dreiklangs- oder Tonleiterbewegungen müssen sich vielmehr mit den gestischen Momenten verbinden. Ein Grundsatz im Umgang mit Tonhöhenbewegungen ist es, die Vertikaldimension, das melodische Auf und Ab, in die Horizontale umzudenken. Die elementaren gestischen Vorgänge sind die des Sendens und Empfangens, die Tendenz also, hohe Stimmklänge an einen fernen Zielpunkt zu senden oder auch – wenn mir seine Annäherung wichtiger ist – den fernen Punkt in diesen Stimmklängen heranzuziehen. Durch die horizontale Orientierung gewinnt die Melodie eine einheitliche Linie, in der weniger die Höhen- und Tiefenbewegungen als die durchgehende zielgerichtete Energie zum Tragen kommt. Das ist für das sprachliche Moment, den Fluß des Sinns oder den Griff nach dem Sinnwort, und für die Beziehung zu dem gegebenen oder vorgestellten Partner von Vorteil. Diese Vorstellung hilft, die Dominanz musikalischer bzw. melodischer Formen zu brechen und sie unter das Primat der Sinnbewegung zu stellen und die Erinnerung an die gesprochene Äußerung wachzuhalten.

Die Sprünge der Dreiklangsbewegung sind immer Zielbewegungen. Vergleichbar dem Känguru-Sprung, sind sie Zwischenstationen auf ein solches Ziel hin. In den ersten Übungen ist dieser *Känguru-Sprung* ein heimliches Vorbild aller Stimmaktionen. Sie setzen in der Mittellage an und suchen schrittweise den Weg in die Höhen- und Tiefenlage der Stimme. Dabei folgen die Übungen durchaus dem traditionellen Brauch der Wiederholung von Klangsilben, in denen gleiche Artikulationsverhältnisse wiederkehren. Auch dies ist ein Werben um den Klang, aber es wird darüber hinaus zum Werben um das Ziel:

- Die Tonsilben werden zunächst gesprochen, dann federnd – *portato* – auf einer Tonhöhe gesungen: na-na-na-na, ma-ma-ma-ma, pa-pa-pa-pa, Da-da-da-da, sie-sie-sie-sie, ju-ju-ju-ju. Dann folgt der einfache Dreiklangssprung aus der oberen Oktav abwärts zum Grundton. Die federnden Handflächen markieren dies als zielbetonte Bewegung im Raum – zunächst auch aus der Höhe in die Tiefe, aber immer zugleich in die Weite. Die entsprechende *Legato*-Übung orientiert sich gestisch am Bild des Skiläufers, der in weiten Schwüngen die Schneehänge hinab ins Ziel gleitet. Das Legato kann die gleichen – nun sehr dicht geführten – Tonsilben verwenden, es kann auch rein vokalisch – mit gleichen oder wechselnden Vokalen – erklingen. Dabei ist darauf zu achten, das sich kein »h« in die Vokalanschlüsse einschiebt. Die Tonübungen können sich schließlich mit situativen Gesten verbinden. Die federnden Handbewegungen helfen, diese Situation deutlicher zu definieren: Sie wehren skeptisch ab, weisen erfreut, empört, begeistert auf etwas hin. Kleine kurzsilbige Äußerungen können die Übungsformeln situativ beleben: Nie! nie! nie! nie! – Sieh da! – Der da! – Die da! – Wann denn? – Wie denn? usw. Kleine diminuierende Glissandi zwischen den Tonschritten – vor allem im *Legato* – führen dicht an die neue Tonstufe heran. Sie helfen, den *Bruch* zwischen Kopf- und Brustklängen zu überwinden und die Resonanzen zu *mischen*. Die erweiterte Übung setzt mit dem Sprung aus der Tiefe in die Oktave an und führt – *portato* oder *legato* – die Dreiklangsstufen hinab.

Die naheliegende Tendenz, die hohen Stimmklänge hervorzuheben und zu akzentuieren, löst gelegentlich Furcht vor den hohen Tönen aus, zumal wenn die Übungen schrittweise in die hohen Register führen. Man kann dieser Tendenz schon durch die Zielhaftigkeit der Stimmgebung entgegenarbeiten. Sie läßt die Höhe leicht anklingen und steuert den Grundton, das Ziel, mit Energie an. Die Tiefenlage braucht allerdings Körperweite und Größe, um zu klingen. Hier gilt das Prinzip aus der Übung *Der Geist in der Flasche*: Man denkt die abwärtsgeführte Dreiklangsbewegung räumlich als eine Aufwärtsbewegung und strebt die klangliche Tiefe als räumliche Höhe an und umgekehrt. Eine kleine Vorstellungsübung kann dies unterstützen. Die Hand kann beispielsweise die in Dreiklangsschritten wachsende Körpergröße von *Hänschen klein* markieren, der schließlich als Erwachsener »in die weite Welt hinein« geht. Diese Umkehrung der Bewegungsvorstellungen aktiviert die hellen und durchdringenden Resonanzen für die Tiefe und die dunklen, bodenständigen für die Höhe und gleicht die Qualitäten der Stimme damit aus. Die häufig – vor allem bei Frauenstimmen – auseinanderfallenden Charakteristika der hohen und der tiefen Stimmlage mischen und verbinden sich, ohne ihre Eigentümlichkeit zu verlieren. Grundsätzlich braucht die Höhenlage der Stimme das Fundament – im Körperlichen wie im Klanglichen –, und entsprechend bedarf die Tiefe auch der Leichtigkeit, Helligkeit, der Klarheit und Schlagkraft. Gerade bei jungen Schauspielerinnen wird damit gelegentlich ein Identitätsproblem angerührt. Sie müssen die hohe weibliche Stimmlage und ihre Charakteristika bejahen, wenn eine Arbeit an der Stimme im ganzen sinnvoll sein soll.

Die folgende Übung nimmt die Problematik des Ausgleichs von Höhen- und Tiefenklängen auf. Sie spielt auf den Scheinriesen *Herrn Tur tur* aus dem Kinderbuch *Jim Knopf und Lukas, der Lokomotivführer* von Michael Ende an. Dieser ist nur in der Ferne groß: »Am Horizont stand ein Riese von so ungeheurer Größe, daß selbst das himmlische Gebirge *Die Krone der Welt* neben ihm wie ein Haufen Streichholzschachteln gewirkt hätte … Der Riese kam Schritt für Schritt näher, und bei jedem Schritt wurde er ein Stückchen kleiner. Als er etwa noch hundert Meter entfernt war, schien er nicht mehr viel größer zu sein als ein hoher Kirchturm … Und als er schließlich … anlangte, war er genauso groß wie Lukas, der Lokomotivführer.« Er wird aber auch wieder riesig, wenn er sich entfernt. So steigt er als Sinnbild für den Stimmklang die Dreiklangstreppe hinunter ins Weite und wird in der Tiefe immer größer und präsenter. Oder: *Herr Tur tur* steigt eine flache Treppe hinauf und wächst ungeheuer, während der Dreiklang abwärts steigt.

Kleine Fragmente aus dem klassischen Repertoire, die diesen Bewegungsduktus zeigen, können diese Übungssequenzen erweitern. Geeignet ist der einleitende Dreiklangsabstieg im Bericht des *Kreon* vom Orakel in Delphi aus dem *Oedipus Rex* von Strawinsky »Respondit deus …«: In einer einfachen Geste weist *Kreon* auf *Ödipus* als Empfänger der Nachricht und führt die Geste in den Dreiklangsschritten stufenweise nach oben, bis sie auf den *deus*, den Sender der Nachricht, im Zenit verweist, ohne daß der Blick der ausgestreckten Hand folgt. Auch eine Passage des *Kanonensongs* aus der *Dreigroschenoper* eignet sich: In dem abwärtsgerichteten Moll-Dreiklang erweitern sich Geste und Blickwinkel bis zu den fernen Grenzpunkten: »Vom Kap bis Couch Behar«. In der Schlußwendung des Schubertschen *Lindenbaums* ist das Ziehen in die Ferne nahezu wörtlich auskomponiert. Es beginnt mit dem Werben um den fernen Punkt auf einer Tonhöhe: »Es zog in Freud und Leide …« und hat seinen intensivsten Moment im Berühren des Lindenbaums: »… zu *ihm* mich immer fort.« Das kann als Heranziehen dieses Punktes empfunden werden oder als eine Sehnsuchtsgeste in die Ferne:

es zog in Freud und Lei_de zu ihm mich immer_fort.

Alle diese Prinzipien und Varianten der Behandlung von Höhen- und Tiefenbewegungen und ihre Umwandlung in Gesten des Aussendens oder des Heranziehens gelten auch für *Tonleiterbewegungen* und entsprechende Übungen. Für den Einstieg sind vor allem Übungen im Fünftonraum geeignet. Sie nehmen leicht ein spielerisches Moment in sich auf. In dem melodischen Auf und Ab im Fünftonraum der Quinte kann sich z. B. eine schnelle, wegwerfende Redefigur artikulieren:

- Zunächst werden die Tonsilben geplappert – halb gesprochen, halb gesungen –, ohne feste Tonhöhen: na-na-na-na-ná, so-so-so-so-só, pa-pa-pa-pa-pá, dann werden sie ausgesungen. Ziel ist immer der Schlußpunkt der Klangbewegung. Die Geste sendet die aufwärtslaufende Melodielinie zum Partner hin und zieht sie auf dem Rückweg in die Tiefenregion der Stimme zum eigenen Körper hin. In umgekehrter Sende- und Zugtendenz wird die Höhenbewegung herangezogen, die Tiefenbewegung ausgesandt. Eingeschoben werden schnelle Glissandi zwischen den Ecktönen des Quintintervalls. Das gleicht dann dem schnellen Hin und Her einer Tennispartie.

Immanente *Stimmübungen* dieser Art finden sich in vielen Liedern. Wie ein Schwingen zwischen den Höhen und Tiefen wirken die Sequenzen im Refrain des bekannten Songs *Fly me to the moon …* Der Impuls für diese melodische Bewegung gleicht fast dem weichen Anstoß für ein Kind auf der Schaukel, das weit vor- und zurückschwingt. In den refrainartigen Partien des Songs *Good morning Starshine* aus dem Musical *Hair* »Nibby-nab-noopy …« bewirkt die Repetition des Anfangstones zugleich ein verstärktes Einschwingen der Stimme, das den Abschwung teils aufhält, teils ansaugt – ähnlich der verstärkten Strömung vor einem Wasserfall – und ihn dann ein wenig taumelnd in die Tiefe entläßt:

Glid - dy glup gloo - py Nib - by nab-by noo - py La la la lo lo. ____

Eine sehr eigene gestische Kraft entfaltet die absinkende Melodielinie in der Langsamkeit: im Ausklingen eines Rufes oder im Abseufzen der *Klage* oder in zielgerichteten entschlossenen Schritten. So ist der Anfang des altdeutschen Liedes *Es ist ein Schnitter, heißt der Tod …* ein unerbittlicher Gang in die Weite und in die Tiefenregion der Stimme, wo er auf das Wort *Tod* stößt. Diese Bewegung wirkt in der Nachbarschaft der nachfolgenden tänzerischen Rhythmen besonders zielgerichtet und kompromißlos. Langsame Aufwärtsbewegungen von Melodien können dagegen etwas Aufblühendes entfalten. Ein schönes Beispiel ist das altdeutsche Tanzlied *Wie schön blüht uns der Maien* ... Die Bewegung der Melodie verkörpert in sich das Aufblühen von Empfindungen und Wünschen und damit auch der Stimme. Die Worte der einzelnen Strophen nehmen dies immer wieder auf.

Das altenglische Lied *Breake now my heart and dye* ... von Thomas Campian faßt viele dieser Momente in sich zusammen: wechselnde Abwärts- und Aufwärtsbewegungen der Melodie, Klangdehnungen und Rufmotive. Hier spricht ein Mensch allein mit sich und seinem Herzen – klagt und ruft nach der geliebten Frau:

Die langsam absinkende Melodielinie des Anfangs schlägt den Klageton an. Sie kann den Charakter des Rufs oder des Aufstöhnens haben mit einem emphatischen Akzent am Anfang; dann sendet der hohe Stimmklang die emotionale Botschaft aus und sinkt mit dem folgenden Diminuendo ins Verzagte. Die Klage könnte auch etwas Dringliches, Appellierendes, fast Argumentierendes enthalten; dann ist das Ziel der Argumentation »dye«, ausgesendet werden die Tiefenklänge. Verstärkt würde das durch einen Fermatenabschluß. Löst man die Äußerung in zwei Gesten auf »Break« – »and dye«, so schwingt die Melodie zwischen zwei Akzenten und schillert zwischen Argumentation und Gefühlsausbruch. In den kleinen Klagerufen im Terzintervall: »oh no« und »oh stay« ist das appellierende Moment offensichtlich, aber ebenso das emotionale. Auch die Vokalklänge spielen eine große Rolle und geben eine eigene gestische Orientierung. Zu Anfang herrschen die dunklen Vokale vor. Mit der langsam ansteigenden Melodie des Mittelteils blüht die Emotion auf: eine – wenn auch eher verzweifelte – Hoffnung auf ein Lächeln. Mit ihr spielen sich exponierte helle Vokalklänge ein:»Should *she* now *fix* one smile on *thee* …« Diese melodische Höhenlinie wird eine Brücke zum Partner und mündet in einen weiten Ruf, die rhetorische Frage:»Where were dispair?«

Die Chromatik und der Diabolus in musica

Der Grundbaustein der Chromatik ist der Halbtonschritt. Der Halbtonschritt ist in sich kein ungewöhnliches Intervall. Er hat in jeder Tonleiter einen bestimmten Stellen- oder Klangwert in Beziehung zu den anderen Tönen. Im Kapitel *Klangräume* spielte er eine Rolle als Abweichung von der durchgehenden Klanglinie und deren Umfärbung und damit als eine Steigerung der *Werbung um den Klang* oder als eine Art emotionaler Reiz (vgl. S. 45 f.). Diese Wirkungen können sehr ausdrucksstark sein. Ähnlich ist es mit dem *Dur-Moll*-Gegensatz. Für unsere Klangempfindung spiegeln sich im Dur-Klang eher die hellen, leichten oder angenehmen Gefühlsmomente, im Moll-Klang eher die herben, dunklen oder schwermütigen. Dur und Moll können auch innerhalb eines Liedes eine Rolle spielen als Momente der Verdüsterung oder Aufhellung von Gefühlen – etwa in Wedekinds *Lied vom armen Kind*. Hier erfolgt diese Aufhellung in der Strophe immer dann, wenn sich eine neue Figur in die Leidensprozession eingefügt hat: der taube Mann, das lahme Weib, die Jungfrau mit dem Knebelbart usw. Klassisch ist die atmosphärische Umfärbung einzelner Strophen, etwa in Franz Schuberts *Lindenbaum*: »Die kalten Winde bliesen mir grad ins Angesicht …« Reizvoll sind auch punktuelle Farbwechsel, bei denen für Augenblicke auf ein Motiv und in ein Gemüt ein melodisch-harmonischer Schatten fällt: in Hollaenders Lied von *Jonny* und seinem »Katzenblick« (vgl. S. 193) oder im *Surabaya-Johnny* (vgl. S. 164 ff.).

Erst die kontinuierliche oder gezielte Folge von Halbtonschritten bringt allerdings die Wirkungen und die Charakteristika der Chromatik voll zur Entfaltung. Sie wird seit dem 17. Jahrhundert sehr facettenreich verwendet. Ausdruck und gestischer Sinn werden vor allem auffällig, wenn es sich um sehr eng geführte Gleitklänge handelt. Die abwärtsgeführte oder absinkende Chromatik entwickelt häufig ein Moment des Jammerns, des Klagens, Seufzens oder Stöhnens – vor allem nach einem gedehnt ausgesungenen Ruf. Das kann echt empfunden oder komisch wirken. In Mozarts *Luise* erscheint es als melancholische Wendung (vgl. S. 177 f.), eher sentimental-komisch in dem Küchenlied *Ein Mädchen kam einst von dem Lande*: »Da rief sie Heimat, süße Heimat! Wann werden wir uns wiedersehn?«

Dieselbe chromatische Tonfolge in der langsam geführten oder absinkenden Stimme kann auch – und sehr unterschiedliche – erotische Wirkungen haben: als Aufweichen eines Widerstandes, als – auch trügerisches – Anschmiegen, als

Verlocken, als Anmache, auch als Angst vor Erotik. Die klassische chromatische Verlockung dieser Art findet sich in Bizets *Carmen*: »Ja die Liebe hat bunte Flügel …« In Eislers Vertonung des Brechtliedes vom *Kleinen Wind* spielt sich mehrfach eine solche chromatische Wendung ein – als ein gestisches Moment der Zärtlichkeit, des Anlockens oder Anschmiegens. (Vgl. S. 68) In Dessaus Vertonung der *Schwedischen Gräfin* aus dem *Puntila* von Brecht erscheint sie in den verschiedenen Strophen gestisch sehr differenziert verwandelt: in der ersten Strophe als erotische Anzüglichkeit, in der zweiten gemischt aus Angst und Erotik, in der dritten als panische Flucht vor der Liebe und schließlich als ironischer weiblicher Triumph – in leicht geschmiertem Tonfall:

Auch die ansteigende chromatische Linie kann diesen erotischen Gestus enthalten: billig wie ein allmählich hochrutschender Rock im Auftakt des alten Schlagers *Das machen nur die Beine von Dolores …* oder preziös erregt in Mozarts Lied *Der Zauberer*: »… ich seufzte, zitterte und schien mich doch zu freu'n.« (Vgl. S. 43)

Ein ganz anderes, sehr treffendes gestisches Moment ist das chromatische *Sich-Winden* in einem engen Tonraum – beispielsweise als Grundmotiv des Refrains im *Song von der Ware* aus der *Maßnahme* von Brecht und Eisler. Hier windet sich einer um klare Worte herum und erklärt sich nur um so deutlicher. Ein eng geführtes Glissando, das Verschmieren der Halbtonschritte, kann hier sowohl die Dichte des Klangflusses als auch gestisch das innere und äußere Ausweichen: den Gestus des Sich-Windens realisieren:

Der *diabolus in musica*, der *Tritonus*, ist kurz gesagt eine chromatisch auseinandergezerrte Quarte oder gestauchte Quinte. Weill nutzt diesen *Teufel* häufig als Schärfung und Emotionalisierung des Quartenintervalls, beispielsweise im Lied der *Witwe Begbick* aus *Mahagonny*. Das verschmierende Glissando ist hier originärer Bestandteil eines *verschmutzten* Intervalls. Schubert verwendet die chromatisch geschärften Intervallfolgen in dem Zwiegespräch *Der Tod und das Mädchen*, um das aufsteigende Angstgefühl des Mädchens musikalisch zu erfassen. Der Tritonus erscheint hier in der inständigen, aber auch fast zärtlichen Bitte: »Geh, Lieber ...«. Haydns Kanon *Ein einzig böses Weib* ... beginnt demgegenüber mit einer Folge immer weiter aufklaffender, chromatisch in die Höhe getriebener Intervalle. Hier schärfen sich die Emotionen ins Schiefäugige, Hämische – im *Tritonus* erscheint das *böse Weib*, die bohrende Qual dieses Eheschicksals in der ungewohnten großen *Septime*:

Das Lied *Es war eine Ratt' im Kellernest* aus Goethes *Faust* spielt mit diesen ungewohnten Klangwirkungen. Die Melodie bewegt sich in weiten, verzerrten und spannungsreichen Intervallen – der Chromatik, dem *Tritonus*, den verminderten

Septimen, Quarten und Terzen, darüber hinaus mit harmonischen Rückungen, Enharmonik und schroffen Modulationen – und zwar nicht nur wegen der Rattenqual und des Gifts der Liebe, sondern auch des Ortes – der Kneipe – wegen und des schwankenden Zustandes der Sänger. Schon der Einstieg im Oktavsprung ist eine Art Ausruf. Auch die exponierte und in der harmonischen Rückung ungewohnte, fast taumelnde Melodieführung des ersten Refrainteils bekommt einen gedehnten Rufton. Sie bildet ebenso wie die schroffen Modulationen des Kehrreimes die ausgerutschten Klänge des Singens im Suff nach (vgl. auch S. 113 f.):

Es war ei - ne Ratt' im Kel - ler - nest, lebt' nur von Fett und
hatt' sich ein Ränz - lein an - ge-mäst', als wie der Dok - tor

But - ter, Die Kö - chin hat ihr Gift ge - stellt, da
Lu - ther.

war's zu eng ihr auf der Welt, als hätt' sie Lieb' _____

_____ im Lei - be, als hätt' sie Lieb' im Lei - be.

Intermezzo

Ausblick vom Strasberg

Song and Dance

Strasberg hat seine Übung *Song and Dance* als Gruppenübung zunächst für Sänger und Tänzer, aber letztlich doch für Schauspieler entwickelt. Die ursprüngliche Intention läßt vermuten, daß die Übung an *musikalischen* Erfahrungen ansetzt und zugleich auf Momente zielt, die bei Sängern, aber vermutlich in allen drei Professionen, häufig unterbelichtet bleiben. Die Übung enthält drei Kernlemente: den *stabilen Blickkontakt* von der Bühne zur zuschauenden Gruppe oder zum *Publikum*, das Singen eines Liedes, in dem die Stimmklänge – gegen die übliche Gewohnheit – sich vereinzeln und dehnen, und den *Tanz* mit Gesten und Worten oder Wortfetzen.

Strasberg schreibt zu den einzelnen Elementen: »Zunächst bitte ich den Schauspieler, sich einfach vor uns auf die Bühne zu stellen und die Leute anzusehen.« Jede Pose ist zu vermeiden, nichts ist darzustellen. Es ist ein Gegenüber aufzubauen und eine Zeitlang zu bewahren. Der Blick kann in ruhiger Absetzung von einem Zuschauer zum anderen wechseln. Ist der Kontakt aufgebaut, setzt der Gesang ein – gerichtet in das Auge des Zuschauers. Der Akteur bricht dabei das Lied in seine sprachlichen und musikalischen Elemente auf: »Statt das Lied kontinuierlich zu singen, soll er zum Zweck der Übung jede Silbe in jedem Wort für sich singen und dabei jeder Silbe mit einem kräftig schwingenden Ton, der gleichwohl die Melodie beibehält, gleichen Wert geben.« Jede gesungene Silbe wird damit zu einer in sich geschlossenen Aktion zwischen dem Schauspieler und seinem Gegenüber. Bei dem Lied *Happy birthday*, das Strasberg vorschlägt, erklänge als erste gesungene Aktion: »Haaaaaaaaaaaap«. Jeder Silbenwechsel ist zugleich – und vorab – ein Partnerwechsel mit einem neuen Blickkontakt und einem neuen ruhigen Atemimpuls. Der Tanz setzt mit unwillkürlichen Körperbewegungen und -gesten und kurzen, heftig ausgesungenen Silbenelementen des Liedes ein. Diese

Bewegungen sollen keine gewohnten, konventionellen Tanzbewegungen sein. Der Schauspieler wählt vielmehr »irgendeine körperliche Geste, ohne im voraus eine Vorstellung davon zu haben, was daraus werden soll. (…) Wenn der Schauspieler das Gefühl hat, daß er sich auf seine physische Energie eingelassen hat, stößt er den Laut hervor, die erste Silbe des Wortes *happy*: ›hap‹.«

Strasberg wählt für seine Erläuterungen das Lied *Happy birthday*. Seltsamer- oder bezeichnenderweise spielt dieses Lied in einschlägigen Kursen immer wieder diese Rolle. Ein deutsches Äquivalent scheint *Alle meine Entchen* zu sein. Der Grund mag ein inzwischen auch bei künstlerischen Menschen geschrumpfter gemeinsamer Liederschatz sein. Aber wichtiger ist vermutlich ein anderer Faktor: Durch die übermäßige Klangdehnung der Einzelsilbe oder auch die Silbenzer- trümmerung im letzten Übungsteil verliert sich die *Sinnhaftigkeit* des Gesunge- nen und das Gefühl für die formale *Einheit der Melodie*. Es entsteht eine deutliche Distanz zum Gegenstand der verbalen Mitteilung und zur musikalischen Form. Dieser Verlust und diese Distanz sind sicherlich erwünscht, um andere Ebenen der Mitteilung und des Kontaktes oder auch der Körperaktion zu wecken und zu stärken – außerhalb der konventionellen Mitteilung durch Melodien und Worte. Je belangloser das Lied ist, desto eher wird sich eine solche Distanz einstellen. Dabei rücken die elementaren Prozesse des Miteinanders in den Vordergrund: die Konzentration auf den anderen, die Verabschiedung und Neuorientierung mit dem Blick, die Aktion oder Sendung des Stimmklangs und nicht zuletzt das Ver- trauen auf den unmittelbaren Impuls zur Aktion. Strasberg zielt mit dieser Übung nicht vor allem auf eine höhere Gesangs- oder Bewegungsqualität. Er sucht die Rückbesinnung des Schauspielers auf sich selbst, auf die eigene Kraft gegenüber dem Publikum außerhalb von Rolle und Figur, das Durchbrechen bestimmter gewohnter Aktionsmuster, die Steigerung der Willenskraft. Diese Zielsetzung spielt auch in den folgenden Variationen eine Rolle. Aber es geht darüber hinaus auch um die Qualitäten des Gesangs – nur eben nicht unabhängig von den Zielen Strasbergs.

Variationen

Variation 1: Für den *Song* bleiben Blick, Blickwechsel und die gehaltene Kontakt- linie wichtig. Das Material sind gesungene Einzellaute, vor allem Vokale. Die Behandlungsweise der Laute richtet sich nach den Kriterien *schmal* bzw. *weit*, bezogen auf die hellen bzw. dunklen Vokale oder auch schmale gerichtete bzw. räumlich weit gefaßte Konsonanten. (Vgl. S. 29 f., 49 f.) Auch die stimmlosen Geräuschlaute können verwendet werden. Der Akteur versucht, sein Gegenüber mit diesen Lauten entweder zu *durchdringen* oder zu *umfangen*. Der *Dance* ist eine wilde Improvisation mit Lauten, Silben und Rufen, verbunden mit heftigen

Gesten, Bewegungen der Arme und Beine, Sprüngen usw. – eine Explosion des Körpers. Der Kontakt zur Betrachtergruppe bleibt indirekt.

Variation 2: Ein Kriterium für die Auswahl des Liedes für den *Song* ist ein Gestus der Anrede. Ein musikalisches Kriterium sind Melodien mit Tonrepetitionen, z. B. *Da fortunati campi* ... oder die Melodie des *Erlkönigs* in der Vertonung von Reichardt, auch Brechts *Gegen Verführung.* Ein weiteres Kriterium wären Lieder, die von sich aus einen ausladenden, gedehnten Charakter haben, etwa Choräle, und hier insbesondere solche, in denen einsilbige Worte vorherrschen oder mehrsilbige, die sich ohne Schwierigkeit als Vokalklang oder als klingende Konsonanten dehnen lassen, beispielsweise der Choral *O Haupt voll Blut und Wunden,* aber auch Brechts Choraltravestie *Lobe die Nacht und die Finsternis und das Verderben* ... Der *Tanz* pausiert in dieser Variation.

Variation 3: Der *Song* verwendet als Material kein Lied, sondern auf einer Tonhöhe gesungene Texte – beispielsweise Eichendorffs *Nachtgespräch*: »Es wird schon spät, es ist schon kalt ...«, auch Sprüche oder Anrufe, wie sie in Märchen zu finden sind: »Manntje, Manntje, Timpe Te, Buttje, Buttje inne See ...« Der Text wird nicht in einzelne gedehnte Silben zerbrochen, vielmehr wird ein Pausenraum um die Worte herum gefordert, die so ihren eigenen Sinn entfalten können. Die einzelnen Worte werden als eine abgeschlossene Botschaft in die Augen des zuschauenden Partners gesendet. Der Blickwechsel erfolgt in der Pause, so daß auch die neue Botschaft an den nächsten Partner mit einer Pause beginnt. Der *Tanz* stützt sich auf wichtige Einzelworte, auch silbenweise zerbrochen und aus dem Zusammenhang gerissen. Sie bleiben aber an ihre ursprüngliche Emotionalität oder ihren Gestus gebunden.

Variation 4: Die Sendung des *Song*-Teils umfaßt jeweils eine ganze Liedzeile – vorzugsweise von Liedern mit einer *Fermate* am Ende, in der die Lieder die Summe der Botschaft und des Kontaktes versammeln: Choräle, Lieder mit philosophischem, belehrendem Gestus – etwa Brechts *Lied von der Unzulänglichkeit*, Volkslieder wie das vom *Schnitter Tod* oder der Shakespearesong *How should I your true love know* ... (vgl. S. 133). Auch hier reißt der *Tanz* einzelne Worte, Formulierungen aus dem Zusammenhang und verbindet sie willkürlich, aber letztlich aus dem geheimen emotionalen und gestischen Zusammenhang, den die schnelle, spontane und eruptive Präsenz der Vorstellungen schafft.

Variation 5: Schließlich ist die Übung eine Art Härtetest für alle Lieder: in der Konfrontation mit dem Auge des Andern – im Song – und mit der Auflösung in elementare und fragmentarische Bestandteile im Dance. Die Hauptaspekte dieser Variation sind folgende: die musikalische Selbstgenügsamkeit, zu der das Singen von Liedern immer wieder neigt, im durchgehenden Kontakt zum Gegenüber – und das konventionelle Nachsingen unbefragter Inhalte im rhythmischen Zusammenwürfeln fragmentarischer Liedteile und Vorstellungsmomente zu überwinden und so zu einer immer neu berührenden Präsenz des Ganzen zu gelangen und für das, was zu singen und zu sagen ist, einen ungeplanten, immer neuen körperlichen Impuls des Augenblicks zu gewinnen.

Zettels Traum

In Shakespeares *Sommernachtstraum* wird *Zettel* – angesichts seines Eselskopfes – von seinen Mitspielern im Stich gelassen. So steht er zunächst etwas ratlos allein und fängt schließlich an zu singen, »damit sie sehen, daß ich mich nicht fürchte«:

> Die Schwalbe, die den Sommer bringt,
> Der Spatz, der Zeisig fein,
> Die Lerche, die sich lustig schwingt
> Bis in den Himmel 'nein.

In der ursprünglichen Situation will *Zettel*, so allein gelassen und – wie er vermutet – von bösen Geistern umgeben, seine aufkommende Furcht durch Singen überwinden und sich so eine Art Schutzraum schaffen. In dem Aktionsmodell steht der Akteur inmitten einer Gruppe, die ihm – so scheint es – *feindlich* gesonnen ist. Er nähert sich sehr langsam einem Partner und drängt ihn mit Blick und Stimmklang zurück. Dabei kann er gedehnte Silben, Worte oder kleine Wortgruppen seines Liedes melodisch frei aussingen. Immer wieder wendet er sich, blickt einen anderen an und wiederholt das Spiel, bis er sich einen Freiraum geschaffen hat. Dann setzt der *Dance* ein, ein Grotesktanz, in dem er tanzend und singend die Silben und Worte des Liedes von sich und aus sich heraus schleudert, ohne sich um seine Umgebung zu kümmern. Mit dem Abflauen des Tanzes nähern sich ihm die übrigen wieder, die Gruppe verdichtet sich, bis ein anderer mit dem *Song* einsetzt und sich Raum schafft.

3. Hauptstück

Stimmengewirr und Klangverflechtung

Improvisationen

Die Improvisation mit Stimmklängen in der Gruppe führt auf einfache Weise zu Prozessen von Klangverflechtung und freier Mehrstimmigkeit. Diese Improvisationen setzen die Arbeit mit Vokalklängen und klingenden Konsonanten fort und entwickeln sich in Einheit von Körperaktion und Stimme – aus der gestischen Behandlung der Laute oder aus dem Malen von Klangbändern im Raum. Eine wichtige Rolle spielen dabei die Raum- und Richtungsklänge, die ihnen zugehörigen Haltungen und Bewegungen der einzelnen Spieler und der Partner- und Gruppenkontakt. Ein eher unbewußt agierendes Gefühl für Zusammenklänge läßt in Gruppenaktionen dieser Art vor allem langsam weiterrückende Dreiklangsharmonien entstehen – unabhängig davon, ob am Anfang ein Unisonoklang auf einer Tonlinie oder eine willkürlich gesetzte Klangtraube als Summe einzelner Klangimpulse steht. Musikalisch gesehen, ist die Dissonanz ein besonderer Reiz. Zu dissonanten Eingriffen in den musikalischen Prozeß muß aber immer wieder neu ermutigt werden. Letztlich ist beides eine notwendige Erfahrung: der aus harmonischen Impulsen sich selbst steuernde Gesamtklang und die *dissonante Abweichung*, die auch innerlich eine Abweichung und – auf die Gruppe bezogen – eine Absonderung oder Aggression enthalten kann. Um die Hörerfahrung zu steigern, ist es in manchen Phasen vorteilhaft, mit geschlossenen Augen zu agieren. Die folgende kleine Versuchsanordnung ist eine von vielen Möglichkeiten:

- Mit geschlossenen Augen in frei gewählter Tonhöhe summend, bewegt sich die Gruppe aus einer weiten Verteilung im Raum aufeinander zu und findet zu wechselnden Akkordharmonien und -disharmonien. Klangmaterial sind zunächst die klingenden Konsonanten »m«, »n« und »ng«. Als Vorgabe gilt eine tendenzielle gestische Orientierung: Mit dem »m« verbindet sich die

Suche nach *Kontakt* mit mehreren, nach einem gemeinsamen Gruppenklang, mit dem »n« die Suche nach Freiraum, die *Neuorientierung*, die
Abweichung – auch klanglich, mit dem »ng« verbindet sich eine räumliche,
auch klangliche *Autarkie*, der Genuß des Freiraums – in Rückbindung an
den Gruppenklang und in innerer Beziehung zu den empfundenen oder ver-
muteten Ballungen der Gruppe. Im Verlauf der Entwicklung werden auch
die Vokale zum Klangmaterial. Auch sie haben ihr gestisches Potential, in
den Raum hineinzuwirken und den Körper zu engagieren: Dunkle Vokale
erfüllen den Raum auf unterschiedliche Weise, helle Vokale durchdringen
ihn und sind ähnlich dem »n« auszuagieren. Auch die Tonhöhen und die
Intensität, mit der sie sich exponieren oder einfügen, spielen dabei eine
besondere Rolle. Es können Paarkontakte oder Kleingruppenkontakte entstehen oder gesucht werden. Sie sind – dem blinden Verhalten entsprechend
– körperlich zart, vorsichtig oder lassen in der Berührung minimale Zwi-
schenräume, in denen die Klänge körperlich wirksam werden können. Wichtig ist grundsätzlich die innere Wahrnehmung der Bewegungen um die
eigene Person herum. Wände, der Boden, vorhandene Gegenstände sind ein
objektives *Gegenüber* und fordern auf, sich klanglich mit ihnen auseinan-
derzusetzen, ihre *Antwort* abzurufen und aus dem Gesamtklang heraus-
zuhören. Dabei ist es notwendig, sich in einem kontinuierlichen Prozeß zu
verhalten und zu bewegen, nicht auszuruhen oder auszusteigen. Das heißt
nicht, daß unablässig Klänge produziert werden müßten, im Gegenteil:
Augenblicke des Anhaltens ermöglichen es, den Gesamtklang als eine
Summe wechselnder Einzelklänge und -impulse im Detail wahrzunehmen.
Aber auch das Moment des Wartens auf den eigenen Impuls zu neuem Eingreifen in den Prozeß ist ein aktives Moment. In ihm entwickelt sich nicht
zuletzt die Kraft, den Reiz der Dissonanzen auszuosten, sich selbst in ihnen
zu exponieren und sie im Gesamtklang wieder aufzulösen.

Dissonanzen – das zeigt die Erfahrung mit Improvisationen dieser Art – werden
häufig nur als Übergangsmomente zugelassen. Nicht-Musiker, auch Schauspieler,
tun sich schwer, ihnen eine eigenständige ästhetische Qualität zuzubilligen. Die
beiden folgenden Improvisationen zielen demgegenüber vor allem auf dissonante
Klänge und den Mut und die Energie, diese Dissonanzen zu provozieren, sie zu
schärfen, sie immer wieder zu suchen und als Verhaltensmomente im Körper zu
empfinden und wiederkehren zu lassen. In Wolf Biermanns *Großer Drachentöter-
schau*, dem *Dra-Dra*, wird die *Haßfeier* mit der *Hymne* des Drachenstaates abge-
schlossen. Die Melodie ist eine fragmentarisierte und verfremdete Fassung der
Melodie Haydns zur deutschen Nationalhymne. Diese *Hymne* wird bei Biermann
teils nach Moll gerückt, teils durch Tonschritte der Ganztonleiter verzerrt. Bereits
in dieser Gestalt ist sie ungewohnt und reizvoll. Sie wird darüber hinaus hier zur

Grundlage für eine atonale Improvisation. Der gegebene Rhythmus der Originalmelodie bleibt jedoch stabil. Aufgabe ist es, möglichst fremde, dissonant abweichende Melodietöne zu finden und sie mit Überzeugung auszusingen. Insbesondere in den Schlußklängen »… alles für die Vaterstadt!« ist *alles* an Klangschärfen möglich und erwünscht – auch ungewohnte weite Intervallsprünge. Angelehnt an die instrumentale Einleitung der *Dra-Dra-Hymne* bei Biermann, beginnt die vokale Improvisation mit einer atonalen Vokalise aus vier dissonanten *Klangbällen*. Sie werden durch den vorgegebenen Triolenrhythmus schlagkräftig oder stampfend untermalt. Das Verhalten der Singenden orientiert sich in Bewegung und Haltung an einer chaotischen Feierlichkeit. Sie besteht zum einen aus wiederholbaren stereotypen Gesten, die wechselnd von verschiedenen Spielern übernommen werden, zum andern aus bizarren Ausbrüchen aus diesem geschlossenen Ritual:

In Kleists Novelle *Die heilige Cäcilie oder die Macht der Musik* wird von vier jungen Niederländern erzählt, die als Anführer einer Gruppe von *Bilderstürmern* die Messe im Kloster der Heiligen Cäcilie zu Aachen stören und »den Dom der Erde gleich zu machen« gedachten. Sie verfallen allerdings durch die besondere Wirkung der Musik in einen seltsamen religiösen Wahn. Ein Augenzeuge schildert der nachforschenden Mutter ein wiederkehrendes Ritual der geistig Verstörten: »Jetzt plötzlich schlägt die Stunde der Mitternacht; Eure vier Söhne, nachdem sie einen Augenblick gegen den dumpfen Klang der Glocke aufgehorcht, heben sich plötzlich in gleichzeitiger Bewegung von ihren Sitzen empor; und während wir mit niedergelegten Tischtüchern zu ihnen hinüberschauen, ängstlicher Erwartung voll, (…) fangen sie mit einer entsetzlichen und gräßlichen Stimme das *Gloria in excelsis* zu intonieren an. So mögen sich Leoparden und Wölfe anhören lassen, wenn sie zur eisigen Winterzeit das Firmament anbrüllen (…). Das Volk drängt sich, die Haustüre sprengend, über die Stiege dem Saal zu, um die Quelle dieses schauderhaften und empörenden Gebrülls, das wie von den Lippen ewig verdammter Sünder aus dem tiefsten Grund der flammenvollen Hölle jammervoll um Erbarmung zu Gottes Ohren heraufdrang, aufzusuchen.«

Dieses Szenarium gilt als Impuls für ein freies atonales Singen. Dem chaotischen Klang gegenüber steht das *Gloria* der Nonnen des Cäcilienklosters aus einer »alten italienischen Messe«, das in jener Fronleichnamsnacht die sonderbare Bekehrung der Rotte der Bilderstürmer verursacht. Es ist »mit einer Präzision, einem Verstand und einer Empfindung« zu singen, die man bei Männern oft »vermißt (...) vielleicht wegen der weiblichen Geschlechtsart dieser geheimnisvollen Kunst«. Besonders geeignet als Vorlage für eine solche »alte italienische Messe« wäre beispielsweise der Beginn des Glorias aus einer Messe Palestrinas. Aus den reinen Klängen dieser Mehrstimmigkeit kann das *Gebrüll* der Niederländer über mehrere Stufen entwickelt werden. Zunächst bewahrt das freie atonale Singen noch die Form: Die rhythmische Bewegung und die Höhen- und Tiefenausrichtung der Melodielinie bleiben grundsätzlich erhalten, nur der Gesamtklang klafft dissonant auseinander. In der Melodik wie in der Rhythmik lassen sich dann weitere Freiheiten entfalten: die Dehnung oder Verkürzung der gegebenen Rhythmen und die gegenläufige oder freie, völlig losgelöste melodische Linie. In der Endstufe erfindet jeder der Beteiligten seine eigene rhythmische und melodische Variante des vorgegebenen musikalischen Modells und seines Textes gleichzeitig und führt sie mit Ernst, großer Disziplin und Überzeugung aus. Die Stimmqualität sollte sich weniger am *Gebrüll* orientieren als an auseinanderstrebenden, *starr* durchgesungenen Stimmklängen, die nicht zusammenschwingen. Das musikalische Ereignis ist also weniger durch entsetzliches *Gebrüll* als durch die Disharmonie und das Auseinanderstreben der Stimmklänge zu charakterisieren. Die männlich-weibliche Originalbesetzung läßt sich innerhalb der Experimentierphase natürlich austauschen oder mischen. Die gegensätzliche Erfahrung himmlischer Harmonien und satanischer Dissonanzen sollten alle Beteiligten machen. Für die männlichen Gruppenmitglieder ergibt sich in dem originalen *Gloria* auch eine Übungsmöglichkeit für das *zeittypische Falsettieren*.

Kanons

Die Mehrstimmigkeit des Kanons entwickelt sich aus den verschobenen Einsätzen gleicher Stimmen bzw. Melodien. Auf diese Weise entsteht eine einfache Erscheinung von *Polyphonie*. Im England des Elisabethanischen Zeitalters waren Kanons – verstanden als *catch*, als musikalische *Jagd* – eine verbreitete Leidenschaft. Das zeigt beispielsweise die Sauf- und Liederszene in Shakespeares *Was ihr wollt* (vgl. S. 112 f.). Manche Kanons entwickeln aus dieser *Polyphonie* der *Jagd* von sich aus insgeheim einen gestischen oder sogar szenischen Charakter. Der altenglische Kanon *Come follow me* soll als Skizze einer solchen szenisch-musikalischen *Jagd* dienen. Er ist schon vom Text her nicht weit davon entfernt und ist eigentlich ein kleiner szenischer Dialog. Die drei Stimmeinsätze fordern im Grunde einen dreimaligen Haltungswechsel: das *Locken* »Come follow me!«, dann die fragende *Abwehr* »Whither shall I follow thee?« und schließlich das *Mitreißen*: »To the greenwood follow me!« Aus diesen Elementen kann sich das gestische Verhalten der Singenden entwickeln. Sie wechseln mit dem Text ständig ihre Intentionen.

Der Impuls »Come« mit der gerufenen Dehnung des Anfangstones verbindet sich mit der Geste des Aufbruchs, der folgende schrittweise Abfall der Melodie kann mit einer Rückwärtsorientierung und einer lockenden Gest oder Zugbewegung in diese Richtung korrespondieren. Die schnelle Aufwärtsbewegung »Whither …« und das Plappernde des Tonfalls verkörpern sich in einem zögerlich-fragenden Folgen, der melodische Höhepunkt – der gedehnte Ruf im Sextsprung – durch ein ablehnendes Zurückweichen. Der übermütige Abtanz »To the greenwood …« weist die Richtung und versucht die Nahestehenden in die gewünschte Richtung mitzureißen. Die Akzentuierung dieser situativen Momente legt nahe, den Kanon nicht in fest verorteten Stimmgruppen, sondern in räumlicher Verteilung zu singen.

Beethovens bekannter Kanon *Signor Abbate* hat in jedem der drei Teile einen ähnlich deutlich abgesetzten Gestus: anfangs die *Klage*: »… io sono amalato!«, dann die inständige *Bitte*: »… vieni, date mi …« und schließlich den *Fluch*: »Hol Sie der Teufel …«. Auch die melodische Ausformulierung enthält dieses gestische Potential: die *Klage* in dem chromatischen Aufwärtsdrücker und dem kleinschrittigen Absinken, die *Bitte* in der schnellen, fast hastigen Aufwärtsbewegung der Melodie mit dem gedehnten Hilferuf am Ende und der *Fluch* in den Sequenzen und hartnäckigen Wiederholungen des Grundmotivs und vor allem in dem letzten Ausbruch, dem aufklaffenden Oktavintervall. Auf dieser gestischen Grundlage läßt sich das Szenario für eine Gruppenaktion *Das Siechenlager* oder *Die Krankenstation* entwickeln. In der *Klage* bleibt jeder *Sieche* inselhaft für sich und ist mit sich und seinem Gebrechen beschäftigt. Dennoch bilden alle auch wiederum eine Einheit. Die Wendung an den »Santo padre« zeigt eine deutliche Panik: der Angesprochene ist nicht da, die Bitte geht ins Offene. Eine Ausweichmöglichkeit ist die Suche nach Partnern, mit denen man gemeinsam *bitten* könnte, die Suche nach Leidensgenossenschaft. Gemeinsame Appelle richten sich entsprechend nach außen, sind aber zugleich auch nach innen, in die Gruppe, ausgerichtet und sinken in der tiefen Lage dann wieder ab in Isolation. Der *Fluch* ist begleitet von mühsamen Versuchen, sich aufzurichten, kleinen Zusammenrottungen, aber es recken sich auch einzelne auf – mit Rückbindung an den gemeinsamen Aufruhr. Dieser Teil beginnt musikalisch – wie auch der erste – mit einer Pause. Sie kann gestisch als stumm akzentuierter Entschluß erscheinen, sich aufzuraffen und die Kräfte zusammenzunehmen. Dieser verzögerte Einsatz ist musikalisch eine kleine – vor allem rhythmische – Tücke des Kanons. In der gestischen Umsetzung als stummer Atem- und Aktionsimpuls wird er zu einer Qualität und kann innerlich schon den großen stimmlich-körperlichen Ausbruch am Schluß enthalten. Der zweite Teil, die *Bitte*, setzt musikalisch dagegen mit einem melodischen Akzent ein. Der gestische Zugriff ist direkter. In der zusammenhängenden Aktion wird der Kanon zunächst einstimmig gesungen. Im Abschluß bildet sich ein *Tableau* der Gesamtgruppe. Mit dem kanonischen Einsatz entsteht eine versetzte Gruppenbildung: Während einige noch schlafen, jammern andere schon, während eine Gruppe inständig bittet, flucht die andere, die dritte jammert. Diese Gruppen können sich von den unterschiedlichsten Orten her allmählich zusammenfinden. Bei mehrfacher Wiederholung des Kanons kann sich mit den notwendigen gestischen *Rückfällen* eine Entwicklung aufbauen, die in einem chaotischen Aufruhr kulminiert.

Haydns dreistimmiger Kanon *Hier liegt Hans Lau mit seiner Frau* ist durch bestimmte harmonische Details musikalisch von besonderem Reiz. Besonders ausdrucksvoll sind die markanten Halbtonschritte in der Tiefe und Höhe und die großen Auf- und Abstiege der Melodiebewegung. Der Text ist eine süffisante Grabinschrift. Auf die Vorstellung der beiden Verblichenen folgt eine provozierende Behauptung: »Ein Hahnrei war Hans Lau!« und die scheinheilige Frage: »Was war dann seine Frau?«:

Das gestische Material, das in diesen drei Äußerungen liegt, wird im folgenden zu einer kleinen Friedhofszene ausgebaut: zum *Geisterchor der Grabsteine.* Der Vorgang spielt sich in drei Bildern ab. Musikalisch liegen darin drei Aufführungsvarianten des Kanons. Im *ersten Bild* findet ein Begräbnis statt: Ein Toter wird hereingetragen und abgelegt. Die Trauergemeinde singt den Kanon einstimmig und rhythmisch frei als *Vokalise:* ein langgezogenes klagendes »Aaaaa«. Gestisch und gesanglich differenzieren sich die drei Teile des Kanons durch drei Momente: die *Totenklage,* das ausbrechende *Heulen* und ein *Sich-Fassen,* Sich-Bezwingen, in dem sich Schnupftücher zücken und Tränen trocknen lassen. Das *zweite Bild* zeigt den verlassenen Friedhof: Der Tote liegt im Vordergrund, die übrigen sind in Grabfiguren verwandelt. Es schlägt zwölf – die Grabfiguren beginnen sich zu regen. Die drei Aussagen der Grabinschrift differenzieren sich dabei in drei Haltungen der Grabfiguren. Zum Toten gewendet, stellen sie fest, daß ein Neuer gekommen ist: »Hier liegt …« Für das *Gerücht* wenden sie sich einander zu und singen: »Ein Hahnrei …« Dem Publikum zugewandt folgt drittens die ironische *Anspielung:* »Was war dann …?« *Gerücht* und *Anspielung* lassen sich in der Zuwendung natürlich auch austauschen. Das *dritte Bild* zeigt den Tag danach. Auch der Tote ist jetzt Grabfigur. Die drei Grundhaltungen erscheinen minimalisiert: keine Körperbewegung, wenig Kopfbewegung, möglichst nur Blickwechsel. Der Kanon wird pianissimo gesungen oder gesummt und erstirbt in einem allmählichen Decrescendo.

Homophone Mehrstimmigkeit

Die instrumentale Begleitung eines Liedes geht nicht immer mit der Melodie mit, sondern entwickelt häufig melodische Eigenbewegungen. Schon das Singen über einer begleitenden Baßlinie oder auch eine Melodieführung innerhalb und unterhalb von Begleitklängen, vor allem aber das Singen gegen eine selbständige Instrumentalmelodie kann als eine Erscheinung von Mehrstimmigkeit empfunden und erfahren werden. Dieses Gegeneinander ist musikalisch gesehen immer ein Miteinander. Auch das schauspielerische Singen profitiert davon, auf dieses Miteinander zu hören und sich davon mitbewegen zu lassen, anstatt vor allem das störende Moment zu erfahren und möglicherweise wegzuhören. Diese gegenläufigen Klänge sind vielmehr als produktive Impulse wahrzunehmen und in den eigenen Stimmklang aufzunehmen. Im klassisch-romantischen Kunstlied bildet der Einklang zwischen Melodie und Begleitung ohnehin eher die Ausnahme, ebenso bei Weill, Eisler oder Dessau und im Jazz.

Ein einfaches klassisches Beispiel einer solchen Mehrstimmigkeit ist Zelters Vertonung des *König in Thule* von Goethe. Die Gesangsmelodie geht mit der Baßlinie zusammen, darüber führt das begleitende Instrument eine Gegenmelodie, die in zweimaligem Ansetzen wie ein gedehnter melancholischer Seufzer abwärts sinkt. Diese Melodie läßt sich leicht in eine vokale Gegenstimme verwandeln, die gesummt oder als Vokalise gesungen die Hauptstimme herausfordern kann. Auch in der szenischen Situation, in der *Gretchen* dieses Lied singt (vgl. S. 122 f.), kann diese zweite Melodie eine Rolle spielen – alternierend oder indem sie in bestimmten Strophen als neues Ereignis hervortritt:

In der Vertonung des *Erlkönig* von Reichardt wird die Stimme des *Erlkönigs* überwiegend als Eintonmelodie geführt, über der aber die ursprüngliche Hauptmelodie weiter erklingt. (Vgl. S. 42) Das Singen auf einer Tonlinie wird dadurch nicht nur herausgefordert, sondern bekommt durch die Aufschwünge der eigentlichen Melodie und die immanenten Harmoniewechsel zusätzliche Farben, in denen sich der

Ausdruck nuancieren kann. Aus der Situation heraus lassen sich für die Hauptmelodie *Erlkönigs Töchter* oder auch der *säuselnde Wind* als Hintergrundschor engagieren, die zusätzlich den harmonischen Grund summen. Die Begleitung, die üblicherweise instrumentales Beiwerk bleibt, gewinnt so im Wechselspiel mit der Hauptstimme eine eigene gestische Energie.

In Sololiedern lassen sich die Refrains in vielen Fällen als mehrstimmiges Gruppenecho entfalten. Verschiedene Lieder fordern das von ihrem Gestus her geradezu heraus. Eine solche Behandlung des Refrains ist eine der einfachsten Formen der Mehrstimmigkeit – sozusagen das Einfallstor. So läßt sich beispielsweise der Refrain von der *Feschen Lola* Friedrich Hollaenders aus einem solchen Einverständnis heraus – vor allem der Männer – zum Auftrittsereignis vor und mit vielen machen. Schuberts Lied *An Silvia* ist aus einer ähnlichen Gruppensituation heraus chorisch zu entfalten. Dazu bieten sich die instrumentalen Zwischenspiele an. Ausgehend von der Situation, daß hier ein junger Mann vor seinen Gefährten und Gefährtinnen von seiner *Silvia* schwärmt, lassen sich diese Zwischenspiele als musikalischer Kommentar dieser Gruppe – vor allem im Blickwechsel untereinander – mehrstimmig entfalten. Sehr zart, aber auch leicht ironisch ob dieser kopflosen Verliebtheit wird der Name Silvia immer neu intoniert (s. S. 26).

Von diesen mehrstimmigen Einblendungen ist es nur ein kleiner Schritt zur komponierten Mehrstimmigkeit in kurzen Einwürfen oder im Refrain, wie sie der *Alabamasong* aus der *Mahagonnyoper* von Brecht und Weill abfordert. Die Einwürfe der *sechs Mädchen* in den Gesang der *Jenny* dort entsprechen letztlich den in den vorangegangenen Beispielen angedeuteten vokalisierten Akkorden:

Der nächste Schritt in die Klangverflechtung ist die solistisch geführte Zweistimmigkeit im *Duett*. Eine musikalisch einfache Form dieses Miteinanders ist hier wiederum die kanonische oder imitatorische Zweistimmigkeit. Das bietet auch dem situativen Miteinander Ansatzpunkte – so in dem Jazz-Duett *Baby it's cold*:

Aus einem ähnlich komplementären Gestus entwickelt sich das *Duett zweier Katzen* von Rossini. Beide Stimmen leben – auch gestisch – aus schmeichelnden, sich anschmiegenden Halbtonschritten. Sie tragen den werbenden Gestus der dringlichen Annäherung oder den der Intensivierung einer Berührung schon in sich. Darüber hinaus ist in den weit ausgreifenden tonartfremden Akkordbrechungen gestisch eine leidenschaftliche Körperwelle von besonderer erotischer Dringlichkeit angelegt. Das Duett weist dem einem Partner zunächst eine eher aktive Rolle zu, während der andere mit sich geschehen läßt, was da kommt. Aber schließlich – zunächst zögernd, dann in immer dichterem Austausch – ereignet sich das eigentliche erotische Duett. Gerade das gestische Moment legt nahe, die langen Melodiebögen nicht – wie im Original – als Vokalisen auszusingen. Mit dem wiederholten Miau läßt sich der gestische Impuls immer wieder erneuern, und zugleich lassen sich die Melodiebögen musikalisch sinnvoll gliedern:

Kurt Weills *Eifersuchtsduett* zwischen *Lucy* und *Polly* aus der *Dreigroschenoper* ist musikalisch wie gestisch ein Gegenmodell zu diesen Schmeicheltönen. Dem Duett fehlt alle katzenhafte Schmiegsamkeit, es zeigt vielmehr die kratzbürstigen Qualitäten und lebt aus schnellen, stichelnden Wort- und Tonfolgen auch mit größeren, heftigen Intervallsprüngen und kurzen aggressiven, nachäffenden Einwürfen. Daneben schwingen sich große, über die Oktave hinausgreifende melodische Gesten auf, die sich an den markantesten Stellen halbtonschrittweise zu übersteigern suchen, in denen die körperlichen Posen schon mitangelegt sind:

Erst im Schlußteil, in Erinnerung an die Zeit der *verliebten Tauben*, entfalten sich – im beiderseitigen Einssein mit *Mackie* – große, gemeinsam ausgesungene Melodiebögen. Die Parallelität der musikalischen Bewegung – einschließlich des hart in den Sprechton ausbrechenden gemeinsamen »lächerlich!« – legt einen spiegelbildlichen Gestus nahe. Auf der anderen Seite ist bei den verschiedenen Tonhöhen und Melodieausschlägen dieser Zweistimmigkeit musikalisch auch ein ganz gegensätzlicher Gestus denkbar.

Ein sehr zärtliches, in sich schwingendes Liebesduett – fast ein musikalisches Liebesspiel – ist die *Barkarole* aus *Hoffmanns Erzählungen* von Jaques Offenbach.

Das Duett findet im Original vor dem Hintergrund einer malerisch in sich ruhenden Festgesellschaft statt in einem venezianischen Palast mit Aussicht auf den Canale grande. Der »Mann« *Niklaus* – eine Hosenrolle mit tiefer Frauenstimme – beginnt allein, dann bewegen sich beide Stimmen überwiegend dicht an- und miteinander – wie die Barke auf der Welle schaukelnd. Dieses Miteinander der Stimmen kann eine große und innige Süße ausstrahlen. Die hohe Frauenstimme – *Giulietta* – erhebt sich ein wenig und exponiert sich in einem gedehnten Stimmklang, die Altstimme folgt ihr in einer kleinen Verzögerung, nähert sich ihr wieder an und belebt den langgezogenen exponierten Klang sehr zärtlich mit kleinen Melodiebewegungen und Gesten:

In der Wiederholung finden sich beide Stimmen zur Einstimmigkeit zusammen, während die Gäste der Festgesellschaft ihnen ein Klangbett bereiten und das letzte »Ach!« in zarten gedehnten Akkordrückungen vervielfältigen:

Das Duett zwischen *Papageno* und *Papagena* aus Mozarts *Zauberflöte* ist zumindest als gesanglich-szenische Studie für Schauspieler sehr geeignet und lehrreich. Es ist ein anschauliches Beispiel dafür, in welcher Weise musikalische Struktur und Diktion bei Mozart gestisches und situatives Material bereitstellen kann. Der Beginn ist die musikalische Ausformung des verblüfften *Stotterns*, ein Werben um den *Namen*, der auszusprechen ist, und um die *Fassung* in dieser überraschenden Begegnung mit dem eigenen weiblichen bzw. männlichen Spiegelbild. Dabei bleibt beiden in der Verblüffung das *Maul offen* stehn. Auch der Klangraum und die Haltung des Sprechens bzw. Singens bleiben in dieser Wiederholung des »Pa-pa-pa« offen für den erlösenden vollständigen Namen: *Papageno* bzw. *Papagena*. Die langen Pausen danach – während jeweils der Partner sich äußert – und der auf diese Weise indirekt sich dehnende Schlußklang des letzten »pa« gehören noch zu dem Gestus des offenen Staunens. Zugleich steigert sich die freudige Spannung und Aktionsbereitschaft mit der aufsteigenden Melodie, die beide in wechselseitigen Impulsen antreiben, und in der Beschleunigung der Tonwerte in den Wiederholungen – bis schließlich der Name aussprechbar geworden ist:

Dieses über lange Zeit offene Ende ihrer Ausrufe fordert ein sehr zielhaftes Singen heraus – eben in der Suche nach dem fehlenden Schlußstein. Erst in einem zweiten Schritt findet das Frage- und Antwortspiel zu fließenden Worten und Melodien und erst im letzten zu terzenseliger Zweisam- und Zweistimmigkeit. Die allerdings steht dann in der Vorstellung der vielen kleinen »Kinderlein« auch melodisch in voller Blüte:

Narren auf der Heide

Das *Lied des Narren* aus Shakespeares *König Lear* gehört in die erste Szene des dritten Aktes: der König im Elend und Ungewitter auf der Heide – von Gott und den meisten Menschen verlassen, nur vom Narren begleitet. Das Lied antwortet auf die wirren Reden des Königs: »Mein Geist beginnt zu schwinden. / Wie geht's mein Junge? Komm, mein Junge! Friert dich? / Mich selber friert …« Wolfgang Fortners Komposition, als Lied herausgelöst aus diesem unmittelbaren Kontext, bewahrt dennoch dessen Atmosphäre. Das *Lied* und sein *Vorspiel* eröffnen zwei sehr gegensätzliche musikalische Welten. Das *Lied* ist – fast eine Reaktion, eine Antwort auf dieses *Vorspiel* mit seinen widerborstigen Rhythmen und Dissonanzen. In seinen Rhythmen, Zusammenklängen und in der Melodiebildung schlägt es einen anderen Ton an. Um diesen Widerspruch fühlbar zu machen, wird das *Vorspiel* durch einen *Chor der Narren* auch stimmlich in die Aktion einbezogen und zum Klingen gebracht. Der Chor singt, der Klavierbegleitung folgend, unisono einen Klagegesang, eine – auch körperlich – wild bewegte Vokalise: »Aaaaah«. Sie wird unterbrochen von rhythmischen Rufen: »Hey! hey-hey-hey! Hey-ho! Hey-Hooo!« Die letzten drei Achtel des Klaviers werden wieder als Vokalise ausgesungen, allerdings melodisch sehr frei in gegensätzlichsten Stimmqualitäten: falsettierend, kreischend, jammernd. Das Lamento bricht sehr plötzlich ab. In der als Fermate gehaltenen Pause herrscht völlige Stille und Bewegungslosigkeit:

Das Lied setzt mit einem sehr markanten Grundrhythmus im 5/4-Takt ein. Insgeheim ist dem Ganzen zusätzlich ein 5/2-Takt unterlegt, das gibt dem Lied etwas Ungebärdiges, aber auch einen größeren Atem. Der Narrenchor gruppiert sich um eine freie Aktionsfläche und folgt diesem Rhythmus: »Don-derry-don-hey-don-derry-don-with hey ho!« – rauh gesprochen oder auch halb gesungen. Dieser Vorgang grundiert als *Ostinato* das ganze Lied:

Ein oder zwei Solisten exponieren sich auf der Aktionsfläche und singen – rhythmisch präzise und zunächst nah am Sprechton; erst der refrainartige Einschub »With hey-ho the wind and the rain!« wird als eine abfallende Kantilene voll ausge-

sungen. Entsprechend kann die gestische Ausrichtung wechseln: sehr direkt in die
Gesichter – der Narrengruppe oder des Publikums – und weit in den offenen Raum:
in die Welt. Auch die Fortsetzung – die *Lebenslehre*: »... must make content ...« –
ist als ein ausladender melodischer Ruf auszusingen. Übersteigert wird er noch von
dem langgezogenen, absinkenden, illusionslosen Klageruf »every day« am Ende.

Als Gruppenaktion sollte das Narrenlied eine im ganzen fünfteilige Form haben
– in der Art eines *Rondos*: Dem ausgesungenen und ausagierten Vorspiel folgt das
Solo in der englischen Fassung, danach – nun als Zwischenspiel ausagiert – wiederum das Vorspiel. Dann folgt die deutsche Fassung des Liedes. Sie kann von einzelnen aus dem Kreis oder Halbkreis des Narrenchors und in ihn hinein über den
Ostinatoklängen der übrigen gesungen werden. Die Art des Singens und der
Gestus sind sehr gegensätzlich. Der deutsche Wortlaut macht den Ton härter,
schärfer und aggressiver.

Den Abschluß bildet das Vor- als Nachspiel: der Klagegesang. In einem Projekt
zu Shakespeares Narren, das der Verfasser gemeinsam mit Peter Kock an der
Hochschule der Künste Berlin durchführte, fand diese Aktion in ähnlicher Form
auf einem Narrenhügel statt, umlagert von den Narren aus einer Reihe von
Stücken Shakespeares – einer Art Narren-Konvent.

Nachspiel

Sprechklänge

Rhythmische Sprechklänge

Zwischen dem Klang der sprechenden Stimme und der Musik besteht eine spannungsreiche Beziehung. Zwar enthalten die Sprachlaute und die Intonation von Äußerungen musikalische Momente. Dennoch irritiert der Sprechklang den musikalischen Prozeß, wo er in ihn eingreift, oder aber die sprachliche Äußerung muß sich den Gesetzen der Musik erst beugen, ehe sie sich in diesen Prozessen konfliktfrei – als *Gesang* – bewegen kann. Für das schauspielerische Singen allerdings sind die geglätteten Konflikte weit weniger produktiv und interessant als die unbereinigten und geschärften.

Versucht die Musik, die Elemente der Sprache unmittelbar in den Griff zu nehmen, ist es zunächst der je eigene *Rhythmus*, der Konflikte auslöst. Der sprachliche Rhythmus und mit ihm die Intonation werden durch *Sinnbewegungen*, der musikalische Rhythmus durch motorische Bewegungen ausgelöst. Dieser Widerspruch zwischen logischem und musikalischem Rhythmus bestimmt bereits die Verssprache. Wir wissen, daß die Chorlieder der antiken Tragödie getanzt und gesungen oder zumindest im Gesangston skandiert wurden. Diese unbefragte und konfliktfreie Einheit ist uns verlorengegangen. Dennoch läßt sich dieser Widerspruch in sehr unterschiedlicher Weise produktiv auflösen und ausformen. Ein Sprechen im *musikalischen* Rhythmus entsteht für uns beispielsweise, wenn wir Lieder im Rhythmus ihrer Melodien sprechen, durch die Dehnung und Kürzung der Tonwerte. Eine populäre zeitgemäße Form dieses musikalisierten Sprechens – gleichsam im Vorraum der Melodie – ist der *Rap*. Für den Schauspieler hat Strawinsky in seinem Bühnenstück *Die Geschichte vom Soldaten* eine ähnlich rhythmisierte Sprechweise entwickelt – und zwar in zwei Varianten: eine trockene, an einfachen Rhythmen orientierte distanzierte Sprechweise des *Erzählers* und die heftigere, zupackende Sprechweise im *Lied des Teufels*:

Das folgende Beispiel ist eine Choreinlage für das Stück *Der Hofmeister* von Lenz in der Bearbeitung von Brecht, die aus dem alltäglichen Sprechton ins rhythmische Sprechen und schließlich in den Gesang umschlägt. Der Chor ist in die Szene eingefügt, in welcher *Läuffer* sich kastriert. Alle Spieler sind auf der Bühne präsent. Der Vorgang findet in ihrer Mitte statt. Dort steht *Läuffer*, von seinen »fleischlichen Gefühlen« und dem moralischen Druck der Gesellschaft gepeinigt, und setzt an zur Selbstkastration:

> *Läuffer – bei offenem Fenster*: Immer wieder also! – Ja, brause nur Nachtsturm! (…) Soll ich's mir ausreißen, das Aug', das mich ärgert? Vor dich hintreten, schaffender Weltgeist, ich verweigere mich deinen Absichten. Dieses Antlitz, das du mir gabst, ist entstellt, und ich entstelle es, da es nicht paßte. (…) So sei's, grad so. Laßt uns ein Beispiel geben, daß ihr schaudert. *Er reißt sich den Rock herunter.*

In diesem Augenblick greifen die übrigen Spieler ein. Erstaunt, belustigt, indigniert, mitleidig, ironisch sprechen sie ihn an: »Aber, Herr Hofmeister, wer wird sich denn gleich kastrieren?!« Die Anrede beginnt bruchstückhaft. Ähnlich zögernd setzt mit der Baßbewegung die Begleitmusik ein. Sie präzisiert sich allmählich in einem wiederkehrenden *Ostinato* und entwickelt darüber eine klar rhythmisierte Melodiestimme. Parallel dazu gewinnt das Durcheinander der Stim-

men chorische Qualität, gewinnt Rhythmus und übernimmt schließlich die Melodie der Begleitung. Die Spieler erheben sich, gehen auf *Läuffer* zu, umringen ihn,
klopfen ihm auf die Schulter usw. Die lustvollen und brutalen Momente der Musik
bündeln sich gestisch im symbolischen Zerstampfen eines Menschen:

Sprechklänge im Lied

So vielfältig die Übergänge zwischen Singen und Sprechen sich gestalten lassen, so
vielfältig sind auch die Möglichkeiten des unvermittelten Wechsels, des schroffen
und des feinen Nebeneinanders von Sprechklang und Gesangston. Beides gehört
zu den konstituierenden Momenten des schauspielerischen Singens. Es findet sich
insbesondere bei Brecht, ist aber darüber hinaus ebenso im Schlager, im Chanson,
im Kabarett oder im Jazz üblich. Die einfachste Form des Wechsels ist die deutliche Trennung – beispielsweise in der Ankündigung des Singens und seiner Botschaft. Das stammt aus der Praxis des *Bänkelsangs*. (Vgl. S. 142 ff.) In dieser Funktion und ähnlich marktschreierisch im Ton erklingt der Zwischenruf »Denn
wovon lebt der Mensch?« im *2. Dreigroschenfinale*, auf den im *Refrain* die sarkastische Lebenslehre folgt: »… von Missetat allein!« Ähnlich – wenn auch weniger
marktschreierisch – schiebt Eisler im *Song von der Ware* aus der *Maßnahme*
Brechts zwischen den Hauptteil und den Refrain des Liedes die Frage ein: »Was ist
eigentlich Reis?« oder »Was ist eigentlich ein Mensch?« Dieses Verfahren trennt
die Frage nach den notwendigen Dingen der Welt und dem Menschen von der
melodisch gewundenen Grundaussage des Händlers, in der diese Dinge und auch
der Mensch hinter ihrem *Preis* verschwinden (vgl. S. 74 f.), und holt das musikalische Räsonnement des Händlers auf den Boden des Alltagsdenkens zurück. Ähnlich am Alltagston orientiert sind die Zwischenbemerkungen in *Nannas Lied* von
Brecht und Weill (vgl. S. 162): »Schließlich bin ich ja auch nur ein Mensch!« oder
»Schließlich bleibt man ja nicht immer siebzehn!« Diese Brüche im Ton sind nicht
nur in sich ein Wechsel des Gestus, sie kündigen auch jeweils einen grundsätzli-
chen Wechsel des Gestus an. Andererseits fordert dieser Bruch auch die Sprechstimme heraus, sich in der Energie am Gesangston zu orientieren, damit der Übergang nicht nur brüchig wird, sondern auch eine gestische Brücke bildet.

Sprechklänge als Unterbrechung des Singens binden also die Botschaft, aber
auch indirekt zugleich den Gesangston an das Alltagsdenken und Alltagserleben
an. In Weills *Seeräuberjenny* aus der *Dreigroschenoper* erscheint dieser Moment

vor dem Refrain der letzten Strophe kunstvoller auskomponiert: Die Melodie bricht ab mit den Worten:»Und dann werden sie mich sagen hören –« In die Stille hinein wird »frei gesprochen«: »Alle!« Über der zögernd wieder anlaufenden Begleitung geht dieser freie Sprechklang weiter:»Und wenn dann der Kopf fällt, sag ich –« Dann erscheint – wieder unbegleitet in der Stille und sehr leise – das auf den genauen Ton hin komponierte »Hoppla!« Der Begleitungsakkord klappt trocken nach, wieder ist Stille, und dann erst hebt der Refrain an. (Vgl. S. 167 f.) Das Spiel mit den verschiedenen Nuancen des Sprechklangs innerhalb des Singens ist also auch ein Spiel mit dem unmittelbar treffenden Ton der Ansprache. Er ereignet sich auf einer anderen Wirklichkeitsebene, als sie der Gesangston herstellt. Die schillerndsten Wirkungsmomente haben dabei die zwischen Sprech- und Gesangston balancierenden Klänge – wie sie in der *Seeräuberjenny* mehrfach gefordert werden. In ihnen mischt sich der umgarnende Gestus des Singens mit den Uneindeutigkeiten und Zwischentönen des Sprechklangs, die eben auch ihrerseits einen singenden Tonfall anschlagen können: in der Ironie, der Heuchelei, der versteckten Drohung, der Angst oder der Verführung.

In seinen Notaten zur Arbeit an der *Dreigroschenoper* und zum *Singen der Songs* hat Brecht sich zu diesem Problem des Wechsels von Sprechen und Singen geäußert:»Es gibt ein Gegen-die-Musik-Sprechen, welches große Wirkungen haben kann, die von einer hartnäckigen, von Musik und Rhythmus unabhängigen und unbestechlichen Nüchternheit ausgehen. Mündet er in die Melodie ein, so muß dies ein Ereignis sein; zu dessen Betonung kann der Schauspieler seinen eigenen Genuß an der Melodie deutlich verraten.« (GW 17, 997) Der Widerspruch liegt also u. a. in dem *kulinarischen* Moment der Melodie und der Hingabe an sie und dem Widerstand, den der Gedanke und der Sinn einer Äußerung dieser Hingabe leisten.

Beispielsweise läßt sich das *Lied von der Unzulänglichkeit des menschlichen Strebens* aus der *Dreigroschenoper* vollständig im Sprechton anlegen. Da der Sprechvorgang in der Regel schneller ans Ziel kommt als das Singen, kann er später einsetzen als die Melodie es vorgibt. Er kann sich auch gedankliche oder kommunikative Zäsuren erlauben, die in der Melodie nicht vorgesehen sind:»... das Glück ---- rennt hinterher!« Auch Mischformen sind reizvoll. So kann das Lied mit großer Geste und breitem Glissando im Gesang anheben und in den Sprechton wechseln. Wenn mit den Worten »Versuch es nur« der trockene Sprechton erreicht ist, setzt das folgende »durch deinen Kopf« – wieder im Gesangston ein, der sich in dem leicht geschmierten Glissando des Tritonusintervalls emotional und musikalisch neu exponieren kann. Der Refrain bietet sich primär für den »Genuß an der Melodie« an, verträgt aber auch den trockenen Sprechton.

Der Sprechton bewirkt neben der Assoziation des Alltäglichen also häufig eine Art emotionaler Austrocknung. Sie ist angebracht für Brüche durch direkte Ansprache, Kommentare oder erzählerische Einwürfe. Dennoch sind »nüchternes

Reden, gehobenes Reden und Singen« – wie Brecht dies gegeneinander absetzt – nicht stereotype Formen, die schematisch oder handwerksmäßig eingesetzt werden könnten, und »keinesfalls bedeutet gehobenes Reden eine Steigerung des nüchternen Redens und Singen eine solche des gehobenen Redens«. »Keinesfalls also stellt sich, wo Worte infolge des Übermaßes der Gefühle fehlen, der Gesang ein.« (GW, 997) Es gibt durchaus Formen der emotionalen Steigerung durch den Sprechklang: da wo die Fassung verloren wird oder die Mitteilung aus Restbeständen des Gefühls besteht. Das an den *Surabaya-Johnny* gerichtete »Mein Gott, und ich liebe dich so –« ist dieser Art, auch das halb gesprochene, halb gesungene »Nimm doch die Pfeife aus dem Maul, du Hund«. Und das eigentlich heftig und exponiert auszusingende »… ich hasse dich so, wie du dastehst und grinst, Johnny …« hat gerade auch als Schrei seine emotionale Wirkung. (Vgl. S. 165 f.)

Eine konsequent nur gesprochene Lösung für ein ernüchtertes Gefühl findet Jochen Breuer zu Mascha Kalekos *Der nächste Morgen.* Der Text könnte – in der fast wortgetreuen melodischen Bewegung der Begleitung – als Chanson ausgesungen werden. Es ist allerdings sinnvoll, dies gerade nicht zu tun. Der gesprochene Tonfall sollte vielmehr die matt polierte musikalische Fläche aufrauhen und zerstören. Gerade der verspätet einsetzende, schnellere und ungleichmäßige Sprechvorgang, die Pausen, der ernüchterte, sarkastische Tonfall haben gegenüber dem glatten Fluß der Musik wichtige Funktionen als unruhiger Kontrapunkt:

2. Teil

Gestisches Singen

Vorspiel

Lied und Szene

Das Modell

Das kleine Projekt *Lied und Szene* – ursprünglich nur ein Workshop – entstammt der frühen Zusammenarbeit mit Peter Kock, heute szenischer Leiter des Studiengangs *Musical* an der Hochschule der Künste Berlin. Dieses Modell spielt auf sehr einfache Weise mit dem gestischen Potential von Liedern. Angelegt ist es als kleine musikalische Biographie. Impuls ist die Erinnerung an Lieder, so wie sie im Leben der einzelnen eine Rolle gespielt haben oder noch spielen: geliebte und gehaßte Lieder oder solche, die gleichgültig blieben, auch wenn oder gerade weil sie täglich begegneten oder dies noch tun: Kinderlieder, Marschlieder, Kirchenlieder, Schlager, Songs und Chansons oder auch Kunstlieder. Diese Lieder begleiten die verschiedensten Situationen, Handlungen und Lebensprozesse, bilden und drücken Haltungen aus, erzählen Geschichten oder schaffen aus sich heraus Situationen: stellen Beziehungen her – unter den Singenden selbst und zu den Zuhörern. Als musikalische Erfahrung jedes einzelnen entwickeln sie auch untereinander vielschichtige Beziehungen. Neben der persönlichen musikalischen Sozialgeschichte einzelner oder auch einer Gruppe legen sie eine Art ideologisches Gespinst von Sang und Klang frei. Das Modell bietet einen exemplarischen Einstieg in das Arbeitsfeld des gestischen Singens und läßt sich in seinem Material und seinen Spielformen leicht und vielfältig variieren und anreichern. Die Skizzierung greift hier auf die ursprüngliche Fassung und Auswahl zurück, auch wenn manche Titel schon eine gewisse Patina angesetzt haben. Eine treffende Auswahl müßte aber grundsätzlich immer wieder neu gefunden werden.

Die szenische Grundstruktur ist einfach. Sie folgt in manchem der Dramaturgie eines Liederbuchs. In einer fünfteiligen Form folgen – dem Tages und Lebenslauf entsprechend – auf die *Morgenlieder* die Situationen *kindlichen Lernens* im Lied, auf einer höheren Stufe die *Rituale, Feste* und die Vermittlung von *Weltbildern,* dann der jugendliche Aufbruch: das *Wandern* oder *Marschieren* in die Welt der Erwachsenen oder aus ihr heraus und schließlich die erotischen Begegnungen, *Liebesträume* und *Enttäuschungen* und die *Hochzeit*. In diesem Ablauf wechseln Übernahme von Haltungen und die Anpassung an sie mit Formen des Aufbegehrens, des Abschüttelns, der Persiflage: Lieder provozieren und erzeugen Gegen-Lieder. Bereits in der kindlichen Verballhornung äußert sich ein Fünkchen Rebellion: »Müde bin ich, geh zur Ruh, decke mich mit Kuhdreck zu …« Neben derartigen Textparodien gibt es selbstverständlich auch die Parodie oder Persiflage des Tones, der die Musik macht. Die szenischen Vorgänge spielen sich in wechselnden Gruppierungen und minimal angedeuteten Situationen auf einer freien Spielfläche ab.

Das Szenario

Der szenische Ablauf beginnt mit dem frühen Morgen. Die *Kinder* schlafen im Raum, verteilt auf Matten. Der musikalische Morgengruß der *Mutter* unterbricht die Stille: »Steht auf ihr lieben Kinderlein …« Die *Kinder* erwachen und finden sich in einem kleinen Kanon zusammen, während sie die Matten zusammentragen: »Wachet auf, es krähte der Hahn …« Ein Langschläfer, der nicht aus den Federn kommt, wird ein erstes Opfer. Die Gruppe wendet sich gegen ihn und stichelt mit dem Kanon *Bruder Jakob*. Auf die heftige Reaktion des Geweckten hin gibt es ein erstes Zeichen der strafenden Ausgrenzung. Die Spieler – die Hände als Scheuklappen angelegt – marschieren verbiestert im Gänsemarsch geradeaus und in scharfen, möglichst rechten Winkeln über die Spielfläche: »Wer nur den lieben langen Tag / ohne Plag, / ohne Arbeit vertändelt, wer das mag, / der gehört nicht zu uns …« Der *Außenseiter* wird schließlich in die Bewegung der anderen mit hineingerissen. Zum Ende des Liedes findet die Gruppe sich in einem aus kindlicher Begeisterung und Widerspenstigkeit gemischten Chorritual zusammen: »Es tagt, der Sonne Morgenstrahl / weckt alle Kreatur …« Nur die beiden letzten Lieder sollten in einer vollständigen Strophe ausgesungen werden. Alle übrigen werden nur angesungen. Die plötzliche Initiative einzelner bricht sie immer wieder ab und gibt der Gruppe den Impuls zu einem neuen Lied.

Die *zweite* szenische Grundsituation ist die des kindlichen Lernens. Die *Kinder* sitzen im Kreis und sprechen – präzise dem Rhythmus der Melodie folgend und mit wechselndem genauen Blickkontakt – einander mit verhaltener Stimme zu: »Lernen das Einfachste. / Für die, deren Zeit gekommen ist / ist es nie zu spät …« In der zweiten Strophe entwickelt sich aus dem rhythmisierten Sprechton der – dreimal mit wechselndem Blickkontakt – gesungene Refrain des Liedes aus der *Mutter* von Brecht und Eisler: »Du mußt die Führung übernehmen.« Aus den Blickkontakten entstehen Pärchen. Mit einfachen Gesten widmen sie sich kleinen Kinderreimen und -liedern: *Das ist der Daumen …* und *Spannenlanger Hansel …*

103

oder *Backe, backe Kuchen* ... Ein Spieler kann – als *Erwachsener* – führen, beide Spieler können aber auch in kindlichem Nachvollzug das Gelernte austauschen und wechselseitig führen. Wichtig ist die spielerische Ernsthaftigkeit und Hingabe. Durch einen neuen Impuls – das Lied *Wer will fleißige Handwerker sehn* ... – entsteht wieder eine geschlossene, mit sich und kleinen pantomimischen Gesten beschäftigte Gruppe. Die *Mädchen* unterbrechen dieses Spiel mit dem Lied *Brüderchen komm tanz mit mir* ... Die tanzenden Paare studieren die vorgeschrieben Schritte ein und führen sie aus:»einmal hin, einmal her, rundherum ...« Zuletzt explodieren alle in einer Rockversion des Liedes und toben sich aus.

Aus der Ermattung entsteht die *dritte* szenische Situation. Alle liegen am Boden. Nach einer Weile übernehmen mehrere *Eltern* die Initiative. Wieder entstehen Paargruppen: *Vater* oder *Mutter* singen den *Kindern* beruhigend zu:»Weißt du wieviel Sternlein stehen ...« Im Verlauf des Liedes nehmen die *Kinder* untereinander Blickkontakt auf, krabbeln aufeinander zu und singen in Melodie das Lied: *Wir sind Kinder einer Erde* ... aus dem Stück des Grips Theaters *Ein Fest bei Papadakis*. Die *Eltern* versuchen die Kinder mit einem stimmungsvollen Weihnachtsritual zurückzugewinnen:»Am Weihnachtsbaum die Lichter brennen ...« Einige *Kinder* steigen andächtig in das Lied und das Bild vom Weihnachtsbaum ein. Nach kurzer Zeit setzt sich jedoch die Parodie durch:»Am Weihnachtsbaume, da hängt 'ne Pflaume ...« Die *Kinder* werden zum Gebet auf die Knie genötigt und singen den Choral *Lobe den Herren, den mächtigen König der Ehren* ... Aber auch hier setzt sich schließlich die Brechtsche Persiflage, der *Große Dankchoral* durch: »Lobet die Nacht und die Finsternis, die euch umfangen ...« Die kniende Haltung wird aufgegeben, alle stehen in Konfrontation zum Publikum.

Ein Chorleiter tritt vor die Gruppe und intoniert – mit einer Stimmgabel – einen neuen Grundklang, läßt den *Kammerchor* ansummen und dirigiert einen Chorsatz. Dieser dreistimmige Chorsatz – eine Art *Quodlibet* – verbindet zwei sehr gegensätzliche Melodien und Texte von Hans Baumann miteinander:»Es zittern die morschen Knochen ...« aus der Zeit des Nationalsozialismus und ein Frühlingslied aus der Nachkriegszeit:»Es geht eine helle Flöte ...« Der Chorsatz erklingt zunächst leicht und federnd auf den Silben *dumdumdum*. Die Frauenstimmen setzen im zweiten Durchgang mit dem Text des Frühlingsliedes ein. Die Männerstimme bleibt bei ihrem *dumdum*, entwickelt aber im Verlauf ein etwas robusteres Staccato. Im dritten Durchgang fällt der Text bei den Frauenstimmen immer wieder in das anfängliche *dumdum*, nur einzelne Worte – wichtige oder auch unwichtige – bleiben erhalten, bis sich schließlich im dritten Melodieteil der ganze Text in ein flattriges *dumdumdum* auflöst. Entsprechend tauchen in der Männerstimme aus einem offensiv gesungenen *dumdum* einzelne Worte und Textbrocken auf: *morschen Knochen – Krieg – Schrecken – für uns – Sieg – weiter marschieren – Scherben – Deutschland – ganze Welt*. Die Haltung des *Kammerchores* bleibt nicht unbeeinflußt von diesen Vorgängen: Die Haltung der Frauen wird fahriger, die der Männer aggressiver, verhärteter – mit kleinen exponierten Posen bei den Textfragmenten:

Die *vierte* Situation des *Aufbruchs* ist charakterisiert durch wiederkehrende Abbrüche angesungener Lieder. Sie wird ausgelöst durch einen Spieler, der mit einem Eichendorfflied die Chorgruppe verläßt: »Mich brennt's in meinen Reiseschuh'n / fort mit der Zeit zu schreiten, / was wollen wir agieren nun …?« Einzelne fangen ihn spöttisch wieder ein: »Hänschen klein ging allein …« Eine andere Teilgruppe stimmt das Wanderlied »Das Wandern ist des Müllers Lust …« an. Die Gruppe folgt und marschiert los. Ein Ritual im Sprechrhythmus unterbricht das Lied: »Und eins und zwei und drei und vier: ein Hut, ein Stock, ein Regenschirm, und vorwärtsrückwärtsseitwärts …« Im hinkenden Gänsemarsch geht es um das Spielfeld herum. Ein *Führer* reißt die Gruppe nach rechts herum: »Die Fahne hoch, die Reihen fest …« Die Gruppe folgt dem eine kurze Strecke, dann setzen die letzten zur Kehrtwende an und reißen die ganze Gruppe links herum: »Vorwärts und nicht vergessen, worin unsre Stärke besteht …« Aus dem Gänsemarsch wird eine Phalanx in Konfrontation zum Publikum. Mit dem letzten Wort *Solidarität* zerfällt das Lied, auch die Gruppe zerfällt und verteilt sich im Raum. In aktuellerer Fortführung wird das Wort *Solidarität* von der Techno-Musik einer *Love-Parade* übertönt. Alle geraten in zuckende Tanzbewegungen und rhythmisieren: *Music is the key*. Dieser Vorgang bricht abrupt ab. In der Stille zerfällt die Gruppe.

Der Vorgang der Vereinzelung eröffnet die *fünfte* und letzte szenische Situation: die *Straße der Begegnungen*. Alle gehen in sich gekehrt und doch zugleich aneinander orientiert, mit wechselnden Aufmerksamkeiten und unterschiedlichen, immer wieder aufkeimenden Kontaktintentionen oder auch Kontaktabbrüchen. Musikalisches Material dieses Teils sind Volkslieder, Schlager, Chansons, Songs oder auch Kunstlieder zu den Stichworten *Liebe, Sehnsucht, Eifersucht, Verlust* usw. Insbesondere dieses Material ergibt sich unmittelbar aus der musikalischen Erfahrung jedes einzelnen und ist von daher innerhalb des Modells am variabelsten. In freier Folge wenden sich einzelne an nah oder fern Stehende und suchen Kontakt aufzunehmen. Die Lieder entfalten eine Geste der Zuwendung, der Ablehnung, der beobachtenden Distanz. Manche werden unmittelbar zu einer Antwort. Bildet sich kurzzeitig ein Paar, bleibt die Gruppe in Betrachtung oder Beobachtung stehen. Gelegentlich kommentiert oder ironisiert ein solches Lied auch die stumme Annäherung eines Paares. Den Spielern wird hierbei eine genaue Balance und feine Nuancierung zwischen Ernsthaftigkeit und Ironie oder gar einem Anflug von Persiflage abverlangt. Die Lieder werden überwiegend nur angesungen, selten erklingt eine ganze Strophe – z. B.:

Wenn ich ein Vöglein wär'
und auch zwei Flüglein hätt',
flög' ich zu dir ...

Es waren zwei Königskinder,
die hatten einander so lieb,
sie konnten zusammen nicht kommen ...

Deine blauen Augen
machen mich so sentimental,
so blaue Augen ...

Lady Sunshine und Mister Moon
können gar nichts dagegen tun.
Wenn sie auch träumen
von einem Märchen –
ein Pärchen
werden sie nie ...

Schon seit Tagen,
vielen Tagen,
seh ich dein Gesicht.
Du wohnst drüben
Nummer sieben,
und ich denk an dich.
Du stehst am Fenster,
bist zum Greifen nah ...

Mach mich nicht so blöde an,
ich habe die Schnauze voll,
wenn du nur provozieren kannst,
verpiß dich, ich vermiß dich nicht ...

Du, du machst mir noch mein Herz kaputt,
und übrig bleibt mir nur ein Haufen Schutt ...

Ein plötzlicher Impuls löst diese Situation auf. Mit dem Lied Schumanns *Ein Jünling liebt ein Mädchen* ... beginnt – dem Heineschen Text folgend – ein Bäumchenwechseldich-Spiel:

Die Melodiezeilen werden voneinander abgelöst und als Ereignis isoliert. Jede Liedzeile endet in einer Fermate in dem kurzzeitigen Tableau eines Pärchens und des oder der Verlassenen. Die übrigen ordnen sich diesen Bildern jeweils erstaunt oder amüsiert zu. Am Ende haben sich zwei Paare gefunden, die übrigen präsentieren die Paare in ihren Hochzeitsposen leicht ironisch gebrochen, oder vielleicht auch schmerzlich enttäuscht: »O wie wunderbar, nichts ist so wie's war ...«

4. Hauptstück

Das Szenische Lied

Spielarten

Die Spannweite und die Vielfalt von Liedern in Szenen ist groß. Sie können Einsprengsel im Handlungszusammenhang sein, einen Auftritt charakterisieren oder eine Person definieren. Die Auftrittslieder im *Wilhelm Tell* sind dieser Art, auch das *Türmerlied* im zweiten Teil des *Faust*. Diese Lieder sind musikalisches Kostüm einer Figur, musikalisches Requisit oder Element des Bühnenbildes. Wenn die Lust zu singen ausbricht oder ein Sänger auftritt und aufgefordert wird, zu singen, wird die Musik selbst zum szenischen Ereignis. So gehört es zur Figur des *Narren* in Shakespeares *Was ihr wollt*, daß er singen kann, und man erwartet auch von ihm, daß er etwas zum besten gibt – ein Liebeslied oder »ein Lied vom guten Lebenswandel« – oder daß er einen Kanon anstimmt. Der Auftrag des Herzogs an ihn, »das Lied von gestern abend« zu singen, bekommt in diesem Stück darüber hinaus besondere Bedeutung. Sein Lied intoniert die Hauptmotive des Stückes – die *Liebe*, die *Liebesverwirrung* und den *Liebesschmerz* und die darin liegende *Todessehnsucht*. Das Lied steht damit – dramaturgisch – auf einer höheren Stufe. Ähnlich bekommt das *Weberlied* bei Hauptmann über die Atmosphäre hinaus, die es in einer bestimmten Situation erzeugt, eine durchgehende Funktion. Es wird zur Grundgeste einer die Handlung tragenden Gruppe.

Das gibt manchen Liedern einen besonderen Sinn. In den *Sommergästen* von Gorki etwa fällt *Warwara* gesprächsweise ein Lied ihrer Kindheit ein. Mit diesem *Lied der Wäscherinnen* taucht – über die wehmütige Erinnerung hinaus – das Bild eines anderen, richtigen Lebens auf und wird zu einem Impuls für die Änderung des gegenwärtigen, das sie haßt:

> *Warwara Michailowna*: Mit fällt aus irgend einem Grunde ein
> trauriges Liedchen ein … Die Wäscherinnen in der Anstalt mei-
> ner Mutter sangen es manchmal … Ich war damals klein und
> besuchte das Gymnasium. Ich weiß noch, wenn ich nach Hause
> kam, war die Wäscherei voll von stickigem Dampf … darin
> wiegten halb angezogene Frauen sich hin und her und sangen
> müde, halblaut:
> Du, mein teures Mütterchen, du,
> Hab Erbarmen mit mir Glücklosem
> Schwer lebt sich's unter fremden Menschen,
> bitter und unfrei und ausgedörrt mein Herz.
> Und ich weinte, wenn ich diesem Lied zuhörte … Meine Mutter
> hat ihr ganzes Leben gearbeitet … Und wie gutherzig … wie
> fröhlich sie war! … Ihr Leben hatte mehr Sinn als meins. Denn
> meins erscheint mir peinlich … Mir ist, als wäre ich in ein
> fremdes Land geraten, unter fremde Menschen, deren Leben
> ich nicht verstehe!

Das Lied steht in der Mitte des Stücks, zu Beginn des dritten Aktes. Es dauert noch
eine Weile – viele Verstrickungen sind zu lösen, manche werden erst überhaupt
sichtbar, ehe *Warwara* den Mut hat, zu sagen: »Ja, ich gehe! Und möglichst weit
weg von hier, wo alles ringsum verwest und sich zersetzt … Ich will leben!« Aber
der Keim des Entschlusses ist mit dem Lied und der darin aufgehobenen Erinnerung gelegt. Das Lied ist die geheime Wende des Stückes, dafür braucht es Raum,
Stille und ein eigenes Gewicht.

Auch in den Stücken von Horváth bekommen Lieder mehrfach eine solche zentrale Funktion. Der Bezug zu den Figuren und zum Geschehen insgesamt ist dabei
noch dichter und charakteristischer. In *Kasimir und Karoline* ist es das *Lied der
Juanita*, das so zu einer Gelenkstelle der Handlung wird (vgl. S. 15). In den
Geschichten aus dem Wienerwald ist es – auch ziemlich genau in der Stückmitte –
das *Lied von der Wachau*. *Marianne* singt es – notgedrungen – bei ihrer Bewer-
bung als Tänzerin in einem Animierlokal. Das Lied ist Wendepunkt der Handlung
und in seiner vergifteten Süße und Unschuld zugleich Sinnbild für die Zerstörung
dieses »süßen Mädels« und ihre Zurichtung zu einer Ehe, die die Idylle konter-
kariert, von der das Lied spricht:

> *Baronin*: Na also! Ich will doch nur ihre Stimme hören! Ken-
> nen's denn kein Wienerlied? Sie sind doch Wienerin – irgend-
> ein Heimatlied.

> *Marianne*: Vielleicht das Lied von der Wachau?
> *Baronin*: Also schön! Los! Das Lied von der Wachau!
> *Marianne singt – am Spinett Helene*:
> Es kam einst gezogen ein Bursch ganz allein
> Und wanderte froh in den Abend hinein.
> Da flog ein Lächeln ihm zu und ein Blick.
> Er dachte noch lang daran zurück. ...
> Da draußen in der Wachau
> Die Donau fließt so blau,
> Steht einsam ein Winzerhaus,
> Da schaut ein Mädel heraus.
> Hat Lippen rot wie Blut,
> Und küssen kann's so gut,
> Die Augen sind veilchenblau
> Vom Mädel in der Wachau.

Diese Lieder werden zu einem mehrschichtigen *Sinnklangbild* für ein ganzes Stück, zu einer *Metapher* für die Entwicklung einer Figur oder den Gang des Geschehens. In ihnen verdichten oder überlagern sich Erfahrungen, Gefühle oder Motive, ohne daß dies explizit ausgesprochen oder aufgedeckt werden müßte. Die Ereignisse stehen für die Dauer des Liedes still, die Figuren werden durchsichtig.

Ein solches Moment der Stille und Durchsichtigkeit kann auch aus einem Impuls von außen kommen, wenn etwa der Sänger in Brechts *Kaukasischem Kreidekreis* das Geschehen anhält und mit einem Lied in die Figuren hineinleuchtet:

> *Simon*: Im Gras sehe ich eine Mütze. Ist vielleicht schon was
> Kleines da?
> *Grusche*: Es ist da, Simon, wie könnt' ich es verbergen, aber
> wolle dich nicht bekümmern, meines ist es nicht.
> *Simon*: Man sagt: Wenn der Wind einmal weht, weht er durch
> jede Ritze. Die Frau muß nichts mehr sagen.
> *Grusche senkt den Kopf und sagt nichts mehr.*
> *Der Sänger*:
> Sehnsucht hat es gegeben, gewartet worden ist nicht.
> Der Eid ist gebrochen. Warum, wird nicht mitgeteilt.
> Hört, was sie dachte, nicht sagte:
> Als du kämpftest, Soldat
> Der blutigen Schlacht, der bitteren Schlacht
> Traf ein Kind ich, das hilflos war ...

So zur *Metapher* verdichtet, wird Musik unablösbares Element einer Handlung, einer Beziehung, der inneren Verfassung einer Figur, ihres Befindens in einer besonderen Situation. Das Lied durchdringt die Handlung, wird wesentliches oder gar *das* bestimmende Moment einer Szene, in dem das Eigentliche geschieht.

In einer besonders zugespitzten Form ereignet sich ein solcher Augenblick in Becketts *Glückliche Tage*. Das Lied bildet nicht einen Wendepunkt, sondern den Schlußpunkt eines langen Redeflusses der zuletzt bis auf den Kopf im Boden versunkenen *Winnie*. Sie sucht sich an das Lied heranzureden und an den Augenblick, in dem sie es singen *kann*. Immmer wieder setzt *Winnie* an, aber – es ist »vielleicht ein wenig zu früh für meinen Gesang ... Zu früh zu singen, ist ein großer Fehler.« Der Augenblick geht unergriffen vorbei. In diesem Lied, dem Walzerduett »Lippen schweigen ...« aus der *Lustigen Witwe* von Franz Lehár, sammelt sich ein Lebensgefühl, das in Worten nur unvollkommen aussprechbar ist. Schon die Restmusik einer Spieldose – einschließlich des heiseren Echos von *Willie* – löst Glück aus:

> *Sie wiegt sich im Takt. Musik verklingt. Pause. Kurzer Ausbruch heiseren wortlosen Gesangs – Melodie der Spieldose – von Willie. Glücklicher Gesichtsausdruck wird stärker. Sie legt die Dose hin.* Oh, dies wird ein glücklicher Tag gewesen sein!

Erst am Ende, in einer letzten Lebensanstrengung, bis zum Kinn im Boden versunken und Auge in Auge mit *Willie*, der mühsam in Zylinder und Cutaway herangekrochen ist, erklingt das Lied aus ihrem Mund – eine kleine aufgesparte Summe von Glück:

> Oh, dies ist ein glücklicher Tag, dies wird wieder ein glücklicher Tag gewesen sein! *Pause.* Trotz allem. *Pause.* Bislang. *Pause. Sie summt versuchsweise den Anfang ihres Gesangs, die Spieldosenmelodie, und singt dann sanft*:
> Lippen schweigen,
> 's flüstern Geigen:
> Hab' mich lieb! ...

Zur besonderen Wirkung des szenischen Liedes gehört, daß es sich aus dem Gesprochenen heraushebt. Sein Sinn verwirklicht sich in der Abweichung vom geläufigen Fluß der Dinge oder in einer Art Stauung dieses Flusses. Die zentrale Frage für das szenische Lied heißt: Warum singen Menschen? Die Antworten können – wie man schon jetzt sieht – vielfältig sein und müssen immer neu gesucht werden. Ebenso vielfältig müssen die szenischen Lösungen sein, in denen diese Antwort erscheint. Abgesehen von Situationen, in denen aus Gewohnheit oder von Berufs wegen gesungen wird, innerhalb eines Rituals oder aus Lust am Singen selbst, sind es vielschichtige emotionale Momente, die das Singen auslösen oder begleiten. Gerade die Verwirrtheit der Gefühle neigt oft eher dazu, sich auszusingen als auszusprechen, wenn sie nicht völlig verstummt. Sich aussingen heißt nicht zuletzt: sich an ein Lied anlehnen, einen Halt, einen Schutzraum gewinnen. In diesem Sinn bedeutet Singen auch, sich verschlüsselt oder in einer *Metapher* ausdrücken oder – mit Artaud zu sprechen: sich *enthüllen*, indem man sich *maskiert*. (vgl. Artaud, 76)

Auftritt der Sänger

Die Liederszene in Shakespeares *Was ihr wollt* ist ein Beispiel für die ausgelassene Lust am Lied, nicht zuletzt am *Kanon*. Sie beginnt mit einem Liebeslied und endet als provokatives *Katzenkonzert* im musikalischen Chaos. Anstoß ist der Auftritt des *Narren*, der auf die beiden Junker *Christoph* und *Tobias* trifft. Letzterer ergreift die Gelegenheit bei den Ohren: »Willkommen Eselskopf. Laß uns einen Kanon singen.« Zum Kanon kommt es zunächst nicht – vor allem durch das ausschweifende Gefasel des *Junkers Christoph*. Der bekräftigt aber, daß der *Narr* nicht nur für Narrensprüche gut ist, sondern wohl wirklich gut singen kann: »Ich wollt ein halb Dutzend Dukaten drum geben, wenn ich so 'ne Wade hätte und so 'nen schönen Ton zum Singen wie der Narr.« Um ihn dazu zu bringen, genügt ein einfacher Impuls: »Mach' zu, da hast du einen Batzen; laß uns ein Lied hören.« Auf höheren Wunsch ist dieses Lied des *Narren* ein verspieltes und zugleich nachdenkliches Liebeslied. Es ist – szenisch wie musikalisch – der Gegenpol zu dem folgenden *Katzenkonzert*. Junker *Christoph* schwärmt: »Eine honigsüße Stimme, so wahr ich ein Junker bin.« *Junker Tobias* ist aber weniger aufs Lauschen als aufs Singen aus und pocht auf seinen Kanon:

> *Junker Tobias*: Aber wollen wir mal die Wolken tanzen lassen? Wollen wir die Nacheule mit einem Rundgesang aufstören, der einem Leinweber drei Seelen aus seinem Leibe haspeln könnte? Wollen wir?
> *Junker Christoph*: Ja, wenn ihr mich lieb habt, so tun wir das. Ich bin wie der Teufel auf einen Rundgesang. Stimmt an: Du Schelm ...
> *Narr*: »Halt's Maul, du Schelm«, Junker? Da würd' ich ja genötigt sein, dich Schelm zu nennen, Junker.
> *Junker Christoph*: Es ist nicht das erstemal, daß ich jemand nötige, mich Schelm zu nennen. Fang an, Narr! Es fängt an: »Halt's Maul!« (...) *Sie singen einen Rundgesang.*

Der originale Kanon *Hold thy peace, You knave* … – zu deutsch: »Du Schelm, halts Maul« – ist nicht überliefert. Unterlegt wird hier der altenglische Kanon *Hey ho, to the greenwood* …, der genau zu dem deutschen Text paßt:

Das dissonante Chaos kann sich aus Elementen der *atonalen* Improvisationen (vgl. S. 81 ff.) entwickeln. Neben rhythmischen und melodischen Abweichungen liegen überzeugte oder provokative falsche Einsätze nah: zu früh oder zu spät, zu hoch oder zu tief. Der Kanon läßt sich darüber hinaus als musikalische *Jagd* durch den Raum ausagieren. Die schnelle Folge falscher Einsätze ist ein Impuls dazu. Originale Klangdehnungen der Melodie werden durch Gezerre und Widerstand in handfesten Auseinandersetzungen überdehnt. Hinzu können die ausschweifenden Glissandi des Singens im Suff kommen. Das Chaos ist perfekt, wenn die Spieler auch die Form des Kanons insgesamt zerstören, sie fragmentarisieren und willkürlich zusammensetzen.

Ähnlich aus dem Suff motiviert und so die ganze Szene prägend sind die Gesänge in *Auerbachs Keller* im *Faust*. Der Prozeß entwickelt sich nur umgekehrt: aus dem musikalischen Chaos über das gemeinsame Lied hin zum pointierten Vortragslied vom *Floh*, das schließlich Mephisto zum besten gibt. (Vgl. S. 54 f.) Dramaturgisch ist diese Entwicklung auch im Detail konsequent aufgebaut. Nach den ersten Turbulenzen und Streitereien ruft man nach den stimmungsteigernden Kräften der Musik. Dem Angröhlen des Rundgesangs »Auf! Holla! Ho!« folgt das Ölen der Kehlen – eine Stimmübung in der Art des Pfaffengesangs: »A! tara lara da!«. Der erste Ansatz, das *politisch Lied*, wird ebenso abgewiesen wie Bruchstücke von Liebesliedern. Kritik, Lamentieren über die *Weiber* und wüste Beschimpfungen mischen die angetrunkene, streitlustige und vergröhlte Atmosphäre auf, bis das Lied von der *Ratt' im Kellernest* alle im Kehrreim und in einer gemeinsamen Stimmung vereint:

Siebel: Zur Tür hinaus, wer sich entzweit!
Mit offner Brust singt Runda; sauft und schreit
Auf! Holla! Ho!
Altmayer: Weh mir ich bin verloren!
Baumwolle her! der Kerl sprengt mir die Ohren.
Siebel: Wenn das Gewölbe widerschallt,
Fühlt man erst recht des Basses Grundgewalt.
Frosch: So recht! Hinaus mit dem, der etwas übelnimmt!
A! tara lara da!
Altmayer: A! tara lara da!
Frosch: Die Kehlen sind gestimmt.
(singt) Das liebe heilge Römsche Reich,
Wie hält's nur noch zusammen?
Brander: Ein garstig Lied! Pfui! ein politisch Lied
Ein leidig Lied! ...
Brander (auf den Tisch schlagend):
Paßt auf! paßt auf! Gehorchet mir!
Ihr Herrn, gesteht, ich weiß zu leben;
Verliebte Leute sitzen hier,
Und diesen muß, nach Standsgebühr,
Zur guten Stund ich was zum besten geben.
Gebt acht! Ein Lied vom neusten Schnitt!
Und singt den Kehrreim kräftig mit!
(Er singt) Es war eine Ratt' im Kellernest
Lebte nur von Fett und Butter,
Hatt' sich ein Ränzlein angemäst't
Als wie der Doktor Luther.
Die Köchin hat ihr Gift gestellt;
Da ward's zu eng ihr in der Welt,
Als hätt' sie Lieb im Leibe.
Chorus *(jauchzend)*: Als hätt' sie Lieb im Leibe ...

Das Lied (vgl. S. 76) mit seinen ungewohnten Intervallschritten und der exponierten Höhe im Refrain braucht einen guten, suggestiven Vorsänger. Der Chor setzt
jeweils mit der Wiederholung der letzten Zeile ein. Es ist durchaus situationsange-
messen, beim ersten Mal die Worte im Sprechton *hineinzurufen*: Der Chor lernt
den Kehrreim erst während des Singens. Gerade der gedehnte Rufton und das
andeutungsweise Treffen der Töne oder auch das Rutschen in die tiefere Oktavlage
bewirken den Kneipencharakter des Liedes.

Brendan Behans Stück *Richards Korkbein* ist durchgehend von dieser alkoholisierten Lust am Singen durchsetzt. Die auf einem Friedhof sich sammelnden Nutten, Revolutionäre und Gottsucher nutzen jede Gelegenheit und jede dramaturgische Lücke, um ein Lied anzustimmen. Ein besonderer Fall ist die *Trauerballade* auf den erschossenen revolutionären Charmeur *Cronin*. Sie bildet den Abschluß eines kleines Besäufnisses bei der frommen Protestantin *Mrs. Mallarkey* und ihrer Tochter *Deidre*. Die Ballade erklingt in der Szene zweimal: zunächst leicht dahingesungen als kleiner spöttischer Seitenhieb *Cronins* gegen den *Helden* – in einer Ironisierung des Heroischen – und dann als Heroisierung dieses Spötters aus dem Mund des jungen Freudenmädchens, nachdem *Cronin* überraschend und sinnlos dem Fehlschuß der nervösen Gesetzeshüter zum Opfer gefallen ist:

Mrs. Mallarkey: Cousin, wer sind all diese Leute?
Der Held: Ich sag dir doch, die haben mich gesehen, wie ich den Mann erschossen habe und können zur Polizei gehen und mich identifizieren. Willst du, daß man mich hängt?
Mrs. Malarkey: Ach Unsinn, keine Angst, du wirst schon nicht gehängt. Das ist schon wieder so dummes Zeug von dir …
Der Held: Also jedenfalls, wenn diese Leute zur Polizei gehen und mich identifizieren, bin ich dran.
1. und 2. Nutte, Deidre und Cronin treten auf.
Cronin singt – zum Held auf dem Sofa. Ohne Begleitung:
Es war in der Stadt Wexford, da verurteilten sie ihn zum Tod,
Es war in der Stadt Wexford, da färbte sich der Himmel rot …
Mrs. Malarkey: Hören Sie auf mit dem albernen Lied. Kein Mensch wird zum Tode verurteilt. Selbst wenn der Mann getroffen wurde, doch nicht gleich an einem lebensnotwendigen Körperteil.
Cronin: Es hat ihn am Arschloch erwischt …
… die Polizisten treten auf.
Sergeant: Also. Was geht hier vor?
Polizist: Sieht aus wie eine unsittliche Orgie. Die Frauen da sind Straßendirnen.
Der Held versucht aus dem Fenster zu entkommen. Er läßt seinen Geigenkasten fallen und der Trommelrevolver fällt heraus.
Sergeant: Paß auf, Mick, der Mann ist bewaffnet.
Polizist (zieht seinen Revolver): Nehmen Sie die Hände hoch und kommen Sie wieder rein da.
Deidre stürzt sich auf den Polizisten: Lassen Sie meinen Onkel in Ruhe, Sie Armeleuteschinder.

Der Revolver geht los; er tötet Cronin.
Deidre: Ach, ich habe ihn verloren ...
1. Nutte: Mach's gut, Cronin. *(Sie setzt sich zu ihm und strei-*
chelt ihm die Stirn.) Ich sing dir noch den Song von Carroll
Bawn:
Es war in der Stadt Wexford, da verurteilten sie ihn zum Tod.
Es war in der Stadt Wexford, da färbte sich der Himmel rot.
An einem Sommermorgen, es krähte schon der Hahn,
Da führten sie zum Richtplatz den jungen Carrol Bawn ...

Diese Trauerballade ist
mehr als ein improvisierter
Grabgesang, wie ihn die
Situation abfordert. Die
Assoziation einer hero-
ischen Lebenssituation
angesichts eines banalen
Todes ist eine Art Heilig-
sprechung. Aber diese
Großprojektion macht es
über den Augenblick und
fast über den Rahmen des
Stückes hinaus zu einer
bitterironischen – irischen
– *Metapher.*

Das Lied als Metapher

Diese Qualität der Metapher haben die folgenden szenischen Lieder von vornherein. Sie sind im Sinne Artauds Formen des Verbergens für das, was sie enthüllen.
Rosettas Lied aus Büchners *Leonce und Lena* etwa ist Teil eines eigentümlichen
Dialogs. *Leonce* hat das Gespräch abgebrochen und *Rosetta* nur den Tanz zuge-
standen. Das Lied, das sie dazu singt, ist die persönliche Botschaft, die sie indirekt
an ihn richtet. Singen und Tanzen ist darüberhinaus gestaltete, und hier vor allem:
ausgekostete Zeit. Solange sie singt und tanzt, ist die Liebe noch nicht tot. Das ist

eine Qual, aber auch eine Hoffnung. Es wäre ein besonders »feiner Epikuräismus«, wenn er spräche, *während* sie singt und tanzt – das Wörtchen »indes« ließe sich so verstehen. Er verweigerte so eine Antwort auf ihre musikalische Körperrede und ihr Lied, indem er sie als »Dessert«, als »goldene Fische in ihren Todesfarben« für sich betrachtet und genießt: *Rosetta* singt und tanzt vor ihm die *sterbende Liebe*. So gesehen ist der *Dialog* ein Neben- und Ineinander zweier einsamer *Monologe*. Würde *Leonce* sie dabei selbst auf der Gitarre oder Laute begleiten und so ihre Bewegungen steuern, wäre der *Dialog* ein eingespieltes *Ritual* der Qual:

> *Leonce*: Tanze, Rosetta, tanze, daß die Zeit mit dem Takt deiner niedlichen Füße geht.
> *Rosetta*: Meine Füße gingen lieber aus der Zeit. *Sie tanzt und singt*: O meine müden Füße, ihr müßt tanzen
> In bunten Schuhen …
> *Leonce indes träumend vor sich hin*: O, eine sterbende Liebe ist schöner als eine werdende. Ich bin ein Römer; bei dem köstlichen Mahle spielen zum Dessert die goldenen Fische in ihren Todesfarben. Wie ihr das Rot von den Wangen stirbt, wie still das Auge ausglüht, wie leis das Wogen ihrer Glieder steigt und fällt! Adio, adio, meine Liebe, ich will deine Leiche lieben.

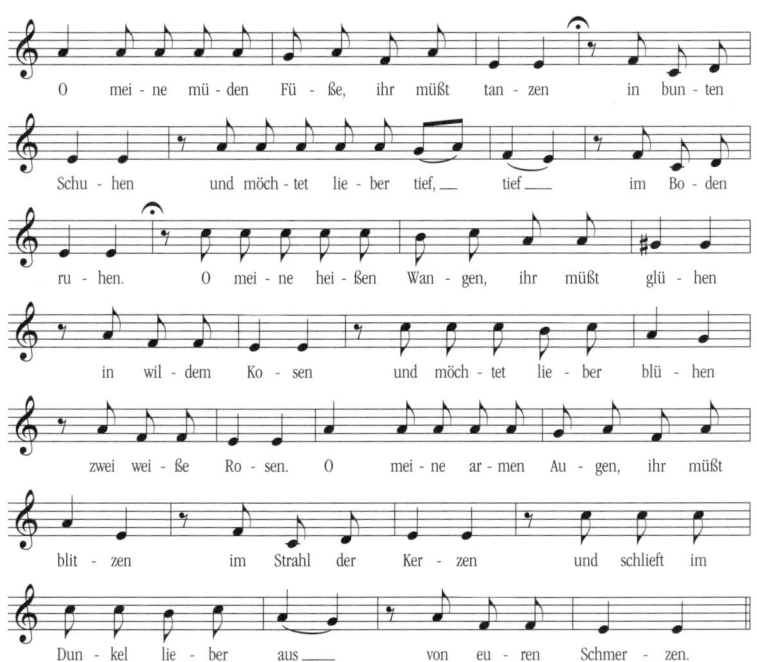

Rosettas Gestus lebt aus dem Widerspruch zwischen Locken und Aufgeben. Melodiebewegungen und Körperbewegung können mit- und auseinander entstehen oder als Gegeneinander. Im Miteinander könnten die Bewegungen an den Fermaten am Ende jeder Doppelzeile in Körperfigurationen oder gehaltenen Gesten enden – ähnlich den *Komplimenten* alter Tänze. Als gestische Aussagen oder Fragen bekommen sie jeweils einen eigenen Sinn. Ein eigentümlicher Widerspruch liegt in der Gleichzeitigkeit von Selbstgespräch und vergeblicher oder abgewiesener Wendung an Leonce bei der Vorführung des Tanzes und im Lied. Dieser Widerspruch wirkt sich notwendig auf ihr Verhalten im Raum aus. Auch das Abgangslied *Rosettas* ist als Tanz zu denken: »Ich bin eine arme Waise, / Ich fürchte mich ganz allein. / Ach lieber Gram – / Willst du nicht kommen mit mir heim?« Die Ungleichheit der Zeilen legen eine Ungleichmäßigkeit des Verhaltens, und damit eine Zerstörung des Tanzes nahe: im Verlangsamen bestimmter Momente, im Verzögern des Abgangs, im Rückblick, dem letzten Versuch, zu locken oder zum Widerruf zu verführen. Die Dehnung der dritten Zeile und die verlängerte Schlußzeile ließen sich so ausagieren. Dabei liegt in der Anrede » Ach, lieber Gram …« ein geheimer Doppelsinn: Der *Gram* ist Partner im Selbstgespräch und trauriger Kosename und melancholische *Metapher* für *Leonce*.

Das Lied der *Desdemona* aus Shakespeares *Othello* ist im Gegensatz zu dem *Rosettas* ein altes Lied. Sie kennt es von früher her. Es fällt ihr ein, als sie, von *Othello* im Zorn verlassen, ratlos und verstört mit ihrer Kammerfrau *Emilia* zurückbleibt:

Desdemona und Emilia allein
Desdemona: … Gib mir mein Nachtgewand und lebe wohl!
Wir dürfen jetzt ihn nicht erzürnen.
Emilia: Hättet Ihr ihn doch nie gesehn!
Desdemona: Das wollt' ich nicht: – mein Herz hängt so an ihm,
Daß selbst sein Zorn, sein Trotz, sein Eigensinn –
Komm, steck mich los – mir lieb und reizend dünkt!
Emilia: Die Tücher legt ich auf, wie Ihr's befahlt.
Desdemona: 's ist alles eins … Ach! was wir töricht sind!
Sterb ich vor dir, ich bitt' dich, hülle mich
In eins von diesen Tüchern.
Emilia: Kommt, Ihr schwatzt!
Desdemona: Meine Mutter hatt ein Mädchen – Bärbel hieß sie –,
Die war verliebt, und treulos war ihr Schatz
Und lief davon. Sie hatt ein Lied von Weiden,
Ein altes Ding, doch paßt es für ihr Leid;
Sie starb, indem sie's sang. Das Lied heut Nacht

Kommt mir nicht aus dem Sinn; ich hab zu schaffen,
Daß ich nicht auch den Kopf so häng und singe
Wie's arme Bärbel. Bitt dich, mach geschwind.
Emilia: Soll ich Eur Nachtkleid holen?
Desdemona: Nein, steck mich hier nur los.
Der Ludovico ist ein feiner Mann.
Emilia: Ein recht hübscher Mann.
Desdemona: Er spricht gut.
Emilia: Ich weiß eine Dame in Venedig, die wäre barfuß nach
Palästina gegangen, um einen Druck von seiner Unterlippe.
Desdemona (singt):
Das Mägdlein saß singend am Feigenbaum früh,
Sing Weide, grüne Weide!
Die Hand auf dem Busen, das Haupt auf dem Knie,
Sing Weide, Weide, Weide!
Das Bächlein es murmelt und stimmet mit ein;
Sing Weide, grüne Weide!
Heiß rollt ihr die Trän' und erweicht das Gestein
(spricht): Leg dies beiseite …
(singt): Sing Weide, Weide, Weide!
(Spricht): Bitt' dich, mach schnell, er kommt sogleich …
(singt): Von Weiden all flecht ich mir nun den Kranz
O scheltet ihn nicht, sein Zorn ist mir recht …
(Spricht): Nein, das kommt später … horch! wer klopft da?
Emilia: Es ist der Wind.
Desdemona (singt):
Ich nannt' ihn du Falscher! was sagt er dazu?
Sing Weide, grüne Weide!
Seh ich nach den Mädeln, nach den Buben siehst du!
(spricht): So geh nun fort; gute Nacht, mein Auge juckt,
Bedeutet das wohl Tränen?

Ein wichtiges situatives Element in dieser Szene – auch für die Art und Weise, in der *Desdemona* schließlich ihr Lied singt – ist die wechselnde Ausrichtung ihrer Aufmerksamkeit. Zunächst ist sie hier *Emilia*, dort dem Ort oder der Tür zugewandt, durch die *Othello* fortgegangen ist. Mit der Erinnerung an das alte Lied eröffnet sich eine dritte – innere – Richtung der Orientierung. Die Erinnerung an das Lied ist für sie gebunden an eine Situation ähnlicher Ratlosigkeit zwischen Liebe und Tod. Sie fragt sich, was dies mit *Othello* zu tun haben könnte und ob es auch »für ihr Leid paßt«, und es scheint ihr, daß es nur zu gut »paßt« – vor allem die Ratlosigkeit des Mädchens. Aber auch in den verhaltenen Klagerufen der Melodie und in der langen abfallenden Linie am Ende, dem melodischen Seufzer findet ihr Leid sein Echo. Noch bevor aber das alte Lied so gegenwärtig wird, daß sie zu singen anfängt, kommt – wie ein Querschläger – der Gedanke an einen anderen Mann. Das Motiv von Reiz, Verlockung, Untreue verbindet auch diese Richtung ihrer Gedanken mit *Othello*. Während sie singt, wechseln ihre Orientierungen immer wieder und verbinden sich ständig neu. Damit geht einher, daß der Dialog und Bruchstücke von Selbstgesprächen ihr Singen immer wieder unterbrechen. Wie sehr sich das Lied schließlich über ihre Situation gelegt hat, wird an ihrem *Versingen*, dem Verwechseln der Strophen und der Suche nach dem richtigen Fortgang spürbar:

Die Szene zwischen *Clärchen* und *Brackenburg* aus Goethes *Egmont* mit der *Mutter* im Hintergrund lebt von dem Versuch, die alte harmonische *Zweistimmigkeit* wiederzubeleben. Das eigentliche Geschehen zwischen Clärchen und Brackenburg spielt sich während des Singens – im Scheitern des Duettierens – ab und in den stummen Vorgängen danach. Das Verhältnis der beiden ist schief gewichtet: Er liebt sie – je länger, desto hoffnungsloser. Sie liebt ihn nicht, bleibt ihm aber – u. a. der Mutter wegen – verbunden. *Brackenburg* ahnt etwas von *Egmont*. *Clärchen* weiß dies – vielleicht – nicht. Die Wahl des Liedes ist dennoch ein Affront: Das Lied, und wie sie es singt, ist ein offenes Bekenntnis zu *Egmont*, und das so verstandene Glück, »ein Mannsbild zu sein« für den eher friedlichen *Brackenburg* ein schmerzhafter Stich ins Herz:

> *Bürgerhaus. Clärchen, Clärchens Mutter. Brackenburg*
> *Clärchen*: Wollt ihr mir nicht das Garn halten, Brackenburg?
> *Brackenburg*: Ich bitt' euch, verschont mich, Clärchen.
> *Clärchen*: Was habt ihr wieder? Warum versagt ihr mir diesen kleinen Liebesdienst?
> *Brackenburg*: Ihr bannt mich mit diesem Zwirn so fest vor euch hin, ich kann euern Augen nicht ausweichen.

> *Clärchen*: Grillen! kommt und haltet!
> *Mutter, im Sessel strickend*: Singt doch eins! Brackenburg
> sekundiert so hübsch. Sonst wart ihr lustig, und ich hatte
> immer was zu lachen.
> *Brackenburg*: Sonst.
> *Clärchen*: Wir wollen singen.
> *Brackenburg*: Was ihr wollt.
> *Clärchen*: Nur hübsch munter und frisch weg! Es ist ein Solda-
> tenliedchen, mein Leibstück.
> *Sie wickelt Garn und singt mit Brackenburg.*
> Die Trommel gerühret!
> Das Pfeifchen gespielt …
> *Brackenburg hat unter dem Singen Clärchen oft angesehn:*
> *zuletzt bleibt ihm die Stimme stocken, die Tränen kommen*
> *ihm in die Augen, er läßt den Strang fallen und geht ans Fen-*
> *ster. Clärchen singt das Lied allein aus, die Mutter winkt ihr*
> *halb unwillig, sie steht auf, geht einige Schritte nach ihm hin,*
> *kehrt halb unschlüssig wieder um und setzt sich.*
> *Mutter*: Was gibt's auf der Gasse, Brackenburg?

Die Beethovensche Komposition gibt für die Zweistimmigkeit einfache Anhaltspunkte, auch die Tremolos der Begleitung lassen sich in eine spielerische Imitation des Trommelschlags verwandeln. Dies zweistimmige Singen, das sonst immer
»so hübsch« klang, muß die Spannungen und Dissonanzen fühlbar, hörbar und
schließlich auch im Verhalten sichtbar machen. *Brackenburg* kann schon zu
Beginn nicht – wie früher – mit rechtem Feuer »sekundieren«. *Clärchen* dagegen
brennt. Das ist ein szenischer und zugleich auch musikalischer – schmerzlicher –
Reiz. Wahrscheinlich verschleppt er die Melodie, während sie treibt. Wenn er zu ihr
hinblickt, verlangsamt er, kommt aus dem Takt, die Klänge fügen sich nicht zusammen. Seine Stimme wird nicht frei werden, sondern gedrückt klingen, er stockt,
setzt zeitweise aus, versucht es wieder, steigt aus und verläßt seinen Platz nach
einem kurzen Zögern – will ihrem Blick ausweichen. *Clärchen* hat das – vor San-
geslust und Liebe blind – möglicherweise gar nicht gesehen, oder sie hat es gesehen, singt aber darüber hinweg. Die Art, wie sie das Lied allein »aussingt«, könnte
ihr Wesen deutlich charakterisieren. Ist sie unberührt, gefangen in ihrer Vorstellung von *Egmont*, irritiert, schuldbewußt? Daß sie aufsteht, zu ihm gehen will,
zeigt eine Spur Verantwortungs- oder Mitgefühl. Daß sie es wieder aufgibt, zeigt,
daß beides begrenzt ist, daß sie ratlos ist. Denkbar wäre auch, daß die Mutter aufsteht – der Regietext läßt es offen – und *Clärchen* sitzen bleibt und beide betrachtet:

Lied als Monolog

Die Szene *In Gretchens Kammer* aus dem Goetheschen *Faust* zeigt *Gretchen* nach der ersten Begegnung mit *Faust*. Die Szene läuft in drei Sequenzen ab: *Gretchen* erinnert sich an die Begegnung – *Gretchen* kleidet sich aus und singt dabei das Lied vom *König in Thule* – *Gretchen* entdeckt das Schmuckkästchen. Eingeschoben zwischen die erste und zweite Sequenz, als *Gretchen* ihr »kleines reinliches Zimmer« kurzzeitig verläßt, ist der Auftritt *Fausts* und *Mephistos*, die die Kammer entweihen und den Köder, das *Schmuckkästchen*, auslegen. Das Hauptaugenmerk liegt auf der zweiten Sequenz. *Gretchen* kommt zurück in ihre Kammer. Das Gefühl, mit dem sie den Raum betritt, sollte noch mit der kleinen Eingangsszene zusammenhängen: Sie hat ihre Zöpfe für die Nacht geflochten und aufgebunden und dabei über ihre Begegnung mit dem »fremden Herrn« nachgedacht, der sie »so keck« angesprochen und auf eine so seltsame Weise berührt hat. Wenn sie jetzt eintritt, ist sie noch mit diesem Rätsel beschäftigt. Sie will sich gewohnheitsmäßig ausziehen, aber die Atmosphäre hat sich verändert. Das verzögert ihre Handlung, schiebt eine kleine Zwischenhandlung ein und ist möglicherweise auch ein Motiv für das Lied:

> *Margarete mit einer Lampe*:
> Es ist so schwül und dumpfig hie, – *sie macht das Fenster auf*
> Und ist doch eben so warm nicht drauß.
> Es wird mir so, ich weiß nicht wie
> Ich wollt die Mutter käm nach Haus.
> Mir läuft ein Schauer übern ganzen Leib
> Bin doch ein töricht furchtsam Weib!
> *Sie fängt an zu singen, indem sie sich auszieht*:
> Es war ein König in Thule
> Gar treu bis an das Grab,
> Dem sterbend seine Buhle
> Einen goldenen Becher gab ...

Die Art, wie das Lied in der Szene erscheint, hat gewisse Ähnlichkeiten mit der Szene der *Desdemona*. Beiden – mit dem Auskleiden zur Nacht beschäftigt – geht etwas Rätselhaftes durch Kopf und Herz. Zugleich stellt sich ein Lied ein: ein Gedanke, der ausgesungen wird in der Art eines Monologs und als Teil eines Monologs, ein Gefühl, das sich in diesem Lied versinnbildlicht. *Gretchen* denkt allerdings nicht darüber nach, warum ihr gerade dieses Lied einfällt. Vielleicht singt sie gewohnheitsmäßig beim Auskleiden. Für ein solches Ritual lägen – im Gegensatz zu diesem sehr fremden, weit hergeholten Lied von ewiger Liebe – ein Abendlied oder ein Choral näher. Was bedeutet also gerade dieses Lied in bezug auf gewohntes Handeln, auf ihr Erlebnis und ihr neues Gefühl, was auch mit Blick auf das veränderte Zimmer, ihre »Furchtsamkeit«? Vielleicht ist es ein geheimes Lieblingslied und somit ein Schutz oder eine keusche Annäherung an das unbekannte Gefühl der Liebe? Verschiedenste Motive können eine Rolle spielen – sie müssen entdeckt werden. Sie bestimmen mit, wie *Gretchen* das Lied singt.

Drei wechselnde und widersprüchliche Orientierungsmomente beeinflussen den Ablauf des Singens: *erstens* das Bild des fremden Herrn und die ihr noch unbekannten oder ungewohnten Gefühle zu ihm – da draußen am Ort des Zusammentreffens und jetzt vermutlich irgendwo anders, *dann* der bedrückend veränderte Raum – jetzt mit dem geöffneten Fenster und der Atmosphäre draußen – und *schließlich* die gewohnte Handlung des Ausziehens. Das doppelte Rätseln und die körperlichen Verrichtungen müssen das Singen *stören* und beeinflussen die geschlossene Form des Liedes: Die Widersprüche der Situation fragmentieren es, ordnen das Verhältnis von Worten, Liedzeilen und Pausen um und komponieren die musikalischen Elemente und die Handlung neu. Über sechs Strophen hin ereignen sich diese Wechsel und Ablösungsprozesse von Handlungen, Blicken, Gefühlen und Liedfragmenten und ihre Überschichtungen – bis *Gretchen* ausgekleidet ist und an den Schrein tritt. Mit der überraschenden Entdeckung bricht der Vorgang ab. Die Melodie Carl Zelters (vgl. S. 87), nahe am Sprechton geführt, erleichtert das situative Aufbrechen der Klanglinien. Gleichzeitig erlaubt sie ein leichtes Sich-Wiegen und legt damit den Grund für einen durchgehenden musikalischen Gestus – nicht nur in dem Dreiertakt, sondern auch im Tonfall der Melodie selbst – vor allem des Anfangs. Der Quartfall und die kleinen melodischen Rückschritte, in denen die Klanglinie anfangs sinkt und steigt, legen – in Erinnerung an elementare Übungen – ein Senden der hohen und ein Wiedereinfangen der tiefen Töne nahe – oder auch umgekehrt: ein Heranziehen und Entlassen. Das leichte Hin und Herschwingen, das daraus entsteht, gilt letztlich dem Mann, mit dem *Gretchen* sich beschäftigt.

Monologisch angelegt ist auch die Szene *Gretchen am Spinnrad*. Sie ist nicht ohne weiteres als Lied zu denken, auch wenn die liedhafte Strophenform das nahelegt. Goethes Regieanmerkung lautet: *am Spinnrade allein*. *Gretchen* könnte sich auch ohne Musik *aussprechen*. Das läge insofern nahe, als *Gretchen* eindeutig von sich selbst, von ihren Gefühlen, von ihrer ganz eigenen Begegnung mit *Faust* spricht. *Gretchen am Spinnrad* ist in jedem Fall zu allererst eine Szene, dann ein Monolog und schließlich vielleicht ein Lied. Und auch wenn diese unmittelbare Beschäftigung mit den eigenen Gefühlen gewisse Ähnlichkeiten mit dem Lied der *Rosetta* hat, wäre das Lied doch ein Grenzfall. Was geschieht in dem Augenblick, in dem sie anhebt, von sich zu singen statt zu sprechen? *Ausgesprochen* blieben die Worte in stärkerem Maße ihr eigener Ausdruck. Das *singende Gretchen* bearbeitet ihre eigenen Gefühle anders, als wenn sie sie einfach aussprächе: Sie unterstellt sie einer musikalischen Form und einem Rhythmus, unterwirft sich einem wiederholbaren Ritual, sie *begegnet* darin dem Schönen, Erregenden, Quälenden. In ähnlicher Weise, wie ein fremdes Lied zur Metapher für die eigene Situation werden kann, werden eigene Worte, wenn sie im Lied erscheinen, auch zur *Metapher* für andere Situationen. Voraussetzung zu all diesem wäre, daß *Gretchen* psychisch in der Lage ist, zu singen. So ist die Entscheidung, ob sie sich *ausspricht* oder *singt* oder ob sie *versucht* zu singen, zugleich eine Entscheidung darüber, wie sie die Situation am Spinnrad *erlebt*.

Schuberts Vertonung des Liedes *Gretchen am Spinnrad* ist kaum für die originale szenische Situation gedacht. Abgesehen davon, daß das Lied Schuberts durchaus eine – anspruchsvolle – Aufgabe für eine Schauspielerin sein kann, ließe sich aber selbst diese Vertonung – allerdings eher ohne Begleitung des Klaviers – in der Szene verwenden:

Charakteristisch für die Melodie Schuberts ist der gedehnte Klang am Taktanfang, in dem die Unruhe wirksam ist oder werden kann. Insofern wäre die durchlaufende, treibende schnelle Bewegung der Klavierbegleitung in der Melodie durchaus mitzuempfinden, auch wenn sie nicht erklingt. In dieser wiederkehrenden Klangdehnung liegt eine kleine Sehnsuchtsgeste, die sich melodisch zeitweilig zu einem beschwörenden Ruf aufschwingt – anfangs: »mein *Herz* ist schwer« oder »*nimmermehr*« – oder später: »und seiner Rede *Zauberfluß* ...« Da, wo diese Klangdehnung in einer exponierten Tonhöhe verharrt, bekommt sie etwas schmerzhaft Bohrendes:

Auch die chromatisch sich steigernde Entwicklung gegen Ende – »Mein Busen drängt sich nach ihm hin ...« – hat dieses bohrende Moment des Verweilens auf bestimmten Tonhöhen, aber auch etwas Getriebenes, fast Orgiastisches, und bricht in den exponierten Rufen – fast schmerzhaften Lustschreien – aus: »... an seinen Küssen ver*geh*en sollt.« Hier kann es keinesfalls um eine sängerische Darbietung gehen. Das gilt auch für den – melodisch wie emotional – exponiertesten Punkt, dem Ausruf »und *ach*! sein *Kuß*!« Ein sängerisches *Forte* ist unbedingt zu vermeiden – ganz gleich, ob das Lied in der Situation verwendet wird oder ganz herausgelöst gesungen wird. Es ist vielmehr ein inneres *emotionales Forte* anzustreben, das vor allem in den umrahmenden Pausen zur Wirkung kommt.

In der Szene ist *Gretchen* bei der Arbeit. Sie spricht oder singt *am Spinnrade*. Eine solche Tätigkeit verlangt eine natürliche und zugleich komplizierte Beziehung zu den psychischen Prozessen und denen des Sprechens oder des Singens: zum Rhythmus der Worte, der Verse, der Musik, zu den Bögen der Melodie und nicht zuletzt zu den Momenten, wo das Singen alle Aufmerksamkeit für sich beanspruchen will. Das sind immer auch solche Momente, in denen das innere Leben vordringlich und beherrschend wird und die so die Tätigkeit unterbrechen oder neu antreiben. Tätigkeit *am Spinnrade* kann im übrigen auch das Zurichten der Arbeit, das Sitzen und Nicht-Arbeiten-Können sein, in dem der Ansatz zu arbeiten durch die Vorstellung behindert wird. Wichtig wäre dabei, daß die Schauspielerin sich nicht verlocken läßt, sängerisch zu agieren und alle Emotionalität – gerade auch in den Spitzentönen – in Klang zu verwandeln. Sie sollte vielmehr versuchen, den Klang der Stimme als Teil des Verhaltens und der äußeren und inneren Situation zu empfinden und einzusetzen.

Lied und Wahnsinn

Eine seelische Verstörtheit äußert sich im Lied nicht notwendig bizarr oder unverständlich. Das kann in bestimmten Situationen so sein. Es kann aber auch sein, daß der Verstörte gerade im Lied zu sehr einfachen Gesten findet, und gerade wenn er singt, noch am ehesten in sich ruht. Dieser Art scheint das Lied der *Lucile* in Büchners *Dantons Tod*:

> *Lucile tritt auf. Sie setzt sich auf einen Stein unter die Fenster der Gefangenen.*
> *Lucile*: Camille, Camille! *Camille erscheint am Fenster.* Höre, Camille, du machst mich lachen mit dem langen Steinrock und der eisernen Maske vor dem Gesicht; kannst du dich nicht bücken? Wo sind deine Arme? – Ich will dich locken, lieber Vogel. *singt*:
> Es stehn zwei Sternlein an dem Himmel,
> Scheinen heller als der Mond,
> Der ein' scheint vor Feinsliebchens Fenster,
> Der andre vor der Kammertür.
> Komm, komm mein Freund. Leise die Treppe herauf, sie schlafen alle. Der Mond hilft mir schon lange warten …

Das Lied verkörpert die kleine Geste des Lockens elementar wie ein menschlicher Vogelruf. Worte allein könnten dies nicht leisten. Sie können diese Geste ankündigen, individualisieren, umrahmen, aber nicht ersetzen. Das Lied ist in dieser Situation die einzige Geste *Luciles*, die unverstört bleibt. Wenn sie nach *Camille* ruft, verwirren sich die Worte und Vorstellungen an den Dingen. Die hohe Gefängnismauer, die vergitterten Fenster verschmelzen mit dem Menschen und seiner Gestalt. Das Liebeslied will ihn aus diesem Käfig locken. Dabei werden die Worte und der melodische Schmeichelton des Liedes für *Lucile* so dominant, daß die Wirklichkeit des Gefängnisses dahinter verschwindet. Wirklich werden für sie die beiden *Sterne*, der *Mond* und die *Kammertür*. Schaut man auf die zugehörige Volksliedmelodie, so zeigt sich, daß sie die Strophen nicht *aus*singt, sondern jeweils nur zwei Zeilen *an*singt. Mit dem Anfang der nächsten Strophe vollzieht sie die lockende Geste noch einmal. Es ist ihr nicht um das Lied, sondern um die Lockung zu tun. So gesehen, bildet das Lied das eigentliche Zentrum der Situation.

In der letzten Szene des Stückes kommt *Lucile* auf ihrem Irrgang durch die Stadt auf den *Revolutionsplatz*. Wieder ist das Eigentümliche ihrer Verwirrtheit, daß sie die realen Dinge verkennt – hier beispielsweise die *Guillotine*. Musikalisch bekommt die Szene ihre Spannung aus dem Gegensatz des Liedes der beiden *Henker* und *Luciles* Lied vom *Schnitter Tod*. Beide Lieder sind fragmentarisiert und durchbrochen von Gesprochenem:

> *Zwei Henker, an der Guillotine beschäftigt.*
> *Erster Henker steht auf der Guillotine und singt:*
> Und wann ich hame geh,
> Scheint der Mond so scheh ...
> *Zweiter Henker*: He, holla! Bist bald fertig?
> *Erster Henker*: Gleich, gleich! *Singt*:
> Scheint in meines Ellervaters Fenster
> Kerl, wo bleibst so lang bei de Menscher? ...
> So! Die Jacke her! *Sie gehen singend ab*:
> Und wann ich hame geh,
> scheint der Mond so scheh ...
> *Lucile tritt auf und setzt sich auf die Stufen der Guillotine:*
> Ich setze mich auf deinen Schoß, du stiller Todesengel.
> *Sie singt*:
> Es ist ein Schnitter, der heißt Tod,
> Hat Gewalt vom großen Gott.
> Du liebe Wiege, die du meinen Camille in Schlaf gelullt, ihn
> unter deinen Rosen erstickt hast. Du Totenglocke, die du ihn
> mit deiner süßen Zunge zu Grab sangst.

> *Sie singt:*
> Viel Hunderttausend ungezählt
> Was unter die Sichel fällt.
> *Eine Patrouille tritt auf.*
> *Ein Bürger:* He, wer da?
> *Lucile sinnend und wie einen Entschluß fassend, plötzlich:*
> Es lebe der König!
> *Bürger:* Im Namen der Republik!
> *Sie wird von der Wache umringt und weggeführt.*

Das Lied der *Henker* bekommt seinen Impuls aus den Hantierungen des ersten Henkers. Es erklingt – unterbrochen von Dialogfragmenten – eher im Nebenbei ohne besondere Aufmerksamkeit. Die Zeile »Kerl, was bleibst so lang …« bietet sich dem zweiten Henker als Einstig in die Zweistimmigkeit an, wenn auch – ungeduldig – in einem eigenen Sinn. Auch das folgende Abgangsduett kann eine unbekümmerte dissonante Zweistimmigkeit entfalten, in der sich die beiden zwar rhythmisch weitgehend einig sind, melodisch aber auseinanderklaffen. (Vgl. S. 82ff.) Mit *Luciles* Lied vom *Schnitter Tod* wechselt die Atmosphäre, es entsteht »etwas wie Ernst«. Nicht nur szenisch, auch musikalisch ist vor ihrem Auftritt ein Moment der Stille angezeigt. *Luciles* Art zu singen muß auch hier nichts Wahnsinniges offenbaren, im Gegenteil – im Lied erscheinen die konkreten Momente ihres Daseins. Im Umraum der Musik schwingt sich die Sprache zu einer hohen Metaphorik auf, deren Basis die Bildelemente des Liedes sind. Die Anschlüsse von Sprechen und Singen sollten infolgedessen sehr eng und direkt sein. Verbunden werden könnten beide Ausdrucksformen durch eine genaue und erstaunte Betrachtung der *Guillotine* und den Versuch, Details dieser Maschine mit den Worten des Liedes und den metaphernartigen Verzückungen in Einklang zu bringen: *stiller Todesengel – liebe Wiege – Totenglocke.* Die innere Wirklichkeit sucht die äußere der Dinge zu überformen. Die Unterbrechung durch die *Patrouille* ist die Zerstörung dieser besonderen Existenz *Luciles.* Ihre Reaktion ist ein unverhoffter »Riß« durch den Wahn: Sie sieht den Ausweg, *Camille* zu folgen.

Das Eingangslied in *Gretchens Kerkerszene* erscheint ganz unverständlich und hat scheinbar ausschließlich atmosphärische Bedeutung. Es wäre aber falsch, ihren Wahn aus der scheinbaren Unverständlichkeit und Bezugslosigkeit dieses Liedes zu begründen. Im Gegenteil – das Lied und die Bilder, die *Gretchen* im weiteren Verlauf durch den Kopf gehen, berühren sich in einer eigentümlichen Logik und machen die besondere Verrücktheit ihres Wahns erst sichtbar. Das gibt auch Aufschluß, wie das Lied letztlich zu singen wäre:

*Faust – mit einem Bund Schlüssel und einer Lampe, vor einem
eisernen Türchen*: Mich faßt ein längst entwohnter Schauer,
Der Menschheit ganzer Jammer faßt mich an.
Hier wohnt sie, hinter dieser feuchten Mauer,
Und ihr Verbrechen war ein guter Wahn!
Du zauderst, zu ihr zu gehen!
Du fürchtest, sie wiederzusehen!
Fort! Dein Zagen zögert den Tod heran.
Er ergreift das Schloß. Es singt inwendig:

Meine Mutter, die Hur', die mich umgebracht hat, mein Vater, der Schelm, der mich gessen hat. Mein Schwesterlein fein hub auf die Bein an einem kühlen Ort. Da ward ich ein kleines Waldvögelein. Fliege fort, fliege fort, fliege fort.

Das Lied, das *Gretchen* singt, entstammt sinngemäß dem Märchen *Van den Machandelboom*. Die niederdeutsche Fassung findet sich schon in der Urausgabe der
Grimmschen Sammlung. Jakob Grimm ist sich sicher, daß es Goethe »unstreitig
aus altem Hörensagen aufnahm«. Das Lied erzählt die Hauptereignisse eines Ver-
brechens. Im Märchen singt es der von der Mutter getötete, geschlachtete und in
einen Vogel verwandelte Junge:

Min Moder de mi slach't,
min Vader de mi att,
min Swester de Marleeniken
söcht alle mine Beeniken
un bind se in een siden Dook,
legts unner den Machandelboom,
kywitt, kywitt! ach wat een schön Vagel bin ick.

Dieses Märchen geht *Gretchen* durch den Kopf, während sie sich im Halbschlaf auf dem Stroh wälzt. Man darf ebenfalls unterstellen, daß sie es als Kind »aus altem Hörensagen aufnahm«. Die Bilder dieses Märchens und Fragmente ihrer Träume und Wirklichkeiten überlagern sich in ihrer Vorstellung in einem verwirrten Wechselbezug. Das Lied ist dabei nicht nur Zitat aus dem Märchen, sondern der Ort, an dem ihre Verwirrtheit sich sammelt. Was es im Kern enthält, entfaltet der folgende Dialog. In dessen Verlauf sucht *Gretchen* sich diese Bezüge zurechtzustammeln und auseinanderzulegen oder richtigzustellen – etwa:

> Laß mich nur erst das Kind noch tränken.
> Ich herzt' es diese ganze Nacht;
> Sie nahmen mir's, um mich zu kränken,
> Und sagen nun, ich hätt' es umgebracht.
> Und niemals werd' ich wieder froh.
> Sie singen Lieder auf mich. Es ist bös' von den Leuten.
> Ein altes Märchen endigt so,
> Wer heißt sie's deuten?

Hier fügen sich Momente der Erinnerung – *tränken, herzen* – mit Märchenelementen zusammen. Das entscheidende Zwischenstück, den Kindsmord, findet sie nicht. Das Figurenensemble ihrer Vorstellungswelt tauscht sich aus und geht neue Bezüge ein: Die Rolle der Mutter als Mörderin, wie sie das Märchen liefert, ist nicht auf die eigene Mutter zu beziehen, sie ist auch keine Hure. So muß Gretchen sich ihre eigene Rolle als Mörderin und *Hur* gleichsam aus dem Mund des Kindes selbst zusingen. Erst dann findet der Wortlaut seine beängstigende Wahrheit, und auch der Vater als *Schelm* – ursprünglich identisch mit *Henker* oder *Scharfrichter* läßt sich da einfügen. Allerdings ist er im Märchen in das Verbrechen hineingezogen, ohne es zu wissen: Das Fleisch des Kindes wird ihm aufgetischt. So wechseln die Personen mehrfach das Gesicht, und ihre Identität ist nicht eindeutig zu fassen. Erst von daher ist zu begründen, daß *Gretchen Faust* nicht erkennt und den Geliebten und den *Vater* für den *Henker* hält. Die Unfähigkeit, Menschen zu identifizieren, schlägt in die Wirklichkeit um. Dem entspricht der Zwang, Vorstellungen für wirklich zu nehmen. So mischt sich ihre Angst – »Sieh unter diesen Stufen, / Unter der Schwelle / Siedet die Hölle!« – mit dem Angstwahn der Mutter aus dem *Märchen*: »… my is so Angst, de Teene klappern mi und dat is mi as Füür in de Adern … my is as bevt dat ganze Hus, un stünn in Flammen.« Auch die Momente der Klarheit bleiben weitgehend eingebunden in den Vorstellungsraum des Wahns: die richtige Umkehrung des Wortlauts aus dem Lied: »Meine Mutter hab ich umgebracht, / Mein Kind hab ich ertränkt« – oder die panische Erinnerung an die Details des Kindsmords: »Es will sich heben, / Es zappelt noch!«

Aus dem Beängstigenden der Vorstellungen, die das Lied selbst enthält, ergibt sich zwangsläufig, daß das Singen *Gretchen* nicht Halt gibt wie etwa *Lucile*, sondern daß das Singen des Liedes eine Selbstpeinigung oder auch eine fortdauernde Flucht vor seinen Bildern ist – eine vergebliche allerdings, denn der Raum dieser Bilder bleibt geschlossen. Von daher ist es vor allem die Art ihres Singens, in der ihr Wahn erscheinen muß: als Wimmern im Halbschlaf und Tagtraum, als zerstörtes mechanisches In-den-Schlaf-Singen ihres toten Kindes oder als autistisches Vor-sich-hin-singen. Die Melodie, mit dem Ausschlag des Quintintervalls am Anfang, den kleinen unterschiedlich hohen Wellenbewegungen und dem hohen rufartigen Abschluß gibt dieser Art des Singens eine Basis. Mit dem Auftreten *Mephistos* gibt es einen ähnlichen »Riß durch den Wahn« wie bei *Lucile*. Bis zu diesem Punkt der Szene reicht die Wirkung des Liedes.

Ophelias Liederszenen aus Shakespeares *Hamlet* sind das heimliche Modell aller Variationen über *Lied und Wahnsinn*. Ihre Lieder entstehen nicht unmittelbar aus der jeweiligen Situation. Es sind *Zitate* von Liedern. In der liedersüchtigen Zeit Shakespeares ist das für sich genommen nichts Besonderes: Lieder sind Teil des Alltags und – das ist anzunehmen – auch Teil des Alltags von *Ophelia*. In ihrem Wahn werden sie von ihr scheinbar zusammenhanglos in die Situationen mit anderen eingebracht und neu zusammengedacht. Ihre Lieder, und das, was sie spricht, grenzen sich nicht mehr voneinander ab, fließen ineinander und überlagern sich – für sie selbst ununterscheidbar. Sie sind als Bilder ihrer inneren Erlebniswelt austauschbar mit den Erfahrungen der Wirklichkeit: dem Tod ihres Vaters, seiner Ermordung durch *Hamlet*, der Zerstörung ihrer Beziehung, der Trennung von *Hamlet*, mit *Hamlets* für sie unerklärlicher Gemütsverfassung und ihren unerfüllten Liebeswünschen. So überlagern sich in den beiden Liebes- und Todesliedern der ersten Szene vor allem der Tod des Vaters und die Trennung von *Hamlet*, im Lied der zweiten Szene könnte diese Überlagerung direkt ausgesprochen sein: »Sein Bart war so weiß wie Schnee, sein Haar dem Flachse gleich«. Im Lied vom *Valentinstag* äußern sich unerfüllte geheime Liebeswünsche und werden auf eine *unziemliche* Weise ausagiert. Daß das Lied in diesem Zusammenhang erscheint, ist jedenfalls auch ein Kennzeichen für Bewußtseinssprünge:

> *Ophelia tritt auf*: Wo ist die schöne Majestät von Dänemark?
> *Königin*: Wie geht's, Ophelia?
> *Ophelia – singt*:
> Wie erkenn' ich dein Treulieb
> Vor den andern nun?
> An dem Muschelhut und Stab
> Und den Sandelschuhn.
> *Königin*: Ach, süßes Fräulein, wozu soll dies Lied?
> *Ophelia*: Was beliebt? Nein, bitte, hört – *singt*:

Er ist lange tot und hin,
Tot und hin, Fräulein!
Ihm zu Häupten ein Rasen grün,
Ihm zu Fuß ein Stein.
Spricht: O!
Königin: Aber sagt, Ophelia …
Ophelia: Bitt' Euch, hört – *singt*:
Sein Leichenhemd weiß wie Schnee zu sehn …
Der König tritt auf.
Königin: Ach, mein Gemahl, seht hier!
Ophelia singt: Geziert mit Blumensegen,
Das unbeträntt zu Grab mußt gehn
Von Liebesregen.
König: Wie geht's Euch, holdes Fräulein?
Ophelia: Gottes Lohn! Recht gut. Sie sagen, die Eule war eines
Bäckers Tochter. Ach, Herr, wir wissen wohl, was wir sind, aber
nicht, was wir werden können. Gott segne Euch die Mahlzeit!
König: Anspielung auf ihren Vater.
Ophelia: Bitte laßt uns darüber nicht sprechen; aber wenn sie
Euch fragen, was es bedeutet, sagt nur – *singt*:
Auf Morgen ist Sankt Valentins Tag,
Wohl an der Zeit noch früh,
Und ich, 'ne Maid am Fensterschlag
Will sein Eur Valentin.
Er war bereit, tät an sein Kleid,
Tät auf die Kammertür,
Ließ ein die Maid, die als 'ne Maid
ging nimmermehr herfür.
Königin: Holde Ophelia!
Ophelia: Fürwahr, ohne Schwur, ich will ein Ende machen.
Singt: Bei unsrer Frau und Sankt Kathrin!
O pfui! was soll das sein?
Ein junger Mann tut's, wenn er kann,
Beim Himmel, 's ist nicht fein.
Sie sprach: eh Ihr gescherzt mit mir,
Gelobt Ihr, mich zu frein.
Spricht: Er antwortet – *singt*:
Ich bräch's auch nicht, beim Sonnenlicht!
Wärst du nicht kommen herein.

> *König*: Wie lange ist sie schon so?
> *Ophelia*: Ich hoffe, alles wird gut gehn. Wir müssen geduldig
> sein; aber ich kann nicht umhin zu weinen, wenn ich denke,
> daß sie ihn in den kalten Boden gelegt haben. Mein Bruder soll
> davon wissen, und so dank ich Euch für Euren guten Rat.
> Kommt, meine Kutsche! Gute Nacht, Damen. Gute Nacht, süße
> Damen! Gute Nacht! gute Nacht! *Ophelia ab.*

Ophelias Auftrittslied ist ein altes trauriges Liebeslied, das sich wie Fragmente eines Dialogs an die Umstehenden richtet. Besondere Kontaktpunkte sind die gedehnten Momente am Ende der Liedzeilen. In der ersten Strophe sind es *Fragen* und *Antworten*, für die in dem Wartemoment Raum gegeben wird. Die zweite Strophe spricht offensichtlich ihr eigentliches Anliegen aus: »Nein, bitte, hört!« Hier sind es Klagen um einen Toten:

Ophelias Art, zu singen, kann sehr gegensätzlich sein. Sie kann von infantilen

Tönen, sehr einfachen, melancholischen, aber auch groben bis hin zu sehr kunstvollen oder gar künstlichen Stimmklängen – etwa in extremen Höhenlagen – reichen. Die emotionalen Verrückungen brechen sich sozusagen an dem kulturellen Spektrum aller möglichen Singweisen, die sie kennt. Darüber hinaus sollte ihr Singen eine kunstvoll gebrochene Einheit mit ihrer Art zu sprechen bilden. Das Sprechen kann den leicht überhöhten Ton des Singens aufnehmen, aber auch in einem scharfen Bruch zwei widersprüchliche Seiten ihres inneren Befindens offenbaren. In jedem Fall lebt die Figur der *Ophelia* – auch in den Sprechtönen – vor allem aus musikalisch dominierten und nuancierten Empfindungen und Verhaltensweisen. Ein Wechsel des musikalischen Milieus und damit auch der entscheidende Bruch des Tons erfolgt mit dem Lied vom *Valentinstag*. Dieses Lied gehört sichtlich in ein Milieu eher schlichter Liebespraktiken. Eine Hemmschwelle ist gefallen. Jedenfalls begibt sich *Ophelia* mit diesem Lied in ein niederes, zugleich in seiner Derbheit anziehendes Milieu. Dieses Lied verträgt eine deftige, wilde Singweise und herausgeschleuderte glissandierende Spitzentöne. Es könnte auch als Tanz mit gestampften Zweierrhythmen und abgelauschten obszönen Gesten und Stimmklängen aus ihr hervorbrechen. Das muß nicht notwendig ordinär sein und

133

lebt ebenfalls von Brechungen mit feineren, vielleicht sogar schalkhaften Zügen –
wie Kinder wissentlich etwas Verbotenes tun. *Ophelia* macht – wie *Laertes* sagt –
»die Hölle selbst … zur Anmut und zur Artigkeit«.

Das Bänkel oder Die kleinste Bühne der Welt

Zeitungslied und Bänkelsang

Ein ärmlicher Vorläufer des Schauspielers und vor allem des schauspielerischen Singens ist der Bänkelsänger. Er singt auf dem Markt, ruft Nachrichten aus und stellt das, wovon er sagt und singt, optisch zur Schau. Vorformen des Bänkelsangs sind die Spielmannslieder und -balladen des ausgehenden Mittelalters, etwa die *Ballade vom Lindenschmidt*. Der Bänkelsang hat sich aus dem *Zeitungslied*, der *Newen Zeitung*, entwickelt. Diese Berichte über aktuelle oder bedeutsame Ereignisse wurden über Ausrufe und den Verkauf von Flugschriften auf dem Markt verbreitet. Das Aufblühen des Druckgewerbes ist ein wichtiger Anstoß. Der Verkauf von Druckerzeugnissen macht das Zeitungssingen zu einer Form des Lebensunterhalts. Grimmelshausen erzählt davon in den *Continuationes* seines *Abentheuerlichen Simplizissimus*. Der Held *Simplicius* entschließt sich in einer Notlage, die »Zeitung« von der »Tapferkeit der Venezianer in der weitberühmten Festung Candia und Raserei des türkischen Großwesirs in Bestürmung und Belagerung derselben … in ein Lied zu bringen, um solches auf öffentlichem Markt bei ehester Gelegenheit abzusingen«.

Daneben orientiert sich der Bänkelsänger am Wanderprediger. Er äußert mit seinen Berichten immer auch seine Meinung zur Sache, eine *Moral*. Sie macht rückwirkend die berichteten Ereignisse zu einem warnenden Exempel oder einem Gleichnis für einen moralischen Grundgedanken. Die *Schautafel*, welche die berichteten Vorgänge im Bild darstellt, leitet sich von den Holzschnittdrucken auf den Flugblättern her, aber auch von aufklappbaren Altartafelbildern. Anfang des 16. Jahrhunderts ist die Praxis des Bänkelsängers und sein schaustellerisches Arsenal auf dem Markt etabliert: das *Bänkel* als kleine tragbare Bühne, die *Schautafel* oder das *Panorama* und der *Zeigestab*. Häufig steht im Zentrum des *Panoramas* die Hauptfigur des Geschehens. Zur Verkaufspraxis der Flugschriften gehören der marktschreierische *Kaufruf* und der emphatische Vortrag von Teilen der Flugschrift. Das versammelt die Zuhörer und schafft dem *Lied* Raum.

Ein Bänkelsängerauftritt im Stil des Zeitungsliedes ist die Balladensängerszene aus Brechts *Galilei*. Eine kleine Schaustellertruppe führt die Auseinandersetzungen um das neue Weltbild in der primitiven Kleinform eines Musiktheaters vor.

> *Ein halb verhungertes Schaustellerpaar mit einem fünfjährigen*
> *Mädchen und einem Säugling kommt auf einen Marktplatz, wo*
> *eine Menge, teilweise maskiert, auf den Fastnachtsumzug wartet.*
> *Beide schleppen Bündel, eine Trommel und andere Utensilien.*
> *Der Balladensänger:* Geehrte Einwohner, Damen und Herrn!
> Vor der großen Fastnachtsprozession der Gilden bringen wir
> das neueste Florentiner Lied … Es betitelt sich: Die erschröck-
> liche Lehre und Meinung des Herrn Hofphysikers Galieo Galilei
> oder Ein Vorgeschmack der Zukunft.
> *Er singt:* Als der Allmächtige sprach sein großes Werde
> Rief er die Sonn, daß sie auf sein Geheiß
> Ihm eine Lampe trage um die Erde
> Als kleine Magd in ordentlichem Kreis …
> Und es begannen sich zu kehren
> Um die Gewichtigen die Mindern
> Um die Vorderen die Hinteren
> Wie im Himmel, so auf Erden …
> Das, ihr guten Leute, ist die große Ordnung, ordo ordinum, wie
> die Herren Theologen sagen, regula aeternis, die Regel der
> Regeln, aber was, ihr lieben Leute, geschah? *Singt:*
> Aufstund der Doktor Galilei (Schmiß die Bibel weg, zückte sein
> Fernrohr, warf einen Blick auf das Universum)
> Und sprach zur Sonn: bleib stehn! …
> Geehrte Einwohner, seht Galileo Galileis phänomenale Ent-
> deckung: Die Erde kreisend um die Sonne!
> *Er bearbeitet heftig die Trommel. Das Weib und das Kind*
> *treten vor. Das Weib hält ein rohes Abbild der Sonne, und das*
> *Kind, über dem Kopf einen Kürbis, Abbild der Erde, haltend,*
> *umkreist das Weib …*

Die melodischen Vorlagen der Bänkellieder sind Parodien bekannter Lieder: Choräle, Balladen. Auch die Melodie Eislers zur Bänkelsängerszene des *Galilei* ist am Choraltypus orientiert, der Sprechgesang in den Einschüben zwischen den Strophen imitiert zusätzlich den pfäffischen Singsang. Das hat in der Szene Brechts selbstverständlich einen doppelten Boden. Neben diesen kirchlichen Einflüssen des Psalmodierens und des Chorals oder auch dem Balladenton prägen den Gesangsstil die Gesetze des Marktes. Der musikalische Vortrag ist *Ohrenfang* wie die Schautafel *Blickfang* und muß sich unter erschwerten äußeren Bedingungen im Lärm Gehör verschaffen. Das beeinflußt die Melodiebehandlung, die Wahl der parodierten Melodie oder die Melodiebildung selbst: Rufintervalle am Anfang, Motiv- oder Tonwiederholungen, Dehnungen exponierter Töne, Fermaten. Auf dem Markt erfüllen diese Momente vor allem den Zweck, Aufmerksamkeit zu gewinnen und zu bewahren. Auch innerhalb des Vortrags haben sie ihre Funktion: Klangdehnungen begleiten die Neuausrichtung der Aufmerksamkeit vom Lied zum Bildmotiv oder den Weg des Zeigestabes im Wechsel der Bildmotive. Die Schlußfermate wird bei der diffusen Aufmerksamkeit des Laufpublikums zum Sammelpunkt des Gesagten im letzten Wort.

Das Jahrmarktsfest von Plundersweilern

Goethes Jugendwerk *Das Jahrmarktsfest von Plundersweilern* ist in der Tradition der *Fasnachts-* und *Schönbartspiele* entstanden und entfaltet ein ganzes Jahrmarktsleben auf der Bühne in seinem geordneten Durcheinander von Bürgern, Zigeunern, und den Verkäufern und Kleinkrämern, die ihre Waren anpreisen. Im Zentrum steht ein Theaterereignis auf dem Markt. Die *Kaufrufe* des *Tyrolers*, des *Wagenschmiermannns*, des *Bauernmädchens* u. a. sind Vorstufen des Marktsingens: rhythmisierte gereimte Sprüche, halb gerufen, halb gesungen. In Konkurrenz zu ihnen wirbt der *Marktschreier* mit dem *Hanswurst* für das Theater – und für den Kleinverkauf zwischen den Akten, denn auch das Theater ist Verkaufsstand. In diesem Rahmen produziert sich die Kleinkunst des fahrenden Volks: Der *Bänkelsänger* tritt auf, der *Marmottebube* mit dem *Citherspielbub* und schließlich der *Schattenspielmann*. Sie bilden das Rahmenprogramm für das Theater:

Dieses *Bänkellied* Goethes ist typisch in der Vorstellung und moralischen Wertung erstaunlicher Ereignisse, aber als Sammlung von kurzgefaßten Einzelberichten auch ein Sonderfall. Eine Melodie wurde anläßlich einer Liebhaberaufführung in Weimar von der Herzogin *Amalia* selbst komponiert. Diese Melodie (vgl. Petzold 1982) ist – wie hübsch auch immer – keineswegs *markt-*

Bänkelsänger kommt mit seiner
Frau und steckt sein Bild auf;
die Leute versammeln sich
Bänkelsänger:
Ihr lieben Christen allgemein,
Wann wollt ihr euch verbessern?
Ihr könnt nicht anders ruhig sein
Und euer Glück vergrößern;
Das Laster weh dem Menschen tut;
Die Tugend ist das höchste Gut
Und liegt euch vor den Füßen …

gerecht und würde sich auf einem echten Jahrmarkt nur mühsam behaupten. Die heimliche Originalmelodie, die der junge Goethe beim Dichten vielleicht im Ohr hatte, müßte wohl eher eine Art ausgerufener Choral sein – möglicherweise die Melodie des Bänkelliedes vom *Meineid* nach einem Flugblatt aus dem Fränkischen:

Und liegt euch vor den Füßen ...
Dies böse Weib ihr Töchterlein
Lebendig hat begraben;
Damit sie ihren Liebsten fein,
Zum Gatten möchte haben.
Doch als der Hochzeitsabend kam,
Erschien statt ihrem Bräutigam
Der Satan, der sie holte ...

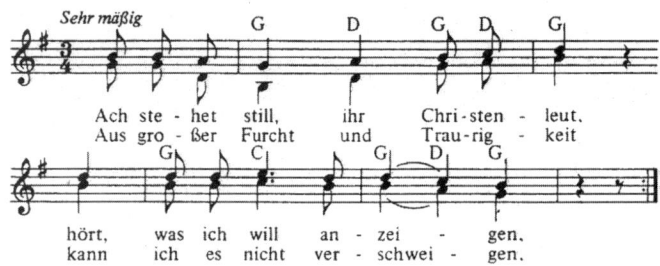

Diese Melodie bewegt sich auf einer Höhenlinie in Ruflage mit den weithin wirkenden Klangdehnungen auf der hohen Quinte, die in immer neuen Anläufen angesungen und zweimal gedehnt überschritten wird. Die charakteristischen Klangdehnungen sind gleichsam weite Griffe in eine offene Publikumsmenge.

Zur Kleinkunst auf dem Markt gehört auch das Lied des *Marmottebuben* und des *Citherspielbuben*, die ein Murmeltier tanzen lassen. Auch dieses Lied ist ein Erzähllied. Der Erzählstoff ist simpel, schafft aber Beziehungen zwischen Fahrenden und Zuschauenden. Vom Liedtypus her dem Bänkellied durchaus verwandt, hat das *Marmottelied* einen viel kleineren Wirkungskreis. Es richtet das Hauptaugenmerk auf die Tanzbewegungen eines Murmeltiers. Der Erzählteil wendet sich an das Publikum, der Zwischenteil und der Refrain – schon durch das rhythmisierte französische *Kauderwelsch* – richtet die Aufmerksamkeit auf den Tanz. In der Spielsituation könnte das durch die gleichzeitige – konkrete oder vorgestellte – Führung einer Marionette geschehen. Diese doppelte Aufmerksamkeit des Singens und Vorführens belebt die Aktion. Die beiden weniger bekannten Zwischenstrophen sind für dieses Wechselspiel der Aufmerksamkeit und das gezielte Anspielen einzelner Menschen im Publikum besonders geeignet. Sie binden das Lied in die szenische Situation ein: »Ich hab gesehn gar manchen Herrn – *avecque la marmotte* – der hätt' die Jungfern gar zu gern. *Avecque si* ... « Und: »Hab' auch gesehn die Jungfer schön – *avecque la marmotte* – die täte nach mir Kleinem sehn. *Avec-*

que si, avecque la …« Die Melodie Beethovens nimmt die situativen Momente durchaus auf. Musikalisch steckt in ihr noch heimlich der Charakter des Dudel-sack-Liedes mit der durchklingenden Quinte im Baß – oder des Markttanzliedes mit Pfeife und Trömmelchen. Dem Tanzcharakter entsprechend, muß das Lied federnd und luftig gesungen werden:

Moritat und Küchenlied

Die Entwicklung des Zeitungswesen und anderer Vertriebsformen von Drucker-erzeugnissen außerhalb des Marktes bewirken das Absinken des Bänkelsangs zur *Moritat*. Es bleiben aber immer noch genügend des Lesens eher unkundige Leute als willige Abnehmer auf dem Markt. Deren Unterhaltungsinteresse schränkt die Themen allerdings mehr und mehr ein auf Liebesaffären, Mord- und Schauerge-schichten. Der spätere Bänkelsang im 19. Jahrhundert wird so zur frühen Form einer gesungenen *bunten Presse*. Auch die musikalischen Erscheinungen verän-dern sich. Über das volkstümliche Lied schleichen sich bestimmte Elemente der *hohen* Musik ein. Aber trotz dieser Veränderungen bleibt die *Moritat* zunächst ein

Kind des Marktes einschließlich seiner Geräuschkulisse. Die ästhetischen Widersprüche steigern sich dadurch. Der ausrufende Ton, ähnlich die später durchweg übliche gleichförmige Drehorgelbegleitung konterkarieren bestimmte musikalische Elemente der zunehmend süßlichen Melodien – etwa die empfindsamen Vorhalte – und beschädigen die Sinnzusammenhänge. Dies und darüber hinaus das geschäftsmäßige Abliefern befremdender, schauriger oder trivial-tragischer Vorgänge, das bemühte Zurechtreimen der Ereignisse, ungelenke Betonungen und die platte Moral führen zu einer unfreiwilligen Komik des Moritatensingens. Die Parodie – schon im 18. und besonders im 19. Jahrhundert – greift dies mit Vorliebe auf. Sie entwickelt sich in zwei Richtungen. Sie karikiert die Erlebniswelten und das primitive künstlerische Ausdrucksvermögen der unteren Stände – z. B. *Heinrich schlief bei seiner Neuvermählten* oder *Sabinchen war ein Frauenzimmer* – oder sie benutzt das Moritatenmodell als Mittel der politischen Karikatur, als Waffe: *Der deutsche Leierkasten*, das Lied vom *Bürgermeister Tschech* oder die Gassenhauer Glasbrenners gehen in diese Richtung. Die *Moral* des Bänkelsangs kehrt hier – in Vorwegnahme Wedekinds und Brechts – als verdeckter satirischer Angriff wieder.

Eine noch spätere Erscheinung in der zweiten Hälfte des 19. Jahrhunderts oder auch eine stilistische Variante der *Moritat* ist das *Küchen-* oder *Dienstmädchenlied*. Es holt bestimmte, das Herz besonders bewegende Stoffe und Lieder vom Ort des Marktes – möglicherweise über das Hinterhofsingen drehorgelnder Kriegsinvaliden – in die Privatsphäre herein. Durch den Wechsel des sozialen Ortes ändern sich verschiedene Charakteristika. Das Küchenlied wird Begleitung der täglichen Arbeit, z. B. in der Küche, beim Waschen, und ist dabei auch eine Art Selbstverständigung der Dienstmädchen untereinander. Das Lied der *Wäscherinnen*, an das sich *Warwara* in Gorkis *Sommergästen* erinnert, macht das anschaulich (vgl. S. 108 f.). Haupt- oder Ausgangsthema des Küchenliedes ist die Situation des heimatlosen Landmädchens. Heimweh ist das eine Motiv, dazu kommen die Erlebnis- oder Traumwelten des entwurzelten Dienstmädchens: Liebesfreud und Liebesschmerz, Verführung, Mord aus Eifersucht und Selbstmord, edle Räuber, Wilddiebe, das Abgleiten ins kriminelle Milieu usw. Exemplarisch ist das Küchenlied *Ein Mädchen kam einst von dem Lande*.

Das Küchenlied ist ursprünglich nicht publikumsbezogen. Erst in der Parodie wird es – als Rolle – zum Vortragslied. Die Singweise ist auch hier nicht professionell, aber durch die Verbindung zu den höheren Ständen bemüht, sich auch musikalisch am *Höheren* zu orientieren. Wesentlicheres Kriterium ist ein offenes, demonstratives Durchschlagen der Gefühlsmomente im Stimmklang. Die Verwandlung der Singweise ins Weiche, Sentimentale, Emotionalisierte geht parallel mit einer Emotionalisierung in der Melodieführung. Charakteristisch für ein gutes Küchenlied und seine gesanglichen Möglichkeiten sind gedehnte Vorhalte, die sich zu sentimentalen *Drückern* hergeben, und große Intervallaufschwünge bei besonders gefühlvollen Stellen, die ein hingebungsvolles emotionales Glissando, eine Art Aufheulen, ermöglichen oder auch ein jammerndes Absinken der Stimme. Das kommt klassisch zur Wirkung in dem Lied von *Mariechen*:

Ma - rie - chen saß wei - nend im Gar - ten, im Gra - se lag schlum-mernd ihr Kind, in ih - ren schwarz-brau - nen Lok - ken spielt lei - se der A - bend-wind. Sie saß so still, so trau - rig, so ein - sam dort, so bleich, die dunk - len Wol - ken zo - gen, und Wel - len schlug der Teich.

Der Erzählton des Anfangs ist ein *Parlando* auf wechselnden Tonhöhen mit kleinen emotionalen Schwellern – entlang einer Pendelmelodik melancholisch dahingesungen. Dann kommt der plötzliche Melodieaufschwung, gefolgt von dem Leidenston, dem *Vorhalt*. Fast entsteht dabei ein schwermütiges Madonnenbild: »Sie saß so *still*, so *traurig* …« Auch in den folgenden Strophen fällt das Ausschlagen der Melodie mit dem emotional beschwerten Vorhalt jeweils mit dem emotionalen Zentrum zusammen: »Schwer von *Marie*chens *Wangen* eine heiße Träne rinnt …« – »Drum *stürzen wir* uns *beide* dort in den tiefen See …« – »Nein, nein, *wir wollen leben* …« In diesem mehrfachen Aufwallen ist es dann schließlich auch gleichgültig, ob die ausschlagende Melodie das entscheidende Sinnzentrum der Aussage dieser Zeile tatsächlich trifft oder nicht: »Das *Kind in deinem Schoße* hat keinen Vater mehr …« Wichtig ist, daß in jeder Strophe dieses Glissando, dieser *Aufheuler* mit dem anschließenden emotionalen *Drücker* erscheint, um zum Ende hin wieder im Trübseligen auszupendeln. Die leichten Wellenbewegungen des Melodieanfangs können wie weiche Handbewegungen im Wasser des besungenen »Teichs« geführt werden. Die ganze Gestalt kann in melancholisch wiegende Bewegung geraten. Der Aufschwung der Melodie mit dem Vorhalt läßt sich leichter und sinnvoller in einer stillen, gehaltenen elegischen Pose ausstellen.

Die sozialen Entwicklungen im 19. Jahrhundert bewirken, daß hohe und niedere Kultur weit auseinanderklaffen. Das Volkslied – noch bei Goethe, bei Büchner und in der Romantik kulturelles Bindeglied der Gesellschaft – driftet als *Küchenlied* in die niederen Stände ab, trivialisiert sich und wandelt sich später zum Schlager. Erst in der Begegnung mit Wedekind und Brecht und dem Chanson der zwanziger Jahre bekommt es neue Impulse.

5. Hauptstück

Vom Bänkellied zum Bühnenlied Bertolt Brechts

Frank Wedekinds Brettl-Lieder

Das Bänkellied ist die Keimzelle des Brechtschen Bühnenliedes und seines Gesangsstils. Beides kündigt sich an in den Klampfenliedern des jungen Bertolt Brecht. Den besonderen *kunstvollen* Ton dieses Singens findet der junge Brecht wiederum vorgeprägt bei Frank Wedekind. In dessen Brettl-Liedern wird das verdeckte rebellische Potential des Bänkellieds freigesetzt. Die schmerzhafte Mischung des Moritatengesangs – die menschlichen Katastrophenfälle, der gleichgültige Mitteilungston, die platte Moral und die gleichförmige, nivellierende Musikbegleitung – gewinnt in den satirischen Attacken Wedekinds einen ungewohnten Biß. Dieser Biß verdankt seine Schärfe nicht zuletzt der Vortragsweise Wedekinds: »Untersetzt, ein scharfgeschnittener Kopf mit Cäsarenprofil, die Stirn unheilverheißend gesenkt und von geschorenen Haaren ausgezackt. Augen aber, die anzüglich aufzuckten, unbekannt warum. (…) Nasal, scharf, schallend – in vielsagenden Pausen aber wand und krümmte sich der Sänger unter den eigenen Hintergedanken.« So erlebte ihn Heinrich Mann (Wedekind 1967, 21). Und der junge Brecht schreibt: »Niemand vergaß je wieder diese metallne, harte, trockene Stimme, dieses eherne Faunsgesicht mit den ‚schwermütigen Eulenaugen‘ in den starren Zügen.« (15,3)

Frank Wedekind hat viele seiner Melodien selbst geschrieben. Sie zeigen keinen kompositorischen Ehrgeiz, sondern dienen der sprachlichen Pointierung. Sie zitieren den Volkston, den Küchenlied- und den Moritatenton, das *Schnaderhüpfl*, den Chansonton der Pariser Cabarets und immer wieder auch trivialisierte Bruchstücke der Kunstmusik. In dieser Mischung sind sie naiv und raffiniert zugleich. Ihre Vortragsweise ist bestimmt von der Brettlbühne, von der nahen Konfrontation mit dem Publikum. Hinzu kommt – im Unterschied zum Bänkelsänger – der individualistische Gestus, auch da, wo er – scheinbar – verleugnet wird.

Die vom Stoff her direkteste Übernahme des Moritatenmodells ist *Der Lehrer von Mezzodur* – eine bürgerliche Familientragödie, in der ein braver Lehrer aus Eifersucht Frau und Kinder und schließlich sich selbst umbringt. An der trockenen, gleichförmig dahingesagten Melodie sind Nähe und Abstand des Brettlsingens zum Markt abhörbar. Sie bewegt sich ohne eigentliche melodische Entfaltung in der Sprechlage und wahrt den angeschlagenen Ton allen Katastrophen zum Trotz. Die traurige Geschichte folgt bis zur vorletzten Strophe dem gängigen Modell – bis hin zu sprachlichen Verballhornungen: »… hat sie dann auch umgebrungen, / wie sie ihn auch angefleht«. Erst in der letzten Strophe überschreitet Wedekind das Modell – sowohl stofflich als auch poetisch-musikalisch.

Der Selbstmord wird in der tiefen Stimmlage und breiten Tonrepetitionen in einem dramatisierenden pastoralen Gestus ausgebreitet – man könnte sich einen dumpfen Trommelwirbel dazudenken. Anstelle der typischen *Moral* wendet Wedekind sich schließlich mit einer eigenen Melodie dem *Dienstmädchen* zu. Mit unruhigen, ebenso gedehnt wie trippeligen Tönen tritt es auf und führt mit festen, abwärts gerichteten Tonschritten an den tiefsten Punkt des tragischen Ereignisses:

Die Aussage vor Gericht wartet dazu noch mit zwei musikalisch und emotional bewegenden Momenten auf: dem zweimaligen exponierten, nach Moll gewendeten chromatischen Aufseufzen: »Grauen und Entsetzen« – und dem in die Tiefenlage der Stimme absinkenden Glissando. Die Schlußstrophe zeigt so aus dem Blickwinkel der Nebenfigur eine neue – persönliche – Perspektive und vom Ausdruck her ein eigenes Gewicht.

Der *Tantenmörder* – thematisch in der Moritaten-Kategorie des Verwandtenmordes – ist das Lied einer *Figur*. Mit dem Singen aus der *Rolle*, aber auch in anderen Momenten überschreitet das Lied die Grenzen der Moritat. Das Lied ist eine Art Verteidigungsrede vor Gericht, in der sich der Täter in rohen Umschreibungen zu seiner Tat bekennt: »… geschlachtet«, »… stieß ihr den Dolch in die Därme«, »… die alte Tante schnaufte nicht mehr«. Diese Ausdrucksweise hat auch heute noch etwas ungebrochen Provozierendes. Den Gipfel erreicht die Rede mit dem dreisten Vorwurf: »Ihr aber, o Richter, ihr trachtet / meiner blühenden Jugend-Jugend nach.« Gerade diese groteske Amoralität sprengt das Genre. Wedekinds Melodie entspricht und widerspricht dem zugleich. Der schwingende Sechsachteltakt setzt nicht eigentlich den Gestus einer Verteidigungsrede um, sondern wiegt sich gleichsam unverfroren und böse in sich selbst. Das Wiegen bildet sich in dem engschrittigen Auf und Ab der Melodielinie in kleinen und größeren Bögen. Der Charakterzug des Unverfrorenen und Bösen entsteht nicht zuletzt aus den harmonischen Kühnheiten, die schon in der Melodie angelegt sind. Überraschende Aufhellungen und Verdüsterungen im Gegeneinander nicht verwandter Tonarten – a-Moll gegenüber c- und f-Moll – korrespondieren mit der hohen bzw. tiefen Stimmlage. Der helle scharfe Stimmklang des Einstiegs strahlt das *Unverfrorene* aus, die düstere *böse* Farbe erscheint jeweils mit dem Ende der zweiten Verszeile und hält sich in engen, von Halbtonschritten begrenzten Windungen bis zum Schlußton. Der Stimmklang kann hier etwas kompromißlos Bohrendes bekommen. Der jeweilige Übergang zum Beginn der neuen Strophe ist von diesen harmonischen Gegensätzen her nicht ganz einfach. Ein abschließendes Glissando vom jeweils letzten tiefen Meldieton in die obere Oktave erleichtert das. Dieses Glissando ermöglicht darüber hinaus die Umfärbung im Ausdruck der Stimme. Im Aufheulen der Melodie in die Höhenlage verbinden sich das unverfrorene und das böse Moment zu dem aggressiven Angriff gegen die etablierte Gesellschaft. Erst mit diesem Schlußmoment verschmilzt der Gestus der kaltschnäuzigen Selbstverteidigung zu einer Einheit:

Das *stilisierte Küchenlied* zitiert eine Haltung. Wedekinds bekanntestes Lied dieser Art ist die *Brigitte B.* – ein Dienstmädchenlied in doppeltem Sinn. Die personelle Ausstattung ist zeittypisch: ein junges *Mädchen vom Lande*, das in einem Laden Dienst tut, ein undankbares *Individium*, das *Brigitte* verführt und die Herrschaft bestiehlt, der *Gesangsverein*. Die Melodie setzt mit einer Art Jammerruf aus Tonrepetitionen, gedehnten Klängen und einem chromatischen absinkenden Seufzer ein, auch der wiederholte Ruf der kleinen Terz am Ende fehlt nicht. Dieser Charakter modifiziert sich in den verschiedenen Strophen, behält aber immer eine Spur dieses Jammers:

144

Ein jun - ges Mädchen kam nach Ba - den,

Bri - git - te B. war sie ge-nannt,

Dieser Jammer findet erst in einem Einschub am Ende jeder Doppelstrophe, mit einem doppelten Oktavglissando in die tiefe Stimmlage, passende Worte: »Ach, Gott! Mein Gott!« Der doppelte Seufzer kann natürlich sehr Unterschiedliches äußern: abgrundtiefes Bedauern, Genervtheit über so viel Dummheit, Entrüstung über Gemeinheit, Dreistigkeit, auch Bitterkeit und Sarkasmus, immer aber emotionales Engagement. Demgegenüber ist der eigentliche Refrain eine Imitation ungerührter mechanischer Drehorgelei: »Dideldideldumda …« Er kann aber durch Lautstärke, Tempo, Heftigkeit oder Bedenklichkeit auch verschiedenen Gefühlsnuancen Luft machen.

Im Gegensatz zu diesem klassischen Beispiel bürstet Wedekind seine Küchenlieder häufig so sehr gegen den Strich, daß sie zu einer Art *Gegen*-Küchenlied werden. *Das arme Mädchen* tendiert in diese Richtung. Die fällige Verführung eines mittel- und obdachlosen Mädchens in kalter Winternacht scheitert – nicht nur an dem eisernen Vorsatz des Mädchens: »Nie, und wenn ich sterben sollte, / Gäb ich meine Ehre hin!«, sondern auch an dem hohen moralischen Bewußtsein eines »ernsten jungen Herrn«. Er nimmt sie fürsorglich in seine Wohnung, läßt ihre Ehre aber unberührt, und selbst, als sie später – von Liebe geschüttelt – sich in seinem Bett nackt an ihn schmiegt, schiebt er zur Sicherheit das Kissen vor und vertröstet sie auf die Brautnacht: »Nein, jetzt will ich dich nicht haben …«

In der Melodiebildung lebt das Lied von einem scharfen Gegensatz: Eine scheinbar völlig gleichförmig, mechanisch und teilnahmslos in Höhen und Tiefen herumstochernde Hauptmelodie, die durch lebhaftes Tempo im Staccatosprechgesang etwas puppenhaft Gehetztes bekommt, steht in befremdendem Widerspruch zu den Worten, die auf menschliche Anteilnahme dringen oder von ihr erzählen:

Böt mir ei-ner was er wollte, weil ich arm und e-lend bin,

Die Melodie der jeweils angehängten kurzzeiligen und neu rhythmisierten kleinen Strophen dagegen schwingt dramatisch mit gedehnten Stimmklängen in der Tiefenlage und klingt mit einem emotional eindringlichen melodischen Halbton-Seufzer aus:

Vom Charakter her beschwört diese Melodiebildung die Erwartung einer lauernden Katastrophe. Das trifft in manchen dieser kleinen Strophen genau die Atmosphäre: »Am Himmel ist von den Sternen / Kein einziger zu sehn.«

Oder: »Jetzt tobt in allen Gassen / Nur wilde Begier.« In manchen liefern die Worte eher ein prosaisches Gegenprogramm: »… als Plätterin Unterkommen / In einer Wäscherei.« In den beiden letzten nachhängenden Strophen zwingen die Worte die vorab unheimliche Melodiebildung, raunend zärtlich-begehrlich zu werden: »Daß Gott mir helfe -- / Ich bin dein!« oder ein wenig schwankend vor Glück: »Es läßt sich gar nicht sagen, / Wie glücklich sie war.« Das Ganze schillert zwischen Erbauungslied, anrührender Naivität der Küchenliedkultur und echter sozialer Anteilnahme und ist entsprechend kunstvoll auszubalancieren.

Auch *Ilse* vertritt als Rollenlied eher das Gegenprogramm eines Küchenliedes. Sie ist ihrer Namensschwester aus *Frühlingserwachen* verwandt. Die bedingungslose und allseitige Hingabe ist ihre Lust; sie quillt aus der Erinnerung an das frühe erste Mal:

Wedekinds Melodie ist eine seiner einfachsten und zugleich zwingendsten. Die leichten Klangdehnungen und Glissandi vermeiden den Grundton der Melodie, der nur den Anfangs- und Schlußpunkt setzt. Das gibt dem Lied etwas Schwebendes: kleine, weich sich anbietende melodische Gesten. Die Melodie ist ein schöner Beweis dafür, daß selbst einfachste Musik für das schauspielerische Singen reiche Ausdrucksmöglichkeiten bieten kann. Daß Wedekind damit virtuos umgehen konnte, bezeugt Brecht Jahrzehnte später in seinem *Arbeitsjournal*: »in der tat nahm wedekind jazzelemente voraus, und seiner rezitation selbst einfachster gedichte und lieder (ich war ein kind von fünfzehn jahren) lagen komplizierte steprhythmen zugrund.« (AJ 4.4.42) Diese »steprhythmen« sind als emotionale und gestische Nuancen zu verstehen – mit Pausensetzungen, Verzögerungen, Pointierungen, überraschenden Akzenten und Stimmfärbungen.

Bert Brecht mit seinem Klampfentier

Frank Wedekinds Einfluß auf den jungen Brecht ist groß. Brechts Lieder zielen allerdings weder auf den Markt noch auf das Brettl. Vielmehr wachsen sie aus der Augsburger *Brechtclique* heraus. Ihr Ton ist der des Sich-Aufführens in einer Gruppe. Die »rüden herzzerreißenden Refrains« (Walter Benjamin) in vielen Liedern sind nicht ohne die Kultur der Clique zu sehen. Die wedekindschen Einflüsse vermischen sich mit denen der *Augsburger Vorstadt*: »Ich besuchte häufig den alljährlichen Herbstplärrer, einen Schaubudenmarkt auf dem kleinen Exerzierplatz' mit Musik vieler Karusselle und Panoramen, die krude Bilder zeigten, wie, Erschießung des Anarchisten Ferrer zu Madrid' ...« (15, 3 u. 17/905) Die verschiedenen musikalischen Modelle sprengen auch bei Brecht den Rahmen des Bänkel- oder Küchenliedes: Choräle, Erbauungslieder, Seemannslieder – parodiert, aber eben nicht nur. Sie zeigen auch wilde, bittere oder naturselige Züge und blasphemische Grimassen und anmaßende Selbststilisierungen nach den Vorbildern Villons oder Rimbauds. Versammelt sind diese Lieder in der *Hauspostille*, dem *Gestarium* frühen Brechtschen Singens.

Brechts Singen zur Klampfe muß eindrucksvoll gewesen sein: aufregend und zupackend vor allem seine Stimmgebung. Auch hier wirkt neben Schaubudenmarkt das Vorbild Wedekinds nach: »Sein Gesang war rauh und schneidend, manchmal bänkelsängerisch krud, mit unverkennbar augsburgischem Sprachklang, manchmal fast schön, schwebend, ohne Gefühlsvibration, und in jeder Silbe, in jedem halben Ton ganz klar und deutlich« (Zuckmayer, vgl. Ritter 1986, 65). Ähnlich der Bericht des Theatermannes Reich (ebd. 66 f.): »Brecht rang den Zuhörern die Haltung einer permanenten Bereitschaft zur Veränderung ihrer Reaktionen ab (...) durch unerwartete Verhärtungen, Verschärfungen beiläufiger Stellen, oder durch betont ruhige Wiedergabe an und für sich hochdramatischer Passagen.«

Auch wenn Bänkellieder oder Moritaten nur eines unter den Liedmodellen des jungen Brecht sind, sind sie doch ein wichtiges. Sie färben durch einen rauheren Ton und ihr Arme-Leute-Kleid auch literarische Formen wie *Ballade* und *Legende* um und verwischen die Grenzziehung zwischen diesen Formen. Die beiden frühen, auf authentische Augsburger Gerichtsfälle zurückgreifenden Gedichte *Apfelböck* und *Von der Kindsmörderin Marie Farrar* gehören eindeutig in dieses Genre. Parodiert wird aber in ihnen weniger das Genre des Bänkelliedes als Formen der Erbauung oder genauer: die Art, wie Verbrechen im öffentlichen Bewußtsein gehandelt werden. Das Lied *Apfelböck* verweist in seinem Untertitel *Die Lilie auf dem Felde* auf die Unschuld des Handelns und des Vertrauens in die Welt (vgl. Matth. 6, 34), und zu *Marie Farrar* äußert sich Brecht im gleichen Sinn: »Diese Farrar erregte das Gemüt des Gerichtshofes durch ihre Unschuld und menschliche Unempfindlichkeit.« (8, 170)

Auffällig am *Apfelböck* ist die Lieblichkeit und Alltäglichkeit des Rahmens. Die Mordtat an den beiden Eltern – von »mildem Licht« überglänzt – wird in zwei Zeilen abgetan. Von »gerahmter Buttermilch«, dem Geschepper eingeworfener Zeitungen ist die Rede, von *Zeitungsmann* und *Milchfrau*, denen der sonderbare Gestank auffällt, und von den harmlosen Begründungen *Apfelböcks* für den Leichengeruch: »die Wäsche in dem Wäscheschrank« oder »das Kalbfleisch, das im Schrank verdirbt«. Die Dramaturgie und die geläufigen Proportionen der Moritat sind damit grundlegend verändert, und auch die übliche *Moral* erscheint in der abschließenden Frage der *Milchfrau* seltsam verrückt als konventionelle Haltung, die die Tat schon fast abgehakt hat: »Ob wohl das Kind einmal früh oder spät (...) zum Grabe seiner armen Eltern geht?« Dieses Lied »wendet sich« laut Brechts Vorrede »an die Gefühle«, aber es sind nicht die eindeutigen Gefühle des gruseligen Schauderns. Die Gefühle kreisen um das Ausklingen des Mordes und werden eigentümlich mit Normalität gemischt.

Auch die Melodie hat in ihrer leisen Bewegtheit etwas Liebliches. Sie bringt typische Elemente der späteren – vom *Küchenlied* her aufgeweichten – Moritat: emotionalisierende, leicht gedehnte Vorhalte, choralähnliche Dehnungen der Zeilenschlüsse. Sie führt zum Zeilenende niemals zum Grundton, sondern bevorzugt den schwebenden Klang der Terz oder Quinte. Ihr genügt eine zwischen zwei Akkorden im Dreivierteltakt pendelnde Harmonik.

Das Schwingen der Melodie ist allerdings nur schöner Schein. Die Taktart wird immer wieder überlagert von gegenläufigen Rhythmen. In manchen Strophen schiebt sich darüber ein Zweivierteltakt, durch den insbesondere die dritte, melodisch am weitesten ausschlagende Liedzeile etwas ungelenk Sperriges bekommt. In der vierten und zehnten Strophe ist es ein Sechsachteltakt. Diese »unregelmäßigen Rhythmen« steigern sich in Momenten, in denen – durchaus moritatenüblich – die melodischen Akzente sinnwidrige Fehlbetonungen hervorrufen, Nebensilben dehnen oder Wichtiges melodisch beiläufig daherkommt. Da äußert sich, was Brecht mit Blick auf Wedekinds Vortragsweise »komplizierte steprhythmen« nennt. Sie sind die formale Basis für die Irritation der Gefühle durch den Sachverhalt. (Vgl. dazu und im folgenden: Ritter, Die Lieder der »Hauspostille«)

Brecht ist mit solchen rhythmischen Turbulenzen bewußt umgegangen. Für die *Ballade vom toten Soldaten* hat er sie detailliert auseinandergelegt. Dort »gibt es in neunzehn Strophen neun verschiedene Rhythmisierungen der zweiten Verszeile« (vgl. 19, 396). Die Widersprüche zwischen Wortakzenten, Versrhythmen und einer – scheinbar – festgelegten Melodieführung sind immer wieder neu zu gestalten und verschärfen sich in der Auseinandersetzung mit der Melodie. Diese formalen Widersprüche sind Ort der Auseinandersetzung mit der Sache und dem Sinn: der makaberen Prozession, die den toten, wieder ausgegrabenen Soldaten neu zum Heeresdienst schmückt, weil der Kaiser ihn braucht. Die besonders abweichenden, gedehnten oder zusammenstoßenden rhythmischen Akzente in der dritten und fünften Strophe zielen offensichtlich auf eine Diktion, die situative Details erfassen kann – etwa einen gedehnten, fast stehenden Moment, bevor die Prozession in Gang kommt:

Der Som-mer zog ü-ber die Grä-ber her, und der Sol-dat schlief_ schon

Die *Ballade von der Hanna Cash*, vertont von Bruinier, bewegt sich innerhalb der Thematik des *Küchenliedes*: das arme Mädchen, das aus dem einfachen Leben ohne Schuh' und ohne Hemd in die »große Stadt geschwemmt« wird. Ihre Schönheit zu beschreiben, genügen ein paar bildkräftige Attribute: ein *gelbes Tuch*, die »Augen der schwarzen Seen« und das »Schwarzhaar, das sie offen trug«. Dem Genre entsprechend gerät sie in der Kneipe an einen wüsten Typen, den *Messerjack*, der sie verführt – allerdings letztlich zur Ehe in Armut: »durch 50 Jahr in Nacht und Wind«. Dennoch bleibt sie am Leben, hat trotz aller Finsternisse »die Sonn stets im Gesicht« und will auch von dem Mann nicht lassen, selbst wenn die unvermeidliche *Milchfrau* ihn madig machen will. Trotz dieser – widerborstigen – Küchenliedaccessoires heißt das Lied mit Recht *Ballade*: Es umfaßt ein ganzes Lebensschicksal, irgendwo im wilden Westen, ist genau genommen eine *Western-Ballade*. Aber auch die *Ballade* wird gegen den Strich gebürstet: eine Ballade des unspektakulär alltäglichen Lebens, seiner Bitternisse und Widerstände. Sie balanciert zwischen romantischer Selbststilisierung und verzweifelter Parodie, ist eine Hymne auf unbeugsame Lebenskraft und zugleich Destruktion geschönter Lebensformen zu zweit. Gestisch lebt die Ballade aus dem deutlichen Wechsel zwischen Bilderlebnissen und direkter Ansprache, u. a. an solche, die von diesen Schicksalen und Lebensentscheidungen vermutlich noch nichts wissen oder etwas durch sie lernen können: »mein Kind«.

Die Melodie Bruiniers beginnt mit einem vehementen Aufschwung, trotz Moll-Harmonik fast einem Jubelruf – auch wenn nur von einem »Rock von Kattun« die Rede ist. Die beeindruckenderen Attribute: die »Augen der schwarzen Seen«, fallen in die Sprechlage der Stimme. Immer wieder wechselt die Melodie zwischen diesen beiden Ausdruckswelten. Die klanglich und emotional exponierteste Stelle ist die des »Schwarzhaars« – melodisch durch die synkopische Herausmodellierung

149

gedehnter Stimmklänge, harmonisch mit dem Wechsel in die parallele Durtonart: Das ist ein Werben um Klangintensität und zugleich um Bildintensität. An diesem Punkt der Melodie kommen fast alle Strophen auf den Kern der Sache: »eine kleine graue Katze …« – »… den Messerjack aus der Seemannsbar« – »Er ist mein Mann. Und sie war so frei / Und blieb bei ihm …«

Der *Refrain* – mit der hellen, gelösten Wendung der Grundtonart nach Dur – hat ebenfalls einen solchen magischen Punkt: die Tonrepetition in der Tiefenlage im – manchmal gerauntem – Sprechton und den wechselnden Harmonien, die den Stimmklang färben: »Sie kam mit dem Wind und ging mit dem Wind …« oder »Dann spürte die Hanna Cash, mein Kind …« Mit veränderten Worten ist immer von dem rätselhaften Wesen dieser Frau die Rede. Sie spricht sich im übrigen nach Brechts Willen: *Kasch* aus, auch wenn sie als *Cash* letztlich die Zeche zahlt.

Brechts Lieder aus der Ich-Perspektive sind vielfach Selbststilisierungen als Frauenheld und Verführer – gleichsam Küchenlieder aus der Männerperspektive. Sie sehen die verführten oder geliebten Frauen mit dem Blick dessen, der sie verlassen wird oder hat, oder aus der Distanz – wie in der *Erinnerung an die Marie A.*, in der die weiße Wolke das Frauengesicht überstrahlt. Zugleich spielen sie mit dem Moment der Sentimentalität und balancieren es aus mit der Haltung des Kaltschnäuzigen, Zynischen. Zur Hingabe an das Emotionale – sängerisch gesehen an den Klang der Worte, der Stimme, an das Aussingen melodischer Linien – gehört als notwendiges Pendant die Brechung ins Harte, Trockene, Bissige, in den Sprechton, ohne daß sich dies als das Eigentliche und Dominierende aufführen dürfte. Beide Haltungen bedingen sich gegenseitig – bis hin zur Behandlung des Begleitinstruments. Die *Ballade von den verführten Mädchen* beispielsweise ist laut »Anleitung zum Gebrauch der einzelnen Lektionen« in der *Hauspostille* »zu singen unter dem Anschlag harter Mißlaute auf der Gitarre«. Dies ist *ein* Moment der Realisierung. Je größer die gestischen Brüche sind desto besser:

Zu den seich - ten, braun ver-sumpf - ten Tei - chen, wenn ich alt bin,

führt mich der Teu - fel hin - ab, und er zeigt mir die Re - ste der Was - ser -

parlando

lei - chen, die ich auf mei - nem Ge - wis - sen hab'.

Brecht hat viele dieser Lieder in sein erstes Stück *Baal* eingebracht. Die Nähe des Lyrikers *Baal* zum Balladensänger Brecht ist offensichtlich. Nach der – eher miß-lungenen – Uraufführung des *Baal* in Leipzig (1923) schreibt der Kritiker Herbert Ihering: »Brecht sang uns dafür die ganze Nacht Lieder aus der ›Hauspostille‹ zur Klampfe, und das blieb die wahre Uraufführung.« (Vgl. Dümling, 84)

Der Brechtsong: Brecht und seine Komponisten

Das *Große Brechtliederbuch* von Fritz Henneberg hat den Wechselbezug zwischen den Melodien Brechts und denen seiner Komponisten sichtbar gemacht. Viele der berühmten Melodien Weills knüpfen unmittelbar an Brechtsche Vorgaben an. So stammt der Refrain der *Seeräuberjenny* nahezu tongenau aus einer frühen Melo-die Brechts, und auch innerhalb des Liedes sind deutliche Anklänge zu finden. »Manchmal nahm Brecht seine Gitarre zur Hand und schlug ein paar Seiten an, um Kurt eine Vorstellung von seiner Auffassung zu geben«, berichtet Lotte Lenya. »Weill notierte sich diese Einfälle mit seinem kleinen, ernsthaften Lächeln …« Vor allem das *Parlando* der Tonwiederholungen und die kleinen Terzintervalle oder fallenden Quarten der musikalischen Diktion Brechts haben es Weill angetan. Sicher geht auch vom Ton seines Singens ein prägender Impuls aus auf das, was man dann den *Brechtsong* nannte. Und selbst wenn das einen – z. T. verhängnis-vollen – Einfluß auf den scheinbar authentischen *Brechtton* bedeutete, so entsteht nicht zuletzt aus diesen Impulsen das schauspielerische Singen in einer eigenen Profession und Ästhetik. Weill hat dazu aufschlußreiche Details vom Standpunkt des Musikers mitgeteilt. Sie machen sichtbar, wie der Komponist das musikalische *und* gestische Material Brechts aufnimmt und entfaltet – so zum Beispiel in der Arbeit am *Alabamasong*. Weill gibt in der Reflexion der Arbeit zugleich eine erste Beschreibung des Begriffs von *gestischer Musik*.

Die Eingangsmelodie Brechts übernimmt Weill nahezu vollständig. Die melodi-sche Linie mit dem wiederkehrenden Terzintervall eines abgeschwächten Hilferufs bewegt sich nahe am Tonfall des Sprechens. Weill notiert es auch als Sprechgesang. Erst im Refrain entfaltet sich die eigentliche Melodie. Der Brechtsche Refrain verstärkt die kleinlauten Rufe der Terzen. Gleitbewegungen der Stimme und die kleine Dehnung des tieferen Tones geben dem Motiv den Charakter eines wiederholten dringlichen Seufzens. Bei Weill bleibt das Motiv der kleinen Terz erhalten, wendet sich aber in die Höhe und dehnt sich mit expandierenden Ausschlägen der hohen und tiefen Stimmklänge weit aus in einer sehnsuchtsvollen, begehrlichen Geste. Weill notiert dazu: »Brecht hatte früher aus dem Bedürfnis einer gestischen Verdeutlichung heraus (…) Noten aufgezeichnet. Hier ist ein Grundgestus rhythmisch in der primitivsten Form festgelegt, während melodisch die durchaus persönliche und nicht nachzuahmende Gesangsweise festgehalten ist, in der Brecht seine Songs vorträgt. (…) Man sieht: das ist nicht mehr als eine Aufzeichnung des Sprachrhythmus und als Musik überhaupt nicht zu verwenden. In meiner Komposition desselben Textes ist der gleiche Grundgestus gestaltet, nur ist er hier erst mit den viel freieren Mitteln des Musikers wirklich ›komponiert‹. Der Song ist bei mir ganz breit angelegt, schwingt melodisch weit aus, ist auch rhythmisch durch die Begleitformel ganz anders fundiert – aber der gestische Charakter ist gewahrt, obwohl er in einer ganz anderen Erscheinung auftritt.« (Weill, 41)

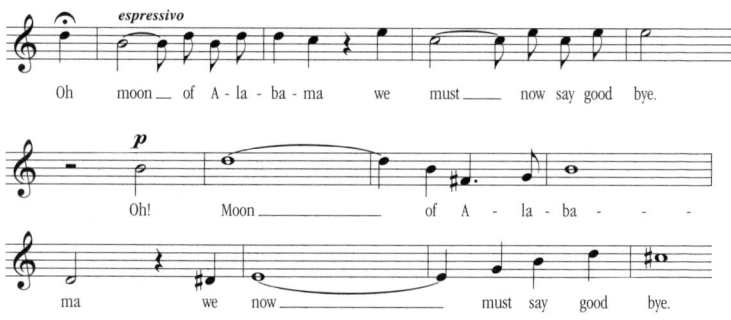

Wie weit Brechts Impulse wirken, zeigt Weills Vertonung der *Ballade vom ertrunkenen Mädchen*. Das Gedicht mit dem Opheliamotiv – nach Rimbaud und Georg Heym – findet sich im *Baal*, wird dort aber nicht gesungen. Daß Brecht es selbst gesungen hat, ist verbürgt. Seine Originalmelodie ist jedoch verloren gegangen. Weill komponierte das Lied ursprünglich als dreistimmigen Männerchor mit der Melodie im Tenor. Als Sololied bewahrt es den Songtypus Brechts und überformt ihn zugleich und differenziert seinen Gestus. Die erste Strophe zeigt diesen Melodietypus noch fast rein: in dem *Parlando* auf einer Tonstufe, den kleinen an der Terz orientierten Ausschlägen der Melodie, dem Quartenfall, der auskomponierten Dehnung am Ende der Liedzeile und nicht zuletzt in der Begleitung »quasi chitarra«. Ein Rückblick auf Brechts Melodie zur *Ballade von den verführten Mädchen* erweist die Ähnlichkeit des musikalischen Materials. In der Schlußwendung erfolgt eine harmonische Verfremdung, welche die an sich einfache und harmonisch schlüssige Melodik in eine andere harmonische Sphäre rückt und so den Übergang in andere Seinszustände andeutet: »als ob er die Leiche begütigen müsse«. Das – ebenso die exponierte Höhenlage – ist für die Stimme ein Signal für einen deutlichen Farbwechsel:

Auch die zweite Strophe setzt im Duktus noch fast brechtisch ein, ist in der Melodieführung aber reicher. Schlicht gesagt: Wo Brecht aus Gründen des Klampfengriffs die Quarte wählen würde, wählt Weill einen Schwebeklang, den Tritonus, und das wiederkehrende Dreitonmotiv wechselt in die verschiedenen Stimmlagen. Nimmt man im zweiten Strophenpaar den Parlandoton breiter, bekommt der Stimmklang den Gestus kirchlicher Psalmodie: »… geschah es, daß Gott sie allmählich vergaß …« In dem Schlußarioso, in dem die charakteristischen melodischen Wendungen sich aneinanderdrängen, geht die Weillsche Komposition über den Brechtschen Typus weit hinaus. In der melismatischen Ausschmückung steigert und verzerrt er zugleich den Ton der Psalmodie. Auch die christliche Botschaft verkehrt sich:

Eislers früheste Brechtvertonung ist die *Ballade vom Weib und dem Soldaten*. Eisler hat Impulse Brechts nicht direkt verarbeitet. Vielmehr orientiert er sich an einer Liedfassung aus der Zusammenarbeit Brechts mit Franz Bruinier und tastet sich so an die musikalische Diktion Brechts heran. Er übernimmt den Gegensatz von Sprechton und Marschmelodie und baut dies gestisch reich und differenziert aus. Die Anrede, die gereihten Lebensweisheiten, Fragen und Ratschläge der Frau komponiert er mit großen und frei gesetzen Pausen, die den einzelnen Aussagen und Fragen Raum lassen. Die Wendung in die rhythmische Präzision erfolgt in der Schlußformel »sagte das Weib zum Soldaten«. Hier greift der Erzähler ein. Für den Sänger ist der präzise Rhythmus die Absprungbasis in den Bericht über das Verhalten des Soldaten und dessen Antwort. In den ersten beiden Strophen wird dies dem Weib oder der Welt gleichsam im Ab- oder Vorbeimarschieren über die Schulter hinweg zugerufen, in der letzten Strophe ist es das bittere Echo der Überlebenden. Gegenüber dem gewichtigen Beginn hat das bereits den Charakter des

Refrains und ist auch dem Sinn nach das ewig wiederkehrende *alte Lied*. Dieser Marschhymnus mit seiner weit gespannten synkopierten Melodik darf nicht auf der Stelle treten, er muß Weite haben, sozusagen Zukunft. Weniger das Hämmern der Klaviertasten darf das Singen bestimmen als die Anziehungskraft, der Ruf der Trommel. Die letzte Wiederholung ist sehr viel verhaltener zu singen, wenn auch sehr entschieden und rhythmisch wie ein Totenmarsch. Ein stumpfes *Portato*, eine aus dem Sprechton gewonnene Verkürzung der Notenwerte, kann das Hymnische der Melodie zerstören: »Und der Soldat … sank hin …« Einzig der Triumph der Elemente – musikalisch der kombinierte Oktav- und Terzsprung in die Höhe: »… das Wasser fraß auf …« kann es in einem neuen Sinn anklingen lassen. Die gesteigerte Schlußformel »sagte das Weib dem Soldaten« manifestiert diesem Verstummen gegenüber noch einmal den bitteren Triumph des *Gewußthabens*:

Wie *Dessau* die Vorgaben Brechts aufnimmt und weiterentwickelt, zeigt beispielsweise seine Fassung des *Courageliedes* im Vergleich mit der *Ballade von den See-
räubern* und deren Melodie aus der *Hauspostille*. Die Fassung Dessaus ist vor allem
rhythmisch reicher und komplizierter. Die originale Melodie im Dreivierteltakt
wird bei Dessau in eine komplizierte Folge von Taktwechseln gedehnt und
gestaucht und bekommt dadurch eine ungebärdige Kraft. Ein einfaches Absingen
der Melodie in dieser Form wäre unsinnig. Sie entfaltet ihren gestischen Reichtum
aus den Handlungen der *Courage*: den Hantierungen an ihrem Karren, dem Ziehen und entsprechenden Widerständen. Die situative Einbindung ist eine wesentliche Hilfe für das Singen. Die weitgespannten hohen Melodiebögen vor allem des
Refrains erfordern Kraft. Sie ist aus körperlicher Aktion zu gewinnen.

Dessaus Melodien sind in ihrer melodischen Linie und im Umfang häufig einfach und lassen von daher immer wieder eine Nähe zur Melodik Brechts erkennen.
Die Schauspielerstimme hat es zunächst scheinbar leichter als bei Weill oder Eisler. Die musikalischen Kompliziertheiten liegen eher in der Begleitung, können
von daher aber das Singen durchaus erschweren und irritieren. Oft ist die Begleitung rhythmisch vielfältig, dissonanzenreich, ungewöhnlich in den harmonischen
Funktionen oder *bitonal* – in der Absicht, die Widersprüchlichkeit oder Zerstört-
heit eines Menschen oder einer Situation zu kennzeichnen. Das *Lied vom Rauch*
aus dem Stück *Der gute Mensch von Sezuan* ist so ein Fall. Die Melodie ist in der

Tonfolge fast brechtisch schlicht. Ungewohnt sind die Synkopen, die sich durch das ganze Lied hinziehn, und die kleine ariose Auszierung des Schlußworts jeder Zeile. Schwierig wird das Singen durch die scharfen Dissonanzen. Sie lassen die Melodie ungestützt schweben. Auch im Refrain vom »Rauch, der in kältere Kälten geht« stört die immer wieder bitonale stereotype Begleitung das Singen mindestens so sehr, wie sie es letztlich dennoch trägt und schließlich auch überraschend harmonisch-melancholisch zum Ende führt. Die trübe, fast fatalistische Stimmung von Text und Melodie wird durch diese Widersprüche und den heimlichen Kampf der Singenden zu einer – offensichtlich gezielt angestrebten – Auseinandersetzung. Die Mühen des Gesangs bestimmen auch seinen Gestus:

Das Bühnenlied im epischen Theater

Der Einfluß des Bänkelsangs auf das epische Theater Brechts ist tiefgreifend. Er betrifft nicht nur die Funktion oder die Ausführung der Songs, sondern ist *stil-* und *strukturbildend*. Äußerlich wird das in Vorspielen und Prologen in verschiedenen Stücken sichtbar, am direktesten im *Arturo Ui*. Hier wird auch die Rückbindung an Wedekind und den Prolog des *Tierbändigers* im *Erdgeist* sehr deutlich. Auch in der *Dreigroschenoper* stellt nicht erst das Auftreten des Bänkelsängers als Figur diesen Bezug her. Bereits die Vorlage der *Beggar's Opera* ist von zeitgenössischer Straßen- oder Marktmusik geprägt. Die *Moritat vom Mackie Messer* – eine relativ späte Zugabe Weills – fügt sich in diese Struktur ein und deckt sie zugleich auf. Das Lied beginnt mit den vier Ausrufen vom *Haifisch* und seinen *Zähnen*. Text und Tonfall der Musik sind im Gestus des Marktsängers angelegt. Musikalisch äußert sich das in dem viermaligen Ausschlagen der melodischen Formel des Anfangs, dem kurzen auftaktigen Anlauf in die Dehnung des Stimmklangs. Erst nach diesem Einstieg in die Bildsprache des Straßenvolks äußert sich die eigentliche Botschaft in einem weit ausschwingenden Melodiebogen. Dieser wahrt den Charakter des Ausrufs und steigert ihn noch in dem mehrfachen Ausschlagen des Septimenintervalls. In einer der wenigen Original-Aufnahmen seines Gesangs bedient Brecht den Verkaufs- und Marktton sehr genau und differenziert ihn zugleich raffiniert aus – z. B. mit dem aufwärts geführten Glissando in der dritten Strophe: »… dem man nichts be---weisen kann«.

Der Kaukasische Kreidekreis geht bezüglich des Schaubuden- und Bänkelsängertheaters einen entscheidenden Schritt über die Prologe des *Arturo Ui* oder der *Rundköpfe und Spitzköpfe* hinaus. Das ganze Stück ist vom Sänger her konzipiert. *Er* erzählt die Parabelgeschichte vom *Kreidekreis*. Die Spielszenen sind sozusagen die in Bewegung geratenen *Schautafeln* des Sängers. Der Sänger gibt aber nicht nur den gesungenen Rahmen, er greift auch in die Szenen ein, hält sie an, pointiert bestimmte Momente, indem er auf innere Vorgänge *hinter* den *Schaubildern* verweist – etwa auf die schweigende Grusche und das, »was sie dachte und nicht sagte« (vgl. S. 110 f.). Das *Lied auf den Adzak* in der Vertonung Paul Dessaus hat am offensichtlichsten Bänkellied-, fast noch Zeitungslied-Charakter. Brecht nennt es »die treibende, zerlumpte Adzakballade«. Es berichtet von den Rechtshandlungen oder Rechtsbrüchen des Armeleuterichters Adzak von seiner Einsetzung bis zum Kreidekreis-Urteil. Auffällig ist die stereotype viermalige Wiederholung der ersten melodischen Rufformel mit dem herausgeschleuderten Akzent. Der höchste Ton dieser an sich einfachen melodischen Formel wird durch die zugrundeliegende, fremd klingende Ganztonleiter gleichsam über den gewohnten Melodiespitzenton hinausgedrängt. Das hat sowohl koloristische – orientalische – als auch situative Bezüge: Es wird vom Chaos im Land erzählt. Die Begleitung und – in der Originalbesetzung – die schrille Instrumentation unterstützen das. In der Wiederholung des Anfangsmotivs – einen Ton höher, und damit noch aufdringlicher – kommen die wichtigeren Details zur Sprache: die Absurditäten im Land und des Richters wunderliches Rechtsverständnis, sein »gezinktes Recht«:

Die Lieder in den Stücken seit der *Dreigroschenoper* sind selten in der Art eines szenischen Liedes situativ begründet. Sie wachsen nicht aus der Situation heraus und bilden eine Einheit mit ihr, sondern sind *Einlagen*, sie lösen sich aus der Situation und äußern sich selbständig zu den Ereignissen auf der Bühne. Erst diese eigene szenische Qualität macht sie zum Bühnenlied. Mit Blick auf die szenische Situation verstärkt das den Charakter des Liedes als Metapher. In einigen Stücken – so in der *Dreigroschenoper* selbst – bekommt die Musik bei Brecht für diese Einlage eine besondere Präsentationsform, ein besonderes Licht oder Titeleinblendungen – etwa beim *Barbarasong*: »Durch ein kleines Lied deutet Polly ihren Eltern ihre Verheiratung mit dem Räuber Macheath an.« Gerade das exponierte Heraustreten der Figur aus der Szene gibt dem Lied die Möglichkeit, in einer eigenen Situation eine eigene Geschichte zu erzählen.

Es ist reizvoll, *Pollys* Song als die Geschichte einer Frau zu begreifen, die sich in und mit ihrer Stimme ereignet. Auffällig sind die sehr gegensätzlichen Stimmlagen. Sie stehen neben- und gegeneinander und suchen sich auch immer wieder miteinander zu verbinden. Der erste Stimmeinsatz ist hoch, spitz und federnd und sehr sprechend – die verzogene Zicke tritt auf. Dann folgt der gleitende Wechsel zwischen den Registern: »... und wenn er Geld hat und ... nett ist ...« Die Stimme

Und wenn er Geld hat, und wenn er nett ist, und sein Kra-gen ist auch werk-tags rein, und wenn er weiß, was sich bei ei-ner Da-me schickt, dann sa-ge ich ihm: «Nein.» Da be-hält man sei-nen Kopf o-ben, und man bleibt ganz all-ge-mein. Si-cher scheint der Mond die ganze Nacht, sicher wird das Boot am U-fer los-ge-macht, a-ber weiter kann nichts sein. Ja, da kann man sich doch nicht nur hin-le-gen, ja, da muß man kalt und herz-los sein.

spielt mit dem Glissando zwischen der Höhen- und Tiefenlage wie auf einer erotischen Klaviatur, wechselnd zwischen Experiment und Demonstration, bis sie schließlich kühl und kalkuliert in die Tiefenlage geführt wird: »… *dann … Nein!*« Das ist jedoch wieder nur federnde Basis für den Sprung in die Höhenlage. Die heftige Bewegung der Begleitung unterstützt den neuen Impuls. Dieser sehr dynamische hohe Einsatz mit spitzer girrender Mädchenstimme ist gestisch ein kleiner Triumphtanz – über die Wirkung der weiblichen Mittel. Mit vielen Tonrepetitionen tanzt die Stimme über viele Stufen gezielt in die tiefere Mittellage. In der Beruhigung, im überlegenen Rückblick, spielen sich ähnliche Glissandi zwischen den Lagen ab wie am Anfang. Aber sie werden viel genüßlicher ausgekostet: »… *weiter kann nichts sein* …« In der Argumentation *Pollys* sind das Konzessionen an kleine Gefühle, sie bestätigen die Lebenslehre nur: »Ja, da kann man sich doch nicht gleich …« Erst im *Refrain* spielt die Stimme die gewonnene Weite ganz aus – mit hellen Glissandi in die Höhe »… *so viel* geschehen …« und dunklen in die Tiefe »… *da gib's* …«. Jede Strophe in sich bietet diese Möglichkeit, einen weiblichen Entwicklungszwist und seine Farben auszusingen.

In der letzten Strophe kommt in dem Triumphgesang »Da behielt ich meinen Kopf *nicht* oben …« mit dem Bekenntnis zu Hingabe und Genuß der entscheidende Entwicklungssprung hinzu: die volle Verfügung über alle Schattierungen der weiblichen Stimme. Die Sache ist gelaufen, die Erfahrung gemacht. Mit der kleinen Skizze sind auch die technischen Probleme des Liedes angedeutet: Die Leichtigkeit des Anfangs ist nur zu gewinnen durch den langen Lauf ins Ziel: »… wissen, *was ich tu.*« Ähnlich der Triumphtanz in der Höhe mit dem fernen Ziel: »… blieb ganz *allgemein.*« Die Glissandi in der Mittellage müssen die Tiefen und die Höhen verbinden und *anwärmen.* Das Tiefenregister muß weich und in dem »Nein!« zugleich bestimmt und federnd gefaßt werden. Ob der zickige Ton des Anfangs nur Zitat eines überwundenen Zustandes ist, die Damengefühle und das Erwachen der weiblichen Stimme verlogen, der argumentierende Ton und die Entschlossenheit des »Nein!« Kalkül bleiben, das sind zusätzliche Entscheidungen. Natürlich können sich in der Figur auch ganz andere Prozesse abspielen.

Das Lied der *Nanna* aus den *Rundköpfen und Spitzköpfen* liegt in Vertonungen von Weill und Eisler vor. Der unterschiedliche Gestus der beiden Lieder und damit auch der unterschiedliche Typus des Freudenmädchens ist bereits in der Komposition angelegt. Eislers Vertonung ist melodisch und stimmlich leichter zugänglich – trotz einzelner freitonaler Wendungen. Der Anfang hat Bluescharakter. Die kleinen Rufmotive nehmen den akzentuierten – trochäischen – Einstieg der Verse auf und stoßen den Addressaten gleichsam an, beklagen sich, gehen aber auch auf Kundenfang. Der folgende Sprung des Motivs in die Höhenlage fordert eine schärfere Intonation heraus – von der Sache her motiviert durch die einschneidenden Erfahrungen *Nannas.* Wenn das Böse benannt wird, ist es bereits wieder sarkastisch entschärft – als das *Spiel.*

Bluestempo

1. Mei-ne Herrn, mit sieb-zehn Jah-ren kam ich auf den Lie-bes-markt,

und ich ha-be viel er - fah-ren, Bö-ses gab es viel,

doch das war das Spiel. A - ber man-ches hab ich doch ver - argt.

Entsprechend hat die Melodiebildung etwas Summarisches, der größere Melodiebogen faßt vieles zusammen. Je leichter das *Spiel* genommen wird, desto pointierter wirkt danach das gedehnte Seufzen und das Wiederaufsteigen der Stimme ins Geschärfte als Gegensatz. Der Weg in die Tiefenlage ist keine Entspannung, sondern kehrt in die Schärfe des Vorwurfs zurück. Der Refrain läßt sequenzartig sich in die Tiefenlage der Stimme treiben, er lebt von dem »Gottseidank ... schnell vorüber«. Die Frage am Schluß bleibt rhetorisch: »Wo sind die Tränen von gestern Abend ...?« Die Dinge sind überstanden. Eine klar bestimmte Härte der Tiefenlage konstatiert sie als gewesen. Diese Präzision enthält aber auch das Bittere dieser Feststellung:

Wo sind die Trä - nen von ges-tern A - bend? Wo ist der

Schnee vom ver-gan - ge - nen Jahr?

In der Weillschen Fassung wird der Vers auftaktig – anapästisch-jambisch – auskomponiert. Das ist ein ganz anderer Impuls – nicht zuletzt für das körperliche Verhalten der *Nanna*. Gestisch liegt darin weniger das Anstoßende als das Anziehende. Die Vertonung ist sängerisch anspruchsvoller. Der weite Ausschlag der Melodie am Anfang stellt das Alter aus: »... mit *siebzehn* Jahren«. Das enthält eine gewisse Schärfe und eine Spur Vorwurf – vor allem in der Wiederholung: »... habe viel erfahren«. Diese Schärfe des Stimmklangs muß sich in der Schlußwendung »doch verargt« steigern, die Dissonanzen der Begleitung unterstützen das. Der Ausdruck entsteht nicht zuletzt durch die Schärfe des Vokaleinsatzes »ver-*argt*« – er kann wie ein Messerschnitt sein. Aus dieser Schärfe ist der Wechsel in den Sprechklang zu nehmen – er ist Steigerung und Bruch zugleich.

Der Weillsche *Refrain* setzt in der Tiefenlage an und zieht sich in die Höhenlage. Die rhetorischen Fragen sind sehr leicht zu nehmen, gleichsam wegzuwischen. Die harmonische Wendung »... wo ist der *Schnee* ..?« sollte ausgekostet

1. Mei-ne Her-ren, mit sieb-zehn Jah-ren kam ich auf den Lie-bes-markt und ich ha-be viel er-fah-ren. Bö-ses gab es viel doch das war das Spiel. A-ber man-ches hab ich doch ver-argt. (gesprochen) *(Schließlich bin ich ja auch ein Mensch.)* (gesprochen) *(Schließlich geht ja jeder Vorrat zu Ende.)*

werden – eine musikalische und eine seelische Überraschung: er ist weg. Dadurch bekommt auch die chromatische Linie etwas Leichtes: ein Abschütteln. Das Ende der dritten Strophe in der Höhenlage ist anspruchsvoll. Es braucht einesteils wieder Leichtigkeit, kann dabei aber auch Schärfe, sogar etwas Mühsames oder Zerstörtes haben.

In ihrem szenischen Auftritt ist *Nanna* nicht eigentlich auf Kundenfang. Sie wartet auf einen einflußreichen Pachtherrn – einen früheren Kunden, um ihm eine – unangenehme – Bitte vorzutragen. »Aber soetwas geht ja schnell vorüber.« Der beruflich geprägte Gestus wird überlagert durch den der Bittstellerin, die ihres Erfolgs nicht sicher ist. Zusätzlich nutzt sie die Gelegenheit des Wartens für die *Einlage* und macht auf ihre Situation aufmerksam – bei Eisler, indem sie ihre Lage ausbreitet, auf ihre bitteren Erfahrungen und ihren gereiften Standpunkt verweist, bei Weill eher, indem sie als Blick- und Gefühlsfang auf *sich selbst* verweist und ihren Umgang mit diesen Erfahrungen.

Eislers *Lied von der Tünche* aus dem gleichen Stück wird im ganzen zur szenischen Aktion: »Auf einem großen Karton ist die Gasse der Altstadt aufgemalt. Die Iberinsoldaten kommen gelaufen mit Töpfen und Bottichen voll Tünche. Mit lang- und kurzstieligen Bürsten streichen sie die Sprünge und Risse der Häuser mit weißer Farbe zu.« Das Lied, das sie singen, ist ein Arbeitslied, in dem zunächst das Handeln dominiert, das genaue, emsige, zuletzt besessene *Anstreichen* – mit all den kleinen Vor- und Nebenarbeiten: Abkratzen der Farbreste, Spachteln, Farbenrühren, Vorstreichen. Der Text gibt für diese Nuancen Anhaltspunkte.

Das Singen profitiert von der Intensität der Aktionen. Die Streichbewegung ist gut geeignet, die Weite des Atems und die körperlichen Spannungen für gedehnte Stimmklänge zu aktivieren. Zugleich verstärkt die sängerische Intensität die Ausformung der Aktionen: das Entdecken der Flecken, das Rühren in den Bottichen, das Bemalen der Wände. Produktiv ist der wechselseitige Impuls. Der *Refrain* ist die eigentliche Streichorgie. Große Farbbänder werden chaotisch kreuz und quer gestrichen. In der Schlußhymne sollte man sich nicht vor gedehnten offenen Stimmklängen scheuen: »Hier ist Tünchääää ...«:

Natürlich kann und muß sich die Aktion auch wieder lösen von den musikalischen Abläufen – mit den Worten Brechts: »indem sie ihnen folgt oder auch nicht folgt«. Sie muß aber in aller Freiheit immer Bezug nehmen auf die Musik. Darüber hinaus ist das Anstreichen eine *demonstrative* Tätigkeit: als Sebstbestätigung untereinander oder in Korrespondenz zum Publikum. Darin liegt die Möglichkeit der Brechung von Verhaltensweisen, auch des Singens. Die Naivität des Tuns oder die Begeisterung verrät am Ende, was vertuscht werden soll.

Verfremdungen

Einige Lieder wirken *verfremdet*, nicht weil sie *Einlagen* und damit Unterbrechungen der Szene sind, sondern weil sie von Menschen gesungen werden, die zu dem Milieu des Liedes eine deutliche *Distanz* haben. So wird der *Surabaya-Johnny* in Elisabeth Hauptmanns Stück *Happy End* von der jungen Heilsarmistin *Hallelujah-Lilian* gesungen, um den Gangsterboß *Bill Cracker* zu rühren und so von einem Verbrechen abzuhalten. Die Gefühle einer verlassenen Seemannsbraut sind ihr mehr oder weniger fremd, werden als Mittel eingesetzt: *Lilian* spielt sie – so gut sie kann. Damit ist eine breite Spannweite denkbar: von bruchloser Identifikation bis zu völliger Distanz, zu heimlicher Raffinesse oder auch zur Naivität eines Laienspiels. Daß *Bill* sich tatsächlich rühren läßt, kann sehr unterschiedliche Gründe haben. Unabhängig von dieser szenischen Funktion ist jedoch die erste und grundlegende sängerische Annäherung die der Identifikation – schon weil von daher die sängerischen Probleme am direktesten in Griff genommen werden können. Die sängerische Herausforderung ist hoch. In der *Identifikation* ist das Mit- und Gegeneinander extremer, emotional begründeter Sprech- und Gesangstöne gefordert.

Das Lied setzt langsam, schwermütig im Bluescharakter über einem harmoniefremden Grundklang ein und bewegt sich in der tieferen Mittellage. Allerdings kündigen sich in diesem bitteren melancholischen Rückblick schon die heftigen melodischen und emotionalen Ausschläge der Stimme an. Am Ende der ersten Teilstrophe in der Abdunkelung der melodischen Wendung nach Moll – insbesondere in dem tiefen Grenzton – melden sie sich erstmalig verschärfend zu Wort:

Die *zweite* Teilstrophe türmt Vorwürfe und Vorhaltungen übereinander und schraubt sich sequenzartig in die Höhe – ähnlich der erregten Sprechstimme, die sich an einen Menschen wendet, der nicht zuhören will. Diese melodische Höhe will durch eine zupackende Diktion gewonnen sein. Der Blick ist in die Vergangenheit gerichtet oder rechnet Vergangenheit auf. Die *dritte* Teilstrophe bringt den Zusammenstoß und den direkten Ton. Scheinbar ruhig setzt die Stimme ein, wird heftiger in der melodischen Wiederholung »du hast mich betrogen …« und bricht dann spitz und messerscharf aus: »Ich hasse dich so …« Der auskomponierte Ausbruch muß nicht immer ausgesungen, kann auch gesprochen, gestammelt, geschrien werden alles die letzte Strophe vielleicht in einem hohen winselnden Ton: »… ich liebe dich doch …« In keinem Fall darf die Stimme *schön* klingen. Der Bruch mit dem Fall in die Sprechstimme ist ein emotionaler Bruch. Die Frau sieht, daß sie nicht an diesen Mann herankommt. In allen Strophen ist die Gestaltung dieses Bruchs neu zu finden. Der Satz »Nimm doch die Pfeife … « kann nahezu ins Tonlose fallen.

Der *Refrain* setzt in der Tiefenlage der Stimme ein – schwer und in dunkelste Gefühlsmischung getaucht. Der Anfang muß eine große Weite haben, in die all dies hineingeht: der Widerspruch von Liebe und Haß, von Liebe und Rohheit und Liebe trotz Rohheit. Der Blick sieht nicht den Menschen, sondern in diese ungelösten Widersprüche hinein. Erst der gesprochene Einschub »Mein Gott, und ich liebe dich so« könnte wieder Zuwendung sein. In jedem Fall ist er rhythmisch versetzt zur Melodieführung der Begleitung zu nehmen. Auch hier ist die Spannweite groß – vom emotionalen Absacken der Sprechstimme, von der aus dann ein neuer Energieschub in die höhere Lage nötig ist, bis zum panisch-hysterischen Kreischen, das sich bereits auf dem höheren Energiepegel des neuen oktavierten Melodieeinsatzes bewegt und in ihm gleichsam Fassung gewinnt.

Das Lied von der *Seeräuberjenny* aus der *Dreigroschenoper* wird von *Polly* auf ihrer Hochzeit gesungen, weil den Ganoven das Hochzeitsständchen nicht glücken will. *Polly* will »ein Mädchen nachmachen«. Sie singt ein Lied, das sie gehört hat. Dazu arrangiert sie eine kleine Szenerie – eine Art Laienspiel. Wird das Lied aus diesem Zusammenhang herausgelöst und als Chanson gesungen, so erklingt es in der Regel als Rollenlied. Auch in der Arbeit ist die Identifikation der erste Schritt. In dem Lied mischt sich heimliche Sehnsucht nach einem anderen Leben mit unterdrückter Aggressivität. Beides wird für die Dauer des Liedes freigegeben. Der Ton des Anfangs orientiert sich am Sprechen, ist aber von der Stimmlage her sehr spitz und hell und in einer sehr prägnanten Diktion zu nehmen. Er ist zielgerichtet, aber nicht offensiv, Böses verheißend, aber eher klammheimlich. Die komponierten Sprechtöne »und sie wissen nicht …« sollten mindestens in einer Strophe genau in Rhythmus und Tonhöhe erklingen.

Ein Hauch von diesem Sprechton kann in die zweite Halbstrophe übernommen werden. Die Passagen auf einer Tonlinie können durchaus leichte Sprechtonschwankungen vertragen und im gesprochenen Glissando enden: »was lächelt die dabei?« Die Verlangsamung der letzten Strophe zu einer Art Gespenstermarsch bedeutet für das Singen eine noch feinere Diktion, fast ein Aussingen der einzelnen Silben im *Portato*. Jede Silbe ist ein böser feiner Stich. Erst bei den Worten »und dann werden sie mich sagen hören« könnte ein trockenes Legato, fast ein Ritardando am Platz sein, das nach einer kleinen Pause sehr plötzlich mit dem frei gesprochenen »alle« abbricht. Von dem gesprochenen » und wenn dann …« sollte sich das »Hoppla« charakteristisch absetzen, indem exakt die angezeigte Tonhöhe angesprochen wird – in einem klingenden *künstlichen* Sprechton:

Der *Refrain* entfaltet sich in einer ausgesungenen Melodie. Das Kriterium ist nicht Tonschönheit, sondern Entrückung und Verheißung im Stimmklang. Das kann allerdings auch ein glissandierender Sprechklang bewirken, der die Tonhöhe nur andeutet. Der Refrain der letzten Strophe sollte sehr fein und mit großen Pausen ausgesungen werden wie vereinzelte abziehende Nebelschwaden: eine fahle Erfüllung von Sehnsüchten in melodischen Fragmenten. *Pollys* Präsentation dieses

Liedes auf ihrer Hochzeit kann alle diese Momente enthalten, muß sie aber verwandeln – ins Kühle, Sentimentale, ins Spießige, in die Persiflage – je nach der Anlage der Figur.

Das Duett der vornehmen Tschichin *Isabella* und des tschuchischen Bordellmädchens *Nanna* in den *Rundköpfen und Spitzköpfen* entfaltet diese Formen der Verwandlungen nebeneinander. Es ist weniger ein Ereignis des gemeinsamen Singens der beiden Frauen als vielmehr die Demonstration einer vornehmen – verlogenen – Haltung und die Verzerrung dieser Haltung durch eine kleinbürgerliche – kritische – Haltung. Die nahezu korrekte Übernahme von Wort und Melodie begründet sich aus der Handlung: »Die Schwester des Pachtherrn unterweist die Pächterstochter in den klösterlichen Haupttugenden: Enthaltsamkeit, Gehorsam und Armut.« Das ist nötig eines Kuhhandels wegen, der ein Motiv aus Shakespeares *Maß für Maß* variiert: *Nanna* soll sich an Stelle von *Isabella* und in ihrer Gestalt dem Direktor des Gefängnisses zum *Heiligen Kreuz* hingeben, um den Bruder *Isabella*s vor dem Tode zu retten. Zu diesem Zweck muß *Nanna* die Einstellungen der *Isabella* kennen.

Eisler macht die unterschiedliche Haltung der beiden Frauen schon durch die gegensätzlichen Tempobezeichnungen deutlich: *Andante religioso con moto (nie schleppen)* und *etwas rascher* – mit der Zutat *frech*. Vor allem das wird unverstellt deutlich in den beiseite gesprochenen Kommentaren der *Nanna*. Das *Andante religioso* ist ein zurückhaltender melancholischer, rezitativartiger Legato-Gesang. Er schwingt in Halbtakten mit sehnsuchtsvollen Fermaten. Die Kernpunkte der religiösen Gesinnung entfalten sich in einem *Arioso*, das nach einer gewundenen chromatischen Schleife in der Tiefe einen küchenliedartigen melodiösen und emotionalen Aufschwung nimmt. Eisler, der den Anfang mit einer etwas abgeschrägten

Choralbegleitung stützt, läßt hier die Singstimme mit kargen Tonschritten allein und nimmt so der Stelle jegliche Einbettung in klangliche Wärme.

Die *etwas raschere* Wiederholung durch *Nanna* kann sich dem Sprechton nähern und etwas nachäffend Plärrendes haben. In den gesprochenen Einwürfen, ihren Kommentaren »So wie die gebaut war!« oder »Kunststück«, deckt sie den Untertext auf, der sie zu dieser Art Singen motiviert. Charakteristische kleine Textabweichungen verraten zugleich *Nannas* heimliche Wünsche. Die Wiederholung bekommt dadurch zusätzlich etwas Bitteres: »Ach gesichert zu leben ...« Der Wunsch nach dem »Einen« wird dadurch fast von ehrlicher Sehnsucht erfüllt – wenn auch anders ausgerichtet. Eisler, dessen Begleitung den Gestus durchgehend stimuliert und mitformt, begleitet diesen Herzenswunsch mit entsprechenden flotten Tanzrhythmen:

Losgelöst vom Stück, ist das Duett denkbar als Studie zweier gegensätzlicher Singweisen. Musikalisch gesehen, enthält es den Gegensatz zwischen klassischem Stil und Song. Allerdings ist dieser Gegensatz sozial geschärft und von der besonderen Situation geprägt.

Intermezzo

Spiel mit Mahagonny

Das Arrangement

Das Projekt *Spiel mit Mahagonny* war in einem doppelten Sinn ein *Spiel* mit der Oper von Brecht und Weill. *Mahagonny* sollte als Fragment überwiegend mit Brechts eigenen Melodien erstehen. Darüber hinaus führte die Zusammensetzung der Projektgruppe – fünf Frauen und zwei Männer – zu einer radikalen Reduzierung des Stoffes. Dem Stück wurde als Rahmen ein Gewinnspiel, das *Pilotenspiel*, hinterlegt – ein Animationsspiel, in dem jeder Teilnehmer eine gleichgroße Summe investiert und in dem immer einer, möglichst mehrere gewinnen, aber sicher auch einer, wahrscheinlich mehrere verlieren werden. Metapher und Modell dieses Gesellschaftsspiels ist das *Mahagonnyspiel*. Hunger nach Geld, nach arrangiertem Spaß und ein Hauch von Skrupellosigkeit sind die Motoren dieses Spiels. Ein wichtiges Element im Ablauf war ein pyramidenartiger Podestaufbau – die Stadt – als räumliche Struktur von *Aufstieg* und *Abstieg* oder *Fall* in der Hierarchie. Protagonistin des Spiels ist *Witwe Begbick*, die Animateurin. Ihre Helfer sind *Herr Jakob Schmidt* alias *Dreieinigkeitsmoses* und *Willy der Prokurist*, die Animationsassistenten. Gegenfigur der *Witwe* ist *Paule Ackermann*, ein jüngerer Kollege des *Herrn Schmidt*. *Jenny* erscheint dreifach als *Jenny I-III*. Der Spielablauf wird über Regeln oder Regieimpulse – vorzugsweise der *Witwe Begbick* – gesteuert. Er bewegt sich schillernd zwischen beiden Ebenen: Die *Gründung der Stadt Mahagonny* wird zur Installierung des Spiels, die *Netze* werden ausgelegt, Aktionen der Rahmenhandlung sind Bestandteil des Spiels und umgekehrt.

In Anlehnung an das Original als Oper wurde der gesamte Ablauf musikalisiert. Zugleich entstand eine lockere Choreographie aus rhythmischen und gestischen Haltungs- und Bewegungselementen. Sprechchöre brachten eine rhythmische und emotionale Schärfung der Diktion ein, die sich bei Gesangsensembles häufig in harmonischem Wohlklang verliert: skandierte Aggression in Panik- oder Spottchören.

Ein Beispiel ist die Rebellion *Paule Ackermanns* gegen die Regeln der *Witwe Beg-bick*. Diese Auflehnung ist die Krise, aber auch wieder funktionierendes *Spiel* im Sinne der Mahagonnywelt. Die drei *Jennys* scharen sich um *Paule*, die übrigen um die *Witwe*. Mit einer Art *Sprecharie* setzt *Paule* an, um die Spitze zu stürmen:

> *Paule*: Tief in Alaskas weißverschneiten Wäldern
> Habe ich in Gemeinschaft mit drei Kameraden
> Bäume gefällt und an die Flüsse gebracht
> Rohes Fleisch gegessen und Geld gesammelt,
> Sieben Jahre habe ich gebraucht
> Um hierherzukommen …
> Etwas Schlechteres gab es nicht
> Und etwas Dümmeres fiel uns nicht ein …
> *Er springt auf.* Ja, was fällt euch denn ein? Das könnt ihr doch
> mit uns nicht machen! Da seid ihr an den Falschen gekommen.
> *Er schießt seinen Revolver ab.* Komm heraus, du Hier-darfst-
> du-nicht-Schlampe! Hier ist Paule Ackermann aus Alaska, dem
> gefällt's hier nicht!

Die drei *Jennys* versuchen *Paule* aufzubauen, aber auch in seiner Erregung zu dämpfen. Die drei anderen peitschen ihn mit gespielter Sanftmut auf. Das Schlußensemble setzt mit der *Brandmarkung* durch die drei Gegenspieler *Paules* ein. Schließlich geben auch die Mädchen *Paule* auf.

> *Paule*: Sieben Jahre, sieben Jahre habe ich die Bäume gefällt.
> *Jenny I-III*: Hat er die Bäume gefällt.
> *Paule*: Und das Wasser hatte nur vier Grad.
> *Jenny I-III*: Das Wasser hatte nur vier Grad.
> *Paule*: Alles habe ich ertragen, um hierherzukommen,
> Aber hier gefällt es mir nicht
> Denn hier ist nichts los.
> *Jenny I-III*: Lieber Paule, lieber Paule,
> Hör auf uns und laß das Messer drin.
> *Paule*: Haltet mich zurück!
> *Jenny I-III*: Hör auf uns und laß das Messer drin ...
> *Begbick/Willy/Moses*: Du kannst schlafen, rauchen, angeln,
> schwimmen!
> *Paule*: Schlafen, rauchen, angeln, schwimmen!
> *Jenny I-III*: Paule, laß das Messer drin ...
> *Begbick/Willy/Moses*: Das sind die Paules aus Alaska!
> Das sind die Paules aus Alaska.
> *Alle – außer Paule – skandierend*:
> Das sind die Paules, Paules, Paules aus Alaska schon
> Die hatten's schlimmer dort als selbst die Toten
> Und wurden reich davon! Und wurden reich davon!

Der Hurrikan

Mit der Eingabe der Spielregel *Ein Hurrikan bedroht die Stadt Mahagonny* durch die *Witwe Begbick* entwickelt sich der musikalisch durchgeformteste Ablauf. Die Antwort auf den neuen Impuls ist allseitiges aufstöhnendes Entsetzen. Der einsetzende *Sprechchor* bleibt bei aller rhythmischen Präzision dennoch eine Summe individueller Äußerungen:

> *Alle – außer Paule*: Oh, furchtbares Ereignis
> Die Stadt der Freude wird zerstört
> Auf den Bergen stehen die Hurrikane
> Und der Tod tritt aus den Wassern hervor.
> Oh, furchtbares Ereignis
> Oh, grausames Geschick! ...

Der *Sprechchor* zerbröckelt in simultanem, fatalistischem Gemurmel. Jeder ist allein mit seinem Spruch, sucht sich aber immer wieder in einer kurzen *Sprech-*

arie zu exponieren. *Paule* kontrapunktiert dieses Gemurmel mit einem skandierten Ostinato, in das am Ende alle außer der *Witwe Begbick* einstimmen:

> *Jenny I*: Haltet euch aufrecht, fürchtet euch nicht …
> *Jenny II*: Wozu Türme bauen wie der Himalaya
> Wenn man sie nicht umwerfen kann …
> *Jenny III – singt leise und traurig*: Oh, moon of Alabama
> We now must say good-bye …
> *Begbick*: Siehst du, so ist die Welt:
> Ruhe und Eintracht gibt es nicht …
> *Paule:* Wir brauchen keinen Hurrikan
> Wir brauchen keinen Taifun
> Denn was er an Schrecken tun kann
> Das können wir selber tun.

Glockenartige Klänge unterbrechen das Ostinato. Der *Choral* setzt ein. Alle bewegen sich langsam aufeinanderzu, bis sie wie eine Schar von Pfingstjüngern auf dem mittleren Podest stehen, und singen: »Laßt Euch nicht verführen …« (vgl. S. 38). Mit dem letzten Ton des Chorals explodiert die Schar. Jeder sucht seinen Weg wie in einem durcheinanderschießenden Hornissenschwarm. Alle skandieren die neue Lehre. Dieser *Sprechchor* ist scharf rhythmisiert und orientiert sich in seiner Intonation an der Weillschen Melodie. »Du darfst es!« wird in freien atonalen Akkorden ausgesungen.

Mit der Spielregel *Der Hurrikan hat um die Stadt Mahagonny einen Bogen gemacht* übernimmt *Paule* die Spielführung und spendiert eine Runde. Als er merkt, daß er pleite ist, inszeniert er eine *Seefahrt auf dem Billardtisch* und erobert mit den drei *Jennys* die Spitze der Podestpyramide. Die Inszenierung scheint zu gelingen. Alle steigen in das neue Spiel ein.

Begbick /Willy/Moses: Hallo, Paule, großer Navigator!
Hallo, seht, wie er schon das Segel bedient.
Jenny, zieh dich aus, es wird heiß am Äquator!
Paule, setz den Hut fest, der Golfstromwind!
Jenny II: O Gott! Ist das nicht ein Taifun
dort hinten?
Begbick/Willy/Moses: Seht, wie so schwarz
Der Himmel sich dort überzieht!
Paule/Jenny I-III – gröhlend:
Das Schiff das ist kein Kanapee!
Stürmisch die Nacht und hoch geht
die See …
Jenny III – sich ängstlich am Mast haltend:
Am besten ist, wir singen »Stürmisch die
Nacht«, um den Mut nicht zu verlieren.
Paule und Jenny I-III:
Stürmisch die Nacht
und die See geht hoch
Tapfer noch kämpft das Schiff …
Begbick/Willy/Moses: Hört nur
Hört, wie der Wind in den Rahen braust!
Seht nur
Seht wie der Himmel sich schwarz überzieht! …

Das Spiel von Gott in Mahagonny

Die Ankunft in *Alaska* bringt die Desillusion. Mit dem Satz »Gib das Geld her für die Getränke!« stellen *Dreieinigkeitsmoses* und *Witwe Begbick* die früheren Machtverhältnisse wieder her.

Das *Spiel mit Mahagonny* endet wie die Oper mit dem *Spiel von Gott in Mahagonny* – hier in Brechts eigener Vertonung. *Paule* wird zum Tode verurteilt. Sein Verweis auf Gott setzt das Schlußritual in Gang. Die letzte Spielregel der *Witwe* lautet: »Macht mal noch für ihn das Spiel von Gott in Mahagonny!« Dieses *Spiel* ist im Grunde ein *Kneipenritual* unter Männern. Zu dem, was *Gott* daherredet, sagen sie in der Regel *Ja*. Erst als er sie »in die Hölle« schicken will, protestieren sie vehement: »weil wir immer in der Hölle waren.« In der immer wiederkehrenden Bestätigung eines miesen *status quo* ist dieses *Spiel* eine starre, von einem gewissen Endzeithumor geprägte Metapher. Die Brecht-sche Vertonung mit ihrem charakteristischen Wechsel zwischen Dreiviertel- und Vierverteltakt ist ein etwas debiler Abkömmling des vorälplerischen *Zwiefachen*. Dieser Tanz lebt aus der regelmäßigen Folge gerader und ungerader Takte. Aus diesem rhythmischen Widerspruch bekommt das Lied seine gestischen Qualitä-ten. In einer Originalsitua-tion würden den Taktfor-men beispielsweise das *Schunkeln* im Dreiviertel- und das *Auf-den-Tisch-Hämmern* im Vierviertel-takt entsprechen.

Im *Spiel mit Maha-gonny* ist diese Grundsi-tuation mehrfach gebro-chen. Der Stammtisch der Männer verwandelt sich in die Gruppe der Frauen, die ihr frivoles Spiel auf dem Rücken von *Paule* treiben. *Herr Schmidt* alias *Dreiei-nigkeitsmoses* ersteigt als machtloser *Gott in Mahagonny* das oberste Podest. Das *Schunkeln* des Kneipenlie-des verwandelt sich in das euphorische Miteinander der Frauen, das *Auf-den-Tisch-Hämmern* in ein triumphierendes *Auf-Paule-Herumtrampeln*.

An ei- nem grau-en Vor-mit-tag, mit- ten im Whis- ky, kam

Gott nach Ma- ha- gon- ny, kam Gott nach Ma- ha- gon- ny. Mit- ten im

Whis- ky be- merk-ten wir Gott in Ma- ha- gon- ny.

6. Hauptstück

Annäherungen und Anverwandlungen

Von der Klassik zum Jazz

Goethes Abneigung gegen Schuberts Vertonungen seiner Gedichte und seine Bevorzugung der Kleinmeister Reichardt und Zelter sind bekannt. Die Abneigung läßt sich verstehen als Widerstand gegen eine Überformung des Wortes durch die Musik oder die Zerstörung der im Wort mitgedachten Situation und des Gestus durch die Singweise. In der Tat neigt das Genre des Kunstliedes gelegentlich dazu, das situative Moment und den besonderen Gestus einer Äußerung unter der Musik und den ihr innewohnenden Konventionen zu begraben. Das schauspielerische Singen bedarf häufig nur einer minimalen musikalischen Basis, um zu der ihm eigenen Wirkung zu kommen. Es gibt komplexe musikalische Strukturen und Äußerungsformen, die eben das verhindern – allerdings auch solche, die das situative und das gestische Moment von vornherein mitanlegen. Kunstlieder dieser Art können durchaus neue Farben gewinnen, wenn sie aus der Konventionalität des Konzertgesangs erlöst werden und sich im Zusammenhang unmittelbarer menschlicher Äußerung und situativen Verhaltens wiederfinden.

Kunstlieder orientieren sich in der Regel an den Stimmgattungen Sopran-Alt-Tenor-Baß. Für das schauspielerische Singen haben sie nur eine begrenzte Relevanz. Das schauspielerische Singen darf zwar Charakteristika einer hellen, leichten hohen oder dunklen und schweren tiefen Stimme ausstrahlen. Es wäre aber nahezu zerstörerisch, wenn vordergründig der Eindruck entstünde: hier sänge ein Tenor oder ein Alt – es sei denn, die schauspielerische Figur wäre ein Sänger oder eine Sängerin. Das gilt auch im Genre des Chansons, des Schlagers, der Jazz- und Rockmusik. Problematisch ist hier die Dominanz medialer Vorbilder. Sie verleiten vor allem junge Menschen oft zur Nachahmung – in Widerspruch zur eigenen Stimme. Hier ist es wichtig, sich auf die beiden Pole schauspielerischer Kunst zu besinnen: die Fähigkeit zur Nachahmung und die Ausprägung der eigenen Individualität.

Nur wer die Sehnsucht kennt …

Mozarts Lied *Als Luise die Briefe ihres ungetreuen Liebhabers verbrannte* ist eine widerspruchsvolle, heftige und zugleich gefühlsinnige Äußerung einer jungen Frau. Eingefangen ist der Augenblick, bevor sie die Briefe zerreißt und verbrennt – und damit auch ihre unglückliche Liebe und zarte Fasern ihrer eigenen Seele. Diese Gesten des Zerreißens und Ins-Feuer-Werfens sind – synchron mit den Wortakzenten oder versetzt – durchaus hilfreich für den ersten Teil des Liedes. Das Lied beginnt mit einem großen Intervallsprung in die Emotion: »Erzeugt von heißer Phantasie …« Dieser Absprung mit dem scharfen Explosivlaut in das hohe Intervall – auf der Tonhöhe, also im Spannungszustand des hoch angesetzten Vokals – ist vergleichbar der kleinen Kraftanspannung der Finger vor dem Zerreißen eines mehrseitigen Briefs. Diese Energieexplosion wiederholt sich mehrfach: »Geht zu Grunde!«:

Unmittelbar darauf erfolgt die Wendung ins Weiche: Die Aktion ist vorbei, das Feuer ergreift das Papier. Im Aufflammen leuchtet auch die Liebe noch einmal auf und löst ein kleines arioses Grablied aus: »ihr Kinder der Melancholie«. Dieser Bruch bestimmt das ganze Lied in wiederkehrenden Varianten: Die Emotionen flammen in großen, in die Tiefe und Höhe ausschlagenden Intervallen auf, bis wiederum im »ach« die Wendung ins Weiche erfolgt. Und ein drittes Mal werden die Gefühle mit heftigem Pulsschlag angetrieben. Sie stochern gleichsam im Kamin, um den Vorgang zu beschleunigen. Die letzte Wendung ins Weiche sinkt melancholisch abwärts, spannt sich aber noch einmal in einem gedehnten Klagelaut und gedrängter Chromatik:

Beethoven hat das *Lied der Mignon* – »Nur wer die Sehnsucht kennt ...« – aus Goethes *Wilhelm Meister* in mehreren Fassungen vertont, in vier Versuchen der Annäherung an dieses rätselhafte knabenhafte Mädchen. Die Figur der *Mignon* muß für das Singen dieser Lieder nicht verbindlich sein. In jedem Fall aber handelt es sich um die Sehnsüchte eines sehr jungen Menschen. Drei Fassungen sollen als Beispiele musikalischer und gestischer Variation dieser Grundhaltung dienen.

Das *erste* Lied ist motivisch charakterisiert durch den Wechsel von sehr gedehnten und bewegten melodischen Momenten. In den gedehnten Stimmklängen sammelt sich die Unruhe und vibriert so dringlich, daß sie sich in schnellen melodischen Wendungen entlädt. Die Begleitung treibt diesen Prozeß durch die pochenden Akkorde an. Dieses Pochen ist auch in den gedehnten Vokalklängen das treibende Moment, das den Klang entfaltet. Die Tempobezeichnung *Andante poco agitato* verweist auf ein heftiges Temperament, das ungeduldig mit sich selbst und seiner Sehnsucht kämpft, sich kaum auf dem Stuhl, kaum an einem festen Ort halten kann. Plötzliche Aktionsimpulse, Handlungsansätze und -verzichte kennzeichnen diesen Gestus.

Die *zweite* Fassung setzt ein mit hohen, langgezogenen rufartigen Stimmklängen. Sie sind in die Weite, an einen fernen Punkt, einen Partner gerichtet. Auch hier werden die Klänge der Stimme angetrieben durch die Achtelbewegung der Begleitung. Das macht sie dringlich und eindringlich. Dieser Mensch kämpft nicht mit und gegen sich selbst, er sucht Distanzen zu überwinden und klagt, daß es nicht gelingt: Die gedehnten und melancholisch absinkenden Melodiebögen klingen in kleine Klagerufmotive oder Sehnsuchtsrufe im kleinen Terzintervall aus. Die dazwischenliegende ansteigende Melodielinie verfällt zunächst wiederum dem

klagenden Terzintervall, schwingt sich dann aber zu dem hohen Ton des Anfangs auf und treibt neu in diesen langgezogenen Ruf hinein. Dies ist ein sehr energiegeladener Moment, in dem der Gestus dieses Menschen sich am deutlichsten manifestiert.

Die *dritte* Version ist durchkomponiert und faßt beide Strophen in einem Bogen. Das für den Gestus dieses Menschen charakteristischste Motiv bildet sich in den Worten »allein und abgetrennt«, ein kleiner Halbtonschritt, der die geringe Atem- und Sendeweite deutlich macht. Die Worte sind bezeichnend. Dieser Mensch wird weder durch eine vulkanartig aufkochende Emotion bewegt, noch von einem fernen Punkt angezogen. Er spricht und singt vor sich hin ins Leere, ist sehnsuchtskrank. Die Melodieschritte werden zaghaft getan. Rückblickend lägen auch für den Anfang solche Atemstockungen nahe: »Nur – wer – die Sehnsucht kennt – weiß – was ich leide …« Im Gegensatz dazu entwickelt sich im Mittelteil

180

ein langer, fast euphorisch-innig ausschwingender Melodiebogen. Das Bild dieses andern ist – wie eine Fieberphantasie – plötzlich gegenwärtig. Auffällig sind dabei die gedehnten Wortklänge »liebt und kennt«, die den gewohnten Bewegungsduktus verlassen. Sie sind das emotionale Zentrum dieses Liedes. Unmittelbar danach kommt es zu einer anderen Art Fieber, dem Schüttelfrost in der Begleitung, über dem die Melodielinie in heftigen Sprüngen ansteigt und sich dann in der Höhe geradezu schmerzhaft chromatisch um das Wort »Eingeweide« windet. Die pulsierende, treibende Kraft für die gedehnten Vokalklänge sind die schnellen, pochenden Akkorde der Begleitung. Die Wiederkehr der Anfangsmelodik erscheint danach wie eine Erschöpfung nach einem Fiebersturm.

Das verlassene Mägdlein von Eduard Mörike liegt in Vertonungen von Robert Schumann und Hugo Wolf vor. Es ist ein *Küchenlied* im wörtlichen Sinn: Ein Mädchen klagt während der morgendlichen Küchenarbeit über den Verlust ihres treulosen Knaben, der ihr im Traum gegenwärtig war. Aufschlußreich ist in beiden Liedfassungen, wie die melodischen, die rhythmischen und harmonischen Motive zu Gesten in einer Situation werden oder in bezug zu diesen Gesten stehen.

Hugo Wolfs Vertonung ist deutlich am Text entlang komponiert. Das Gedicht wird als Sequenz von Ereignismomenten physischer und psychischer Art aufgefaßt. Charakteristisch ist der wiederkehrende atmosphärische Einstieg des Klaviers: ein leise pochendes rhythmisches Grundmotiv mit springenden Intervallen:

In der allmählich ansteigenden Melodie entsteht das Bild der aufscheinenden *Flamme*, der *springende Funke* erscheint in der rhythmischen Unruhe der Melodiebewegung, das *Leid*-Motiv in dem dissonanten übermäßigen Dreiklang, der in einer harmonischen Rückung gleichsam aus der äußeren in die innere Welt wechselt. Im Zwischenspiel zur dritten Strophe wird die Erinnerung atmosphärisch vorweggenommen: es bahnt sich etwas an. Im nächsten Augenblick ist der Traum plötzlich gegenwärtig: Die Pause der Überraschung, der melodische Aufschrei im weiten Intervallsprung, die rhythmische Unruhe der Synkope zeigen es an. Der Moment ist als plötzlich stechender Schmerz komponiert, der langsam abklingt:

Die letzten Worte »O ging er wieder« gleiten fast rezitativisch in den Sprechton. Dabei entsteht eine kleine kanonische Verhakung der Begleitung mit der Singstimme. In dieser motivischen Engführung am Ende erscheint die gedankliche und emotionale Komplexität des Erlebens zum ersten Mal verflochten.

Schumanns Komposition ist von dieser Komplexität im ganzen bestimmt. Sie bewegt sich kaum am Text entlang, entwickelt vielmehr ein vielstimmiges Liniengeflecht mit imitativen Verhakungen der Melodiestränge. Auch das Klavier beteiligt sich an der Verflechtung der Linien. Die Strophenform ist aufgelöst, ohne daß das Lied durchkomponiert wäre. Es entsteht vielmehr eine Art Fragmentarisierung und Neuverknüpfung musikalischer Motive. Die Komplexität des Erlebens bleibt so immer gegenwärtig. Die Grundmelodie besteht aus vier Motivfolgen. Die drei melancholisch abfallenden Gesten erscheinen durch den gedehnten Beginn klageruf- und seufzerartig zugleich. Dazwischen liegt ein chromatisch – und auch emotional – ansteigendes Motiv:

Die zweite Strophe setzt mit dem chromatischen Motiv ein und steigert es durch Wiederholung. Das verkörpert weniger das Aufflammen des Feuers oder den Funkenflug als dessen emotionalen Widerschein. Dann springt die Klaviermelodie in einem weiten Ausschlag in das Anfangsmotiv der Melodie und agiert so für sich den inneren Ausschlag des Gefühls aus. Die Singstimme nimmt das erst als Sequenz auf. Damit sind die Motive in ihrem Bezug zur Strophe verschoben. Die Schlußzeile »in Leid versunken« erscheint nicht mit dem Seufzermotiv, sondern steigt chromatisch an. Sie korrespondiert – im Rückblick auf die vorangegangene Strophe – mit dem Aufglühen des Feuers.

Durch diese Motivverschiebung wird das plötzliche Traumbild nicht als einmaliger Stich ins Herz erlebt, sondern mit einem Seufzer, dem melancholischen Schlußmotiv der Ursprungsmelodie, quittiert. Es ist offenbar ein gewohnter, wiederkehrender Schmerz, der plötzlich gegenwärtig ist. Die allmählich deutlicher werdende Erinnerung erscheint melodisch in den Motiven des aufglühenden Feuers – nur in höherer, die Stimme und die Emotion herausfordernder Stimmlage.

Der Akt des Träumens oder vielmehr die Gegenwärtigkeit des Träumens in der Erinnerung vollzieht sich in der einzigen motivischen Abweichung des ganzen Liedes. Dies ist das emotionale Zentrum des Liedes. Die Melodie schlägt in dieser Strophe in weiten Intervallen aus:»die Nacht von dir geträumet ...« Das Gefühlsereignis wird gleichsam mit der Stimme emotional abgearbeitet. Parallel zu dieser Höhenbewegung der Melodie führt die Baßlinie in die tiefste Tiefe hinein und in eine einmalige Verdichtung des Stimmengeflechts in weit gespannten Akkorden.

Diese Situation *am Herd* ist kein einmaliges morgendliches Ereignis, sondern ein trauriges Ritual der Wiederkehr konkreter und emotionaler Momente: eine Art emotional verhaktes Handlungs-, Gedanken- und Vorstellungsgeflecht. In das depressive Grundgefühl schiebt sich die notwendige regelmäßige Hantierung am Herd in der Frühe, das Aufglühen und -flammen des Feuers, die sprühenden Funken, der immer wiederkehrende Stich der Erinnerung an den wiederkehrenden Traum und das Hin- und Herwälzen des Traumes. So ähnlich also beide Vertonungen in mancher Hinsicht sein mögen, sie sind von der Kompositionsweise, von dem Verhältnis musikalischer Abläufe zum Textereignis und in Haltung und Singweise ganz gegensätzlich.

Dissonanzen

Die klassische Moderne der ersten Hälfte des zwanzigsten Jahrhunderts bietet dem schauspielerischen Singen eine Reihe von Widerständen: die oft harten Dissonanzen, die melodische Bewegung in schwierigen Intervallen außerhalb gewohnter Wendungen und überwiegend das Fehlen strophischer Formen. Aber gerade weil musikalische Konventionen mißachtet werden, stehen diese Lieder dem situativen schauspielerischen Ansatz wiederum nicht so fern.

Kurt Weills *Klops Lied* ist von dieser Art. Es hat einen sehr direkten Ton und lebt von der doppelten Aufmerksamkeit – für das Publikum und für die erzählte Situation: das Ereignis an der Tür. Der Text gibt Anhaltspunkte für den Wechsel. Die Melodie ist durch zwei gegensätzliche Artikulationsformen charakterisiert. Die kurzen lapidaren Einwürfe müssen rhythmisch präzise und trocken, im Sprechton angesungen werden. Über der zupfbaß-ähnlichen durchlaufenden Begleitung führen Stimme und Klavierdiskant eine Art Dialog. Das zweite artikulatorische Moment sind gleichmäßig akzentuierte, weit ausgedehnte Melodiephrasen »Ich kieke, staune, wundre mir ...«, die ebenso ihr Pendant in der Begleitung finden. Sie sind charakterisiert durch immer neu angesungene, mit dem verklingenden Akzent abgleitende Portato-Stimmklänge. Die durchgehende Dynamik entsteht nicht zuletzt durch die wechselnde Ausrichtung des Blickes zwischen dem fiktiven Ort der Störung und den Zuschauergesichtern:

Die Schlußphase steigert sich, ausgehend von der heftigen Sechzehntelbewegung des Klaviers und den knappen, in weiten Intervallen gleichsam erstaunt hin und her springenden Stimmeinwürfen bis zum einzigen voll ausgesungenen, exponierten Melodiegipfel: »wer steht draaa------ußen?« In diesem exponierten Stimmklang wird die Erwartung des Zuhörers fast spöttisch gedehnt. Damit der hohe Stimmklang nicht starr wird, müssen in ihm die schnellen Sechszehntelpulsschläge der Begleitung vibrieren. Das überraschende, mehrmals leicht hingesagtgesungene »Icke« markiert den letzten präzisen Schwenk des Blickes vom Ort des Geschehens zu den Gesichtern der Zuschauer:

Christian Morgensterns Gedicht *Auf der Treppe sitzen meine Öhrchen* ist eine scheinbar leichthin, fast selbstironisch formulierte, zugleich ebenso zärtliche wie melancholische vergebliche Liebeserklärung. Paul Hindemith hat es genau in dieser emotionalen Schwebe komponiert. In dem charakteristischen melodischen Ausgangsmotiv liegt ein kleiner Ruf des Werbens: eine Tonrepetition mit folgender Dehnung des Klanges, in der die Repetition als Schwingung weiterlebt. Stimmlich ist das eine Werbung um den Klang, situativ-gestisch ein kleiner Lockruf oder Sehnsuchtslaut. Ihre Folge aber bildet in sich eine elegisch absinkende Klanglinie. In den gedehnten Klangpunkten sammeln sich die wesentlichen Vorstellungsmomente: *Öhrchen – Kätzchen – Milch erwarten*:

Noch einmal und intensiver lebt der Lockruf auf. Die Spitze des sehnsüchtigen Wunsches ist mit dem Wort »harret« erreicht, um dann wieder elegisch abzusinken. Auch hier bildet sich in den Klangdehnungen der Worte das kleine Situationsbild ab: *Herz – harret – Geistchen*. Die innere Geste pendelt melancholisch aus: »Kinn in Hand gestützet«. In den letzten Worten ist eine der Grundhaltungen des Singens angelegt, aus der Wünschen und Hoffen immer wieder hervorblühen und immer wieder in Resignation zusammensinken. Auch in der Begleitung kehrt dieses pendelnde Motiv immer wieder und mit ihm ein zielloses, nicht aufmerksamkeitsorientiertes Pendeln des Kopfes. Daneben gibt es noch ein zweites rhythmisch scharf punktiertes, sehr dissonantes Motiv mit gestischem Potential. In ihm ist eine ruckartige katzenähnliche Aufmerksamkeitsbewegung angelegt. Die scharfen, wenn auch sehr zarten Dissonanzen stören die Singstimme, quälen sie gleichsam und stellen einige Anforderungen an das musikalische Gehör. Die Singweise – eigentlich ein an bestimmten Tonhöhen orientierter, rhythmisch sehr exakter

Sprechklang – wechselt zwischen getupften und gedehnten Klängen mit kleinen Glissandos:

Eislers zweite *Hollywood-Elegie* auf einen Text von Brecht spricht von »Engeln«, nach denen die »Stadt … genannt« ist. Der Ton der Aussagen dieses Liedes ist auf den ersten Blick nüchtern und sachlich. Irritierend ist der Zusammenstoß von verqueren Begriffen: *Engel – Öl – goldene Pessare – blaue Ringe um die Augen – die Schreiber in den Schwimmpfühlen*. Erst allmählich decken sie als Metaphern ihren Hintersinn auf: Die Engel der Stadt sind vom Kapital des Öls ausgehaltene Edelnutten, an denen alles Schmuck ist – bis hin zu den Pessaren. Mit den Schatten ihrer Affären unter den Augen lösen sie das alltägliche Gequake in den Mediensümpfen aus. Dieses löchrige Metapherngewand, durch das hie und da die eigentliche Wirklichkeit hindurchscheint, ändert natürlich den Ton, in dem man davon spricht und singt: »Mit finsterem Schmalz vorzutragen« fordert Eisler. Das ist nicht ganz leicht zu treffen. Etwas Finsteres, also Bitteres, Sarkastisches vielleicht, aber eben auch Schmalz – etwas Klebriges, Schmieriges, vielleicht auch Süßliches ist enthalten. Das musikalische Material hilft dem Sänger auf die Sprünge. Schöne klare dreiklangsnahe Intervallsequenzen finden sich – am Anfang: »Die Stadt ist …«, auch: »allenthalben Engeln«, weiter im Verlauf: »goldene« und: »blauen Ringen um die Augen.« Diese Sequenzen sind schön und leuchtend zu singen – vielleicht ein wenig verschmiert mit Glissando. Daneben gibt es ein engschrittiges chromatisches Geschiebe vor allem in der tiefen Mittellage, das auf die Schwimmpfühle verweist. Auch hier ist ein eng geschmiertes Glissando am Platz – als würden die Töne massiert. Dazu sollte die Stimme in der Tiefe ein wenig Hauch auflegen. Beide Grundmotive tauchen auch in der Begleitung auf. In den synkopischen Akkordbewegungen kommen zusätzlich noch Elemente von *Barmusik* hinzu. Das sind gestische Anhaltspunkte für Stimmklang und Haltung mit verschiedenen Spielarten, sich zu verkaufen. Der Tanzmusikcharakter bestimmter Passagen gibt der Körperbewegung darin zusätzliche Impulse:

Boris Blachers *Fünf Sinnsprüche Omars des Zeltmachers* aus dem Persischen sind jeweils deutlich auf einen Ort, eine Situation bezogen, die in wenigen Worten gegenwärtig wird. Im vierten dieser Sinnsprüche ist es die finstere Nacht in der Wüste, der kreisende Becher zwischen den Zelten. Das Rufmotiv, charakterisiert durch die anlaufende melodische Formel und den gedehnten Schlußton, schlägt dreimal von Ruf zu Ruf weiter aus: über den Sekundschritt und die Terz zum Quartsprung und spannt sich – dem Sehnsuchtsheulen des Wolfs oder der Hyäne ähnlich – auch melodisch immer weiter aus. In der Schlußwendung des Liedes kehrt das Motiv wieder und schärft sich im letzten Takt durch ein ungewohntes Intervall, die große Septime über dem Molldreiklang, und den dissonanten Akkord, der diesen Melodieton trägt. Die Botschaft des Sinnspruchs: »… schrick nicht zurück, wenn deine Reihe kommt!« erklingt auf dem hohen Rezitationston als durchdringender Ruf. Er korrespondiert in seiner Kompromißlosigkeit mit dem stoischen ostinaten Quintklang der Begleitung und der Konsequenz, mit der die Baßbewegung schrittweise und zuletzt chromatisch gedrängt in die Tiefe steigt:

Fritz Graßhoffs *Knochensammler Engel* in der Vertonung von Friedrich Zehm verbindet die dissonante Klangsprache der klassischen Moderne mit den situativen und gestischen Momenten eines Schauspielerliedes. Das Lied erzählt von einer Art Kindheitstrauma. Das regelmäßige Erscheinen eines Knochensammlers hat für das Kind etwas Gespenstisches, zumal der Knochensammler *Engel* heißt. Der erzählende Gestus eröffnet dem Zuhörer zunächst die Sicht auf das Geschehen. Immer wieder aber wird das Erzählte selbst Ereignis: Der Knochenmann wird gegenwärtig, der Erzähler steht ihm – als *Kind* – gegenüber. Das Lied bekommt dadurch mehrere Zeitebenen und wird zu einer Art Psychogramm. Verschiedene musikalische Motive geben situative Anhaltspunkte und enthalten ein klares gestisches Potential. Das chromatische Motiv in der tiefen Stimmlage, das den Auftritt bestimmt, muß sehr präzise im Rhythmus und präsent im Ton sein. Die genaue Ausrichtung der Vorstellung hilft dabei: ein Mann »schwarz wie Kautabak«. Sobald er da ist, schlägt das Motiv in weiten Intervallen aus. Die verhuschte Wiederholung verwandelt die erlebte in eine furchtsam erzählte Erscheinung.

Das chromatische Eingangsmotiv der zweiten Strophe ist fast eine Umkehrung des Auftrittsmotivs in der selben Stimmlage und umschreibt die kindliche Reaktion: »Wer ihn hört, kriecht verstört unter's Bett …« Alle Knochen des Skeletts müssen zum Appell, werden gezählt, müssen sich still verhalten: »Wenn nur einer knackt, werden alle eingesackt –« Musikalisch erscheint das Ab- und Aufzählen der Knochen, der Appell wie das Einsacken, bezeichnenderweise in einem rhythmischen Motiv. Dieses pochende Motiv kündigt schließlich auch das unaufhaltsame Näherkommen an und geht wieder in das chromatisch sich nach oben schraubende Motiv über: »Schritte trappen, Türen klappen, und schon hallt's im Nach-

barhaus …« Das wird zwar erzählt, aber zugleich auch sehr gegenwärtig erlebt.
Der abschließende Ruf des Knochenmanns ist – ähnlich wie sein Vorklang zu
Anfang des Liedes – mindestens in gleicher Weise, wenn nicht weit mehr auch der
Schreckensruf des Kindes. Der lang gedehnte Schlußton verkörpert auch seine
Flucht ins Weite – möglicherweise als Flucht von der Bühne:

Hauch und Nachklang der goldenen zwanziger Jahre

Die Lieder und Chansons der zwanziger Jahre des vorigen Jahrhunderts erfreuen
sich einer ungebrochenen Beliebtheit. Das ist nicht nur dem besonderen Lebensgefühl zuzuschreiben, das in dem heutigen offensichtlich wiederkehrt. Es ist auch
die Ausgewogenheit von sängerischem und literarischem Anspruch, von Gesangs-
und Redeton, von Präsentation und unmittelbarem Publikumskontakt. Musikalisch mischen sich in ihnen Spurenelemente der damaligen neuen Kunstmusik
mit der Tanzmusik der zwanziger Jahre und Einflüssen des Jazz. Das alles macht
sie reizvoll und geeignet für das schauspielerische Singen. Exponenten dieses Genres, das zwischen früher Filmwelt, Boulevardtheater und Cabaret changiert, sind
hier vor allem Friedrich Hollaender und wiederum Kurt Weill.

Friedrich Hollaenders *Jonny* ist eine ironische Erzählung von einem Herzens-
brecher, dem *Geiger Jonny*, und einem kleinen blonden Dummchen. Dieser ironische Ton bestimmt mit einigen Brechungen den ersten Teil des Liedes. Erst der
Refrain läßt verzückte und erotisch schmachtende Frauenstimmen laut werden,

die gern mit den verführerischen Tönen der femme fatale untermischt werden. Das hat seinen Reiz, stellt sich aber gegen den Sinn des Liedtextes. Der Anfang ist mit weicher elastischer Stimme zu erzählen. Die Liedzeilen haben deutliche Anlaufpunkte, in denen sich der Sinn sammelt; das unterstreicht den Erzählcharakter. Das zweite Motiv ist erregter: »der hat wildes Blut …« Die Melodie schwingt sich dynamisch über den Melodiegipfel hinweg und mündet in einem lustvollen Seufzer. Das sind bereits Vorklänge des Refrains. Das kleine erotische Intermezzo ist durch zärtlich lockende Terzklänge charakterisiert, die mit feinen Gleitklängen vom *Katzenblick* und *Verwirrung* girren. Eine besondere verwirrende Nuance ist der melodische Absenker nach Moll: »die Mädchen«. Ähnlich gleitet die Stimme nach neuen Locktönen von »kleinen weißen Händchen« mit dem Tritonus in die Tiefenlage, wo sie chromatisch »krabbeln«. Dann steht die Zeit für einen Augenblick still. Leicht bewegte Warteklänge halten »die Frauen rings im Chor« in ihrer Verzückung zurück. Gerade dieses Anhalten bewirkt das Drängende, Überschwemmende von Wunsch und Zärtlichkeit im Refrain:

Der Refrain setzt mit einem gedehnten Lockruf ein. Die klingenden Konsonanten und die Vokale glissandieren leicht, die Klangdehnung wird belebt durch schwingende Pulsschläge. Zentrales Moment dieser Liebeserklärung ist das Aufblühen des Gefühls und der Stimme in der chromatischen Rückung – »... für eine Nacht« und die folgende Modulation in den melodisch und emotional gesteigerten Lockruf »Jonny« und schließlich die verheißungsvolle chromatische Linie: »... um halb vier«. Die Schlußwendung bringt noch eine kleine charakteristische gestische Nuance ein: Sozusagen im Zustand der betört betörenden Frau sinkt die Melodie hingebungsvoll mit einem leicht berauschten chromatischen Schwanken durch die Tonarten dem Schlußton zu, in dem fester Boden erreicht ist.

Zwei Lieder von Kurt Weill hängen als tragisch-komische Variation einer Grundsituation eng zusammen: die Lieder *Wie lange noch* und *Der Abschiedsbrief*. Beiden liegt eine – einseitige -Dialogsituation zugrunde. In dem ersten Lied auf einen Text von Walter Mehring ist der Mann stumm und abgewandt. Ob er anwesend ist oder in Abwesenheit angesprochen wird, ist dabei unerheblich. Wichtig ist, daß die Frau den Anblick des Mannes sucht und dieser ihn verweigert. Die Gefühlslage der Frau ist durch den Widerspruch zwischen dem Wunsch, ein Ende zu machen, und der Furcht vor diesem Ende bestimmt. Die musikalische Grundgeste – ein auftaktiger Anlauf mit einer exponierten Klangdehnung – bekommt durch die Synkope etwas Drängendes, jeweils in unterschiedlicher Intensität. In der abgeschwächten Form – etwa im Mittelteil – wird daraus eine Art unschlüssiges Pendeln. Das drängende Moment belebt auch die lang gedehnten Stimmklänge und wirkt in ihnen weiter. In diesen Klangdehnungen entsteht so ein starkes Moment des Werbens um den andern: um seinen Anblick, um eine Reaktion – sängerisch gesehen: um Klangintensität und Weitenwirkung. Die verschiedenen Höhenlagen sind nicht nur Signal unterschiedlicher emotionaler Steigerung, sondern auch unterschiedlicher Zuwendung und Beziehungsdichte – verbunden mit Momenten des Vorwurfs, des Appells, der Furcht, der Verzweiflung. Der Anfang der ersten Strophe etwa signalisiert mittlere Intensität und Nähe. Die Frau spricht den Mann an, blickt aber eher verdüstert in die Bilder der Vergangenheit. Ein dichterer Bezug liegt in den Worten: »Du hast mich gehabt ...« – nicht zufällig schlägt die Melodie bei den Worten »von Sinnen« im Tritonus aus. Dieser Melodieaufschwung kann zugleich der Ort intensiver Wiederkehr von Erlebnissen, von erfüllter und zugleich peinigender Gegenwärtigkeit des Vergangenen sein. Fernstes Moment im wechselseitigen Bezug und illusionsloser Abfall der emotionalen Bewegung ist der Abschluß »Ich glaubte, ich könnte nicht ohne dich leben«: Die Synkope verliert ihr drängendes Potential und pendelt aus in Isolation und Bitterkeit – oder Erschöpfung durch die neu erlebte Präsenz von Gefühlen. Das gilt auch für den folgenden Mittelteil, in dem eher Einzelmomente der Vergangenheit gesammelt und vorwurfsvoll sortiert werden. Hier entgleitet fast der Zugriff auf den Partner und muß erst – im Refrain – gewaltsam wieder gewonnen werden:

Ich will's dir ge - steh'n, es war ei - ne Nacht, da hab ich mich wil - lig dir hin - ge - ge - ben, du hast mich ge - habt, mich von Sin - nen ge - bracht, ich glaub-te, ich könn - te nicht oh - ne dich le - ben.

Die größte Beziehungsdichte, das stärkste Herangehen an den Partner ereignet sich im Refrain. Hier ist intensive Behandlung angezeigt, eine Art Rütteln am andern, der sich abwenden, entziehen will. Ziel dieses Ausbruchs ist die durchgezogene Höhenlinie: »Wann kommt der Tag, an dem ich dir sage, es ist vorbei?« Hier ist die größte innere Gegenwärtigkeit des – real abgewandten – Partners gefordert und damit zugleich große körperliche Spannung und Präsenz. Das drängende Moment der Synkope und die weite Klangdehnung treiben das Engagement der Fragenden bis in den letzten Ton, die letzte Silbe hinein: Sie bohrt sich gleichsam in den Partner und durch ihn hindurch in eine ersehnte und zugleich gefürchtete weite Fluchtperspektive. Der fast wütende Wunsch nach – und die Furcht vor einer Trennung sind ineinander verwachsen. Das ist die treibende Kraft

Sieh mich doch an! Sieh mich doch an! Wann kommt der Tag, an dem ich dir sa - ge: es ist vor - bei!

für die Stimme. Von daher bekommt sie in der Höhe ihren Ausdruck. Aus diesem Gemenge speist sich auch die Schlußgeste des erlöschenden Feuers in der absinkenden Melodie und das letzte Aufflammen der Energie in dem letzten gedehnten Ton des Jammers: »Wie lange?«

Weills *Abschiedsbrief* nach einem Text von Erich Kästner ist eine kleine Soloszene im Café. Über den Brief, der da teils geschrieben, teils nicht geschrieben wird, sucht *Erna Schmitt* Kontakt zu ihrem ehemaligen Liebhaber. Ein paar Tische weiter wartet schon ein »Herr mit Glatze« auf seine Chance. Gegenüber der Tragödie ereignet sich hier eine lebenskräftige kleinbürgerliche Tragikomödie. Die Musik – ein *Valse lente* – ist auch ein *Valse triste*. Die melodische Linie des Anfangs ist charakterisiert durch ein weit ausschwingendes Auf und Ab. Das hat etwas beschwingt Heiteres, Leichtes – trotz der scheinbaren Entschlossenheit dieser verschmähten Frau zur Trennung: »Na schön, denn nicht ...«, »Laß dich nicht blicken Schatz, sonst fliegst du raus!« – in der exponiertesten Stelle hat es fast etwas Süßes: »Du brauchst nicht denken, daß ich dich entbehre ...« Verstärkt wird dieser Charakter durch ein feines, fast zärtliches Glissando. Musik und Wort balancieren so ständig im Widerspruch zwischen harter Entscheidungsfreudigkeit und Hingabe an die Erinnerung, auch ein fast selbstironisches Leichtmachen des gekränkten Gemüts spielt mit hinein. Das kehrt in der Melodie zum Ende des Liedes wieder. Das demonstrative Spiel mit einer neuen Liaison wird zum letzten Mittel des Werbens um Rückkehr. Es ist allerdings auch mit harter Aggression untermischt:

Im Mittelteil entfaltet sich eine neue Melodie. Sie folgt scheinbar dem Duktus des Anfangs, mault allerdings eher in chromatischen Windungen in der Tiefe des Stimmklangs – nicht ohne kleine bockige Melodiespitzen. Sie bietet *Erna* die Möglichkeit, ihrem Verflossenen von all den schönen Dingen zu erzählen, die sie verbunden haben: das *Kleid aus Popeline* mit dem *Loch*, das er hereingerissen hat, und das *angefangene Kissen* für den Heiligen Abend. Überall sind zwischen Text und Vertonung angelegte Widersprüche auszutragen – mit der Stimme, dem Verhalten. Dem Gestus der Musik ist dabei zu folgen oder auch gelegentlich nicht zu folgen, sondern heftigst zu widersprechen.

Der Refrain ist ein süßer, schmelzender langsamer Walzer, eintaktig schwingend. In der Regel schmückt sich eine solche Musik mit den Träumen vom siebenten Himmel. Hier ist sie bitter beladen mit Vorwürfen und Macht-mir-doch-nix-Gefühlen und ist aus dieser Bitterkeit heraus auch schärfer zu intonieren. Vor allem die stimmlich exponierteste Stelle – eigentlich der Ort der blühenden Gefühle – ist mit schneidendem Glissando zu singen:

Bezeichnenderweise wird dieser Refrain am Schluß des Liedes nicht mehr ausgesungen, sondern ist Ort der endgültig ausbrechenden Aggression. Hier wird nur noch rhythmisch gesprochen. An dieser Stelle steigert sich die Musik – im Widerspruch zur aggressiven Umgangssprache – in einen fast opernhaften Ton, in dem die Gefühle in großartiger Geste aufwallen, während sie mit harter Stimme den Schlußpunkt setzt: »Deine Erna Schmidt«.

Frauenkämpfe im Musical

Singen im Musical hat viele Schattierungen und ist dem schauspielerischen Singen gelegentlich näher als das klassische Singen, in mancher Hinsicht aber auch ähnlich fern. Das hängt mit den unterschiedlichen Stilformen im Musical selbst zusammen, die sich teils aus der Operette, teils aus dem Kabarett, in überwiegendem Maß aus der amerikanischen Musical Comedy ableiten. Nah sind sicherlich viele Stimmklänge, die in der Nachbarschaft zum Sprechen, auch zum Rufen liegen. Andererseits ist das Dreiecksverhältnis zwischen Spiel, choreographiertem Tanz und Gesang so fest gefügt, daß der Gesang ein ähnlich konventionalisiertes

Verhältnis mit dem szenischen Verhalten eingegangen ist wie in der Oper, auch wenn sich diese Konventionen sehr unterscheiden. Dennoch sind Ausflüge auch in das klassische Repertoire des Musical für den Schauspieler oder die Schauspielerin sehr nützlich und immer wieder auch vergnüglich.

Die Abrechnung *Eliza Doolittles* mit ihrem schrulligen Sprechlehrer aus dem Musical *My fair Lady* ist so ein nützlicher Ausflug. Der Song erfordert im ersten und letzten Teil ein aggressives, sehr gezieltes, halb gesprochenes oder vielmehr aus der Sprechlage entwickeltes Singen. Der Gestus ist aus einer körperlichen Annäherung und aus der Schärfe des Blickes zu entwickeln, die gesteigerte Aggression aus einer noch dichteren Annäherung, aber auch die Entfernung vom Gegner

würde die Stimme neu herausfordern. Die Aggression gipfelt in dem Ruf »Ooooh!«, einem weit in den Raum gerichteten Glissandoklang, der sich wie eine Welle über ihren Gegner stürzen kann. Er muß aber sofort wieder ins Leichte, Spitze, Gezielte zurückfedern. Die Schlußrufe »Just You wait!« sind aus einer größeren Entfernung zu motivieren – in einer sehr präzisen Mischung aus Ruf und Gesangston wie eine Steinigung oder eine letzte Ohrfeige im Abgang. Der Abgang wird allerdings aufgeschoben. In einer plötzlichen gestischen Wendung entfaltet sich die Melodie in scheinhafter Lieblichkeit und gestelzter Damenhaftigkeit. Ein schöner gestischer Bruch ereignet sich in der Bitte »But all I want …«: Sie setzt mit feinem, fast liebenswürdigem, von emotionalem Portato getragenen Honigklang ein und springt mit präzisen Vokalansätzen in die Aggression um: » 'enry 'iggins 'ead«.

All the peo - ple will cel - e - breate the glo - ry of you, And what-
ev - er you wish and want I glad - ly will do. "Thanks a lot, King," says I,__ in a
man - ner well bred; "But all I - want is 'en - ry 'ig - gins 'ead!"

Das Lied der *Aldonza* aus dem *Mann von La Mancha* ist eine emotional sehr vielschichtige Antwort an *Don Quichote*, der sie zu seiner *Dulcinea* erwählen will.
Neben der Selbstverachtung dieser Tochter einer Soldatenhure und der Verzweiflung, daß dieser Mann nicht zurückzuweisen ist, brechen verborgene Sehnsüchte
auf. Das Lied verlangt in der Verbindung von emotionalem Engagement und argu-
mentativem Drängen einen großen Atem für die weiten Melodiebögen und
zugleich ein starkes rhythmisches Gefühl für den durchgehenden spanischen
Wechsel zwischen 6/8- und 3/4-Takt und deren gelegentlichen Überlagerungen.
Wichtig ist es, diesen Wechsel der Pulsschläge in den gedehnten Stimmklängen
immer mitzuempfinden und auszusingen. Die Weite und das Drängen des Stimmklanges ist so leichter zu erreichen. In diesem Taktwechsel ist ein widersprüchli-
ches Ausdruckpotential verborgen, und zwar äußert sich im 3/4-Takt häufig der
härtere, störrischere und konfrontierendere Gestus – vor allem, wenn sich die
Stimme der tiefen Sprechlage nähert. Der schwingendere Sechsachteltakt trägt,
insbesondere in Melodieaufschwüngen die weicheren sehnsüchtigeren und ver-

zweifelteren Stimmklänge. Sie sind in die Weite der Erinnerung gerichtet oder werben um die Anteilnahme der Welt.

Einen ähnlichen emotionalen Widerspruch findet man in dem Gegensatz des Moll-Teils jeder Doppelstrophe, der sich eher in der tieferen Stimmlage bewegt, und dem darauffolgenden Dur-Teils, der melodisch exponierter einsetzt. Dies ist natürlich nicht stereotyp zu bedienen. Überhaupt kann die Haltung dieser Frau sehr gegensätzlich aufgefaßt werden: eher argumentativ abwehrend oder sich windend in Widersprüchen, von ihnen geschwächt oder auch Schwäche vorgebend.

Georg Kreislers *Lola Blau* – dem Kabarett entwachsen – ist ein musikalisches Frauensolo. Sängerisch aufschlußreich ist vor allem die Bewerbungsszene *Im Theater ist nichts los*. *Lola* singt ein Lied über die Liebe. Da es im Original *mies ankommt*, erfindet sie eine *Pariser*, eine *Wiener*, eine *ungarische* und eine *Berliner* Variante und bedient sich dabei bestimmter Klischees, die sich in Haltungen und im Kostüm niederschlagen. Mit jeder Variante färbt sich aber nicht nur das gestische Verhalten um – die Stimme sitzt auch immer anders. Sie schlägt an einem anderen Resonanzort an. Diese Variationen sind also auch eine kleine Resonanzstudie.

Das melodische Grundmotiv des deutschen Originals ist ein anlaufender Impuls, der in eine Klangdehnung hineinsinkt. Dadurch bekommt die Melodie den Gestus des beschwingten Sich-Anbietens. Die Stimme dieser Variante schlägt klassisch in der Kuppel des Gaumens an. Das ergibt einen eher klaren Klang. Die Vibrationen lassen sich vor allem auf der Stirnkuppel abtasten. Die französische Fassung ist »slower«. Die Melodie bewegt sich – im Gegensatz zum frischen, lebhaften, knapp über dem Knie endenden Kleid der deutschen Fassung – sozusagen in einem bordeauxroten langen Abendkleid. Die gedehnten Bewegungen des Körpers, auch die der preziös geführten Arme folgen gezielt den Sinnimpulsen »l'amour« – »ma poche« – »pour Didi« usw. Die Augen sind sehr aktiv – sogar wenn sie geschlossen sind, präsentieren sie das Gesicht. Die Stimme stützt sich vor allem auf die körperlichen Bewegungsimpulse aus der Mitte, die Bauchpartie führt. Der Anschlagsort liegt ein wenig weiter hinten im Mundraum und bezieht die nasalen Resonanzen stärker ein, der Klang schlägt im hinteren Kuppel- und hinteren Nasenraum an. Die Vibrationen lassen sich charakteristisch an den Schläfenpartien abfühlen.

Da diese Fassung »für Wien« etwas »zu kokett« ist, folgt die Wiener Operettenfassung. Diese Variante ist ebenfalls langsamer als das Original. Die Melodie strömt nicht gleichmäßig schwingend, sondern stellt sich eher aus. Sie trägt gleichsam ein kurzes *fesches Dirndl* und postiert sich in herzigen Posen. Die Stimme ruht auf dem hochgestellten Brustbein. Sie schärft sich, setzt im vorderen Nasenraum an und rückt so dominierend ins Nasale. Der Resonanzpunkt liegt leicht über der Nasenwurzel. Im Gegensatz dazu rutscht die ungarische Fassung weit in den Rücken und den Bauchraum. Der Klang ist vollmundig, die hintere Mundresonanz dominiert. Die charakteristischen Vibrationen sind am Hinterkopf abzufühlen. Die Stimme trägt sozusagen prächtigste Nationaltracht. Der Gestus orientiert sich an den Bewegungen und Posen der aufstampfenden Tänze des Volkes, vor allem in den abschließenden Rufen »Joi – joi – eljen!« Den Abschluß bildet eine Berliner Fassung. Die Melodie setzt in der tiefen Sprechlage an. Der Ton ist trocken und lakonisch. Diese Stimme trägt Hosen, die Hände sind selbstverständlich in die Taschen gestemmt. Die Berliner Klappe ist weit gestellt, die Nasenklänge eher ausgeschaltet. Die charakteristischen Resonanzen sind am Schädeldach und – fast am deutlichsten – am Unterkiefer zu fühlen.

Das Musical *Linie 1* entstammt ebenfalls der Kabarett-Tradition. Das düstere Lied *Tag, ich hasse dich* singt die Protagonistin der Nacht. Charakteristisch sind harte, aggressive Klänge mit genre-typischer Synkopenbildung. Diese Synkopen sind zugleich Ausdrucksgesten eines heftigen, bissigen, aber auch sentimentalen Temperaments. Ein alltäglich rauher Ton paart sich mit einer bald poetisch bald kitschig grell schillernden Metaphernsprache. Das Lied beginnt in der Sprechlage mit kleinen sprechnahen Intervallschritten, springt dann sehr schnell in die höhere Oktave, in der die Stimmklänge – auch durch die Dehnung – zu sehnsüchtigen Rufen werden: »… aus der Nacht so weich …« Sie sind aber nicht weich und schön, sondern eher geschärft und fast gequält zu nehmen – ebenso die gedehnten Vokalisen, welche die emphatischen Rufe gelegentlich einleiten:

Das refrainartige emotionale Resümee bewahrt diesen Rufcharakter in der wenig bewegten Höhenlage. Es bekommt dadurch fast den Charakter eines emotionalen Manifestes: »Aaah. Tag, ich hasse dich. Tag, ich scheiß auf dich …« Die charakteristisch absinkenden Sekundschritte jedes Rufes spielen aber zugleich Töne von Wehklage ein. Das wiederum verlangt nach einer geschärften Stimmgebung, um Larmoyanz zu verhindern. Eine Spur *Lamento* kann aber in der Schluß-Vokalise durchaus anklingen – in dem klagenden Terzruf, der offen ins Weite geht:

Jazz

Viele Songs des Jazz stammen aus Filmen oder vom Broadway. Die Nähe zum schauspielerischen Singen ist damit häufig schon von der Sache her gegeben. Sie liegt in dem Situativen, oft geradezu szenischen Charakter vieler Songs und vor allem im Sprechton, dem unmittelbaren Ton der Rede oder Anrede. Das gilt auch für die rhythmische Freiheit des musikalischen Redens über dem verläßlichen rhythmischen Untergrund der Begleitung. Die fast rezitativartigen Einleitungen zeigen das ebenso wie der Refrain, der häufig das eigentliche Zentrum eines Liedes ist. So folgt in dem Song *I remember You* die melodische Linie des Anfangs sehr sprechend dem Frageton einer zärtlichen Anrede. Auch die kleine melodische Welle des Refrains bildet sich am Ton des Zuredens, der Liebeserklärung aus:

Das Lied *Night and day* von Cole Porter beginnt mit einem langgezogenen Sehnsuchtslaut. Die im Jazz typische synkopische Vorwegnahme des Stimmeinsatzes bringt zusätzliche Unruhe in den Ausdruck: den unstillbaren Hunger nach Liebe. Die Klangenergie dieses gedehnten Rufs schwingt in Viertel-, wenn nicht Achtelpulsschlägen. Das ist ein Moment des Werbens und dient zugleich der rhythmischen Orientierung innerhalb synkopischer Melodiebewegungen. In der Wiederholung der Eingangsmelodie werden diese kleinen Notenwerte ausgesungen.

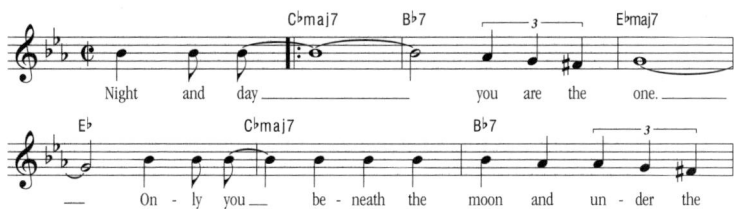

203

Die exponierteste Passage, melodisch-harmonisch wie emotional, findet sich in der dritten Strophe. Durch eine harmonische Rückung in die obere terzverwandte Tonart hebt sich der sehnsüchtige Ruf in die exponierte Höhenlage der Stimme. Er zielt weit in die Ferne, wo der andere – vielleicht – zu erreichen ist, packt ihn und rüttelt an ihm in synkopischer Heftigkeit. Insbesondere hier ist es wichtig, die Energie in den synkopischen Notenwerten mit durchlaufenden Achtelimpulsen weiterzutreiben. Auf diese Weise ist der Rhythmus präzise zu treffen und gleichzeitig als ein wildbewegtes Agieren emotionaler Kräfte zu erfahren. Daraus vor allem gewinnt die Stimme ihre elastische Qualität.

Der Song *Love for Sale* von Cole Porter ist noch situativer angelegt. Er setzt im Refrain mit einem weit ins Offene gesendeten, langgezogenen Ruf des Straßenmädchens ein. Charakteristisch ist das Rufmotiv der kleinen Terz. Die Wiederholung enthält zusätzlich das beredt werbende Moment der Tonrepetition und läuft ebenso in den gedehnten Ruf aus. Diese Tonrepetitionen bilden auch das Kernele-

ment des zweiten Rufmotivs. Hier wird mit Details argumentiert. Die Ausrichtung ist dadurch wesentlich gezielter. Der melodische Gipfel kombiniert beide Elemente und verdoppelt das Rufmotiv mit zwei Terzschritten. Im Fortgang argumentiert das Lied mit der Perfektion des Angebots – gegenüber den »kindischen Poeten« der Liebe. Die Dringlichkeit des Kundenfangs steigert das Engagement dieser Argumentation und treibt die Stimme in die exponierte Höhenlage. Gipfelpunkt ist das Ausrufen dessen, was in der »mill of love« zu lernen war: »Old love, new love ...« Die chromatische Bewegung intensiviert den gedehnten Ruf und gibt ihm fast etwas Gequältes. Das kann bis in den Schluß hineinwirken, wo die Stimme sich mit einem letzten, sehr exponierten Ruf ins Weite wendet.

Das Lied *Strange fruit* von Lewis Allan lebt von einem makaberen Bild: »Black body swinging ... strange fruit hanging ...« In dieser Metapher schärfen sich widersprüchliche Wahrnehmungen und Gefühle. Musikalisch spiegelt sich das in dem Gegensatz der Stimmregionen: dem düsteren sprechenden Singen auf einem Ton und kleinen Tonbewegungen in der tiefen Lage und den harmonisch geschärften Melodieaufschwüngen.

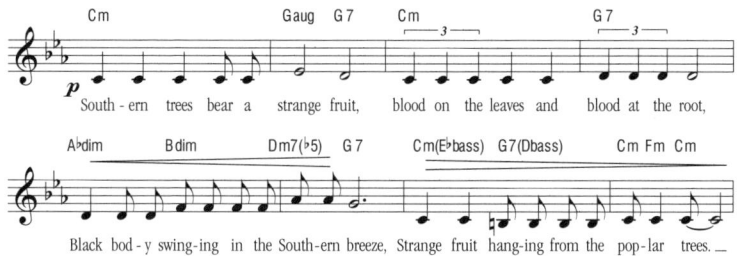

Der Mittelteil springt unvermittelt in die hohe Stimmlage: ein verhaltener Schrei, befremdlich abgemildert durch die klagende kleine Terz und scheinbar liebliche Bilder der »Pastoral scene ...« und der »Scent of magnolia ...« Der abrupte Fall in die gemurmelte Tiefenlage: »the bulging eyes ...« und die aus der Tiefenlage aufsteigende spannungsreiche melodische Geste »the sudden smell ...« verschärfen den Gegensatz der Stimmfarben.
Daß es schöne Bildmomente sind, die so exponiert werden, gibt dem ganzen neben dem Entsetzen etwas Bitteres, Sarkastisches. Das vorangehende Humming in der Tiefenlage macht den Gegensatz noch schroffer. Aber es ist auch eine Brücke zu dem melodischen Ausschlag der Stimme. Es muß schon die Schärfe und das Engagement des Ausbruchs enthalten.

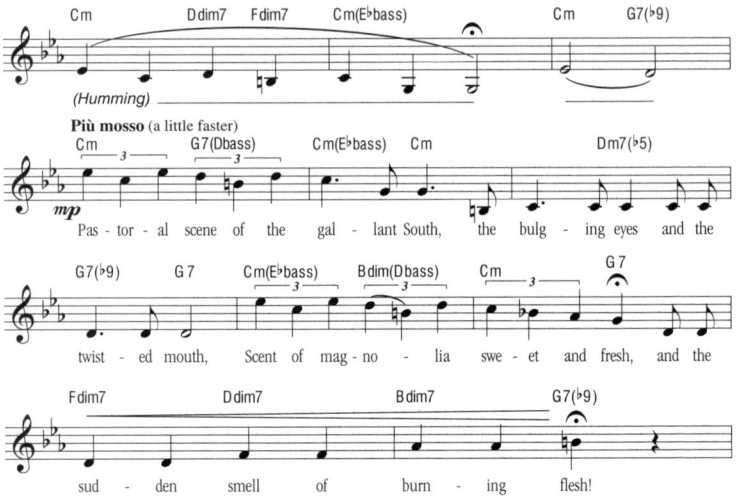

Das Lied *Music Maker* von Don Raye und Harry James enthält ein kleines musikalisches Manifest nach Shakespeare und vertritt seinen Standpunkt lustvoll nach außen. Die stimmlich herausforderndste Partie des Refrains liegt in der Mitte: eine synkopische Rufmelodie über wechselnden harmonisch gewürzten Akkorden. Sie bewegt sich auf einer Höhenlinie mit chromatisch herausgehobenen Akzenten, die sich erst nach dreimaliger Wiederholung chromatisch in die Mittellage absenkt. Eine ungebärdige Euphorie pulsiert durch diese Musik – alles, was klingt, wird vereinnahmt. Wird der Song von einer Gruppe – mit einzelnen Vorsängern – gesungen, bietet sich dieser Zwischenteil des Refrains dazu an, die Akkorde mehrstimmig oder zumindest zweistimmig auszusingen. Das gibt ihm eine besondere Energie und Leuchtkraft und macht ihn zum Zentrum des ganzen Liedes.

In dem Musical *Hair* von James Rado, Gerome Ragni mit der Musik von Galt MacDermot wird der Song *I got life!* als Provokation auf der angerichteten Tafel einer betuchten Festgesellschaft gesungen und getanzt. Die Provokation gehört zum Grundgestus dieses Liedes und gilt auch im direkten Publikumsbezug außerhalb des Musical-Zusammenhanges. In der gestischen Einstellung wechseln Rundumorientierung und bissiger Zugriff auf ein ausgewähltes Gegenüber. Das muß sehr elastisch, in plötzlichen und überraschenden Richtungswechseln geschehen. Daraus gewinnt der Song seine Dynamik und seine Antriebsenergie. Das provokatorische Moment geht aus von dem vitalen, das Unkonventionelle bejahenden Ruf »I got life!«, gibt aber schließlich allen sinnlichen Elementen dieses Lebens etwas Provozierendes – bis hin zum »ass«. Mehrere Energiewellen treiben auf vorläufige Gipfelpunkte mit gedehnten Stimmklängen zu: »freedom«, »good times«, sinken ab und laufen aus der Tiefe neu an, um einen höheren Punkt zu erreichen:

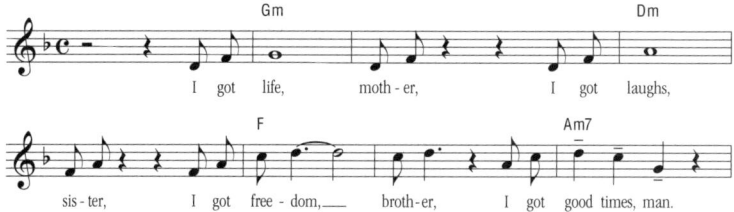

Gegenüber den isoliert auffahrenden Gesten und schroffen Wendungen des Anfangs entsteht im Refrain eine sehr bewegte und fließende kontinuierliche Linie. Sie ist zwar immer wieder von langgezogenen rufartigen Klängen durchsetzt, aber auch in ihnen pulsieren die fließenden Achtel. Fast zwangsläufig läßt diese Musik den Körper tanzen. Die Kontaktausrichtung des Tanzes zielt auf Nähe in schnell wechselnder Orientierung, die Rufe zielen ins Weite. In seinen Gesten korrespondiert der Tanz mit der schnellen, scharfen und rhythmischen Artikulation. Da die Melodiewellen sich anfangs vor allem in der tiefen und mittleren Stimmlage bewegen, ist ein leichtes und federndes Singen angezeigt. Die kommenden Höhenbewegungen der langgezogenen Rufe »I got my teeth« bzw. »I got my ass!« sollten als Zielregion innerlich immer vor Auge und Ohr sein. Im schnellen Tempo sind nur die hohen und tiefen Ecktöne zu akzentuieren, die Energie gilt dem Zielpunkt. Gerade in dieser Leichtigkeit liegen Ironie und Charme und der provokative Humor des ganzen Liedes:

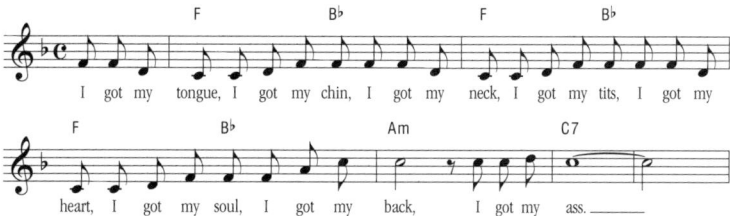

Der Song muß ein Feuerwerk sein, eine Serie kleinerer und größerer Explosionen bis hin zu dem letzten raketenartig, fast orgiastisch, aber sehr gezielt herausgeschleuderten – eigentlich unendlichen – »Life!« in exponierter Tonhöhe. Diese Explosion muß Weite haben. Die Rufe zielen in verschiedene Richtung und bündeln sich in einem gedehnten Kuppelklang.

Coda

An den Rändern der Stimme: Extremklänge

Die charakteristische Stimme

Die Imitation des Fremden ist eine Qualität des schauspielerischen Singens. Extreme Stimmklänge stellen sich ein, wenn Imitation oder Charakterisierung sich der Groteske oder der Karikatur nähert, wenn fremde Stimmklänge überzeichnet, nachgeäfft oder verspottet werden. Einer solchen Schärfung des Stimmklangs liegt im Alltag ein eindeutiger Aktionsimpuls zugrunde. Auch beim schauspielerischen Singen ist eine solche Motivation für diese Klangfarbe und seine gestische Verankerung im ganzen Körper notwendig. Naheliegende Formen der Charakterisierung sind Kindertöne, Altweiber- oder Altmännertöne.

Die haltbare Graugans, die Eisler nach einer brechtschen Vorlage komponierte, ist durch keifige *Altweibertöne* geprägt. Erst der Gestus der räsonnierenden alten Frau macht die abstruse Geschichte hörenswert. Wie weit sie dabei Altweiberlegenden auftischt oder mit List und Provokation ein Gleichnis der Unverwüstlichkeit erfindet, ist Sache der Interpretation. Die exponierten hohen Töne, mit denen die unglaublichen Details zusammengesponnen werden, gehören zu diesem Gestus und müssen zu den Beteuerungen in deutlichem Kontrast stehen: Das wiederkehrende »Ja, ja!« ist ein angesungener Sprechton. Zu den exponierten Stimmklängen gehören auch dem Sprechton abgelauschte ausführliche Glissandi – vor allem in der letzten Strophe. Die Begleitung Eislers ist karg und fast ausschließlich auf tremolierende Terzklänge beschränkt, in denen sich die Geschichte fortspinnt:

Ein Beispiel für den *Kinderton* und die Anlage eines Gestus schon in der Komposition ist das *Bettellied* von Hanns Eisler. Die Melodie hat von ihrem Grundmuster her eine sehr einfache Gestalt, ist aber durch ihre Zwölftönigkeit in den gewohnten Intervallen verzerrt. Eisler benutzt die Kompositionsweise, um den charakteristischen Gestus bereits in der Melodieführung anzulegen: den Gestus des – auch in der Intonation – ungezähmten und ungezwungenen Singens, das vor allem Aufmerksamkeit und einen Zehrpfennig ergattern will. Die chromatische Trippelbewegung der Begleitung, die später auch in der Melodie erscheint, enthält die unruhige Energie ungeduldiger Kinderfüße – noch dazu in Kälte und Frost:

Eine Mischung aus Kinder- und Altweiberton enthält Eislers *Mutter Beimlein* oder – wie sie bei Brecht heißt: *Mutter Beimlen*. Dem Gestus dieses Spottliedes liegt die kindliche Grausamkeit zugrunde, Defekte – hier das Holzbein – an den Pranger zu stellen. Schon in der Begleitung liegt ein Zug von Spott und Groteske. Sie beschränkt sich auf ein hartnäckig wiederkehrendes Terzmotiv, das zeitweise einen halben Ton aufrückt, aber seinen gleichförmigen hinkenden Rhythmus durchgehend beibehält. Das Lied kann rhythmisch aus einem demonstrativen Hinken entwickelt werden. Die Aufwärtsbewegung der Melodie nimmt das Mühsame des Fortkommens auf. Der gedehnte Stimmklang auf der exponierten Höhe der Oktave stellt diese Haltung auf eine neue kindlich-grausame Weise aus. In ihm ist ein gedehntes verärgertes Rundumblicken der *Mutter Beimlein* angelegt. Eine hinkende Drehung unterstützt von der Körperspannung her die Bewältigung der kleinen stimmlichen Herausforderung an dieser Stelle und belebt den gedehnten Melodieton. Im übrigen ist in dem Lied auch eine kleine wechselseitige Sympathie angelegt. Sie holt die böse Bloßstellung wieder heim ins warme soziale Milieu. Wenn die Kinder »brav sind«, zeigt *Mutter Beimlein* ihnen das interessante Holzbein. Die schlaue praktische Nutzung des Holzbeins – der Nagel als Aufhänger für den Schlüssel – kann durchaus hohe kindliche Anerkennung auslösen. Die letzte

Strophe, die bei Eisler fehlt, sollte gerade vor diesem Widerspruch nicht weggelassen werden. Sie ist angetan, diese kindliche Anerkennung von List, Lebensklugheit und Lebenswillen – auch in fast aussichtslosen Situationen – zu verstärken.

Wedekinds Lied *An einen Jüngling* ist ein Pendant für die charakteristische Altmännerstimme. Es ist die Warnung eines in Liebesdingen erfahrenen und gebeutelten alten Mannes vor den »weißen Mädchenbrüsten« und den »tröpfelnden, träufelnden und trippelnden« Folgen allzugroßer »Lust an diesen weißen Teufeln«. Der warnende Gestus legt einen heiseren, verknarzten Altmännerton nahe.

210

Die Melodie bleibt trocken in der Sprechlage, redet von Kummer, lahmen Lenden und dem frühen Tod gerade der »Kühnsten und Elegantesten« und nur ein kleiner melodiöser Aufschwung gibt den »Paradiesesäpfeln« matte emotionale Leuchtkraft. Das eigentümlichste gestische Moment ist das – senile? sich mühsam erinnernde? bittere? schmerzverzerrte? – Innehalten im Gesang, das Aufderstelletreten des Gedankens und mit ihm das stereotype Ableiern einer melodischen Formel und schließlich der Hustenanfall. Erst danach wird das letzte Wort, der Schlußpunkt, mühsam gefunden.

Ein Beispiel für die vielfarbige Palette stimmlicher Charakterisierung durch die bissige Karikatur ist der Aufmarsch der *Wilmersdorfer Witwen* in Volker Ludwigs *Linie 1* in der Vertonung von Birger Heymann. Diese schrulligen »Queens vom Tauentzien« werden von Männern gespielt. Ähnlich wie sie mit Schirm, Gehstock und Kapotthut martialisch herumfuchteln, sollten sie auch stimmlich vom Altweiberbaß bis zur Fistelstimme – vor allem in der *Stretta* gegen Ende alle verfügbaren Register ziehen.

Männliches Falsett und weibliche Spitzentöne

Das männliche Falsett ist eine besondere Form des extremen Stimmklangs. In der Renaissance gehörte es zu den geläufigen und naheliegenden Stimmqualitäten der Männer. Auch für das schauspielerische Singen ist das männliche Falsett als besondere Qualität des Gesangs zu berücksichtigen. Für den Falsettklang verändern sich vor allem die körperlichen Spannungen. Der Körper ist sehr weich und weitgestellt. Er befindet sich gleichsam in einem Schwebezustand. Die Melodiebewegungen sind feiner, langsamer und aufmerksamer auszuführen. Obwohl die weit gespannte Körpermitte den Stimmklang trägt, bewegt er sich vom Gefühl her weit darüber in den Regionen reiner Kopfresonanz.

Abgesehen von einer Wiederbelebung historischer Gesangspraxis, bietet der Falsettklang heute vor allem groteske Möglichkeiten des Stimmeinsatzes – schon die *Wilmerdorfer Witwen* zeigen das. Ein klassisches Beispiel dieser grotesken Verwendung des Falsetts ist das klägliche *Lamentoso* des *Gebratenen Schwans* in Orffs *Carmina burana* – sozusagen ein Vorstoß des klassischen Tenors in das Terrain des schauspielerischen Singens. Dieser *Schwan* – bereits im knusprigen Zustand in der Pfanne – erinnert sich seiner früheren Schönheit, klagt den Koch an und bejammert sein Schicksal. Der kläglich-komische Effekt entsteht vor allem aus dem Bruch im Wechsel der Register. Die Singweise setzt im weichen gedehnten falsettierenden Klageton an und bricht spätestens mit dem gedehnten Zielton in die Normalstimme. Der Weg dahin ist ein schmerzlich gleitendes melodisches Auf und Ab, das sich nah an einem tränensatten Sprechton hält:

Für die groteske Einbeziehung des Falsetts bietet sich »Der« *Kleptomane* von Friedrich Hollaender an. Die Umbesetzung des Chansons mit einem Mann hat schon in sich seinen Reiz. Das Lied erfordert im erzählenden Teil einen rhythmisch sehr präzisen Sprechgesang – mit der ganzen Variationsbreite von Singen und Sprechen und deren Brüchen. Schon hier kann sich das Falsett gelegentlich einspielen – und zwar immer dann, wenn die Emotion überbordet – beispielsweise: » Immer gabs mir durch den Körper einen Riß.« Vor allem ist das Falsett vor dem eigentlichen Refrain am Platz. Es kann die Impulse der Klavierbegleitung aufnehmen und die dritte Wiederholung »im Magen« in einem weiten Oktavglissando ins Falsett ausschlagen lassen und wieder zurückführen. Die Wirkung wird verschärft, wenn das Glissando aus der tiefen Stimmlage über zwei Oktaven ins Falsett ausschlägt:

Extreme Spitzentöne der Frauenstimme sind im schauspielerischen Singen eher eine Ausnahme. Das Singen in extremer Höhenlage kann allerdings durchaus Ausdruck der extremen emotionalen Befindlichkeit einer Figur sein. Insbesondere vokalische Glissandoübungen sind geeignet, die Stimme in dieser Hinsicht geschmeidig zu machen. Sie setzen in der Mittellage an und führen über eine äußerste Verfeinerung des Klanges in der Höhe dorthin zurück. Ein Lied, das sich für das elastische Auswerfen der Spitzentöne gut eignet, ist Orffs *Stetit puella* aus den *Carmina burana*. Der Sprung in die Höhenlage ist hier angewiesen auf eine elastische körperliche Abfederung schon in der Mittellage. Insofern bieten sich für die Stimme feine Portatoklänge oder federnd angeschlagene Klangpunkte an. Die sehr exponierte Vokalise setzt einen weit und leicht gespannten, fast selig schwebenden Körperzustand voraus – ähnlich dem männlichen Falsett:

Ste - tit pu - el - la _____ ru - fa tu - ni - ca, _____

_____ si quis eam te - ti - git, _____ tu - ni - ca cre - pu - it. _____

Ei - - - - - - - a, ___ ei - a,

Koloraturen

Koloraturen sind vor allem eine Herausforderung an die Frauenstimme. Auch sie spielen im schauspielerischen Singen eher ausnahmsweise eine Rolle – so beispielsweise in Thomas Bernhards *Der Ignorant und der Wahnsinnige.* Hier werden der Schauspielerin Koloratureinlagen der *Königin der Nacht* aus der *Zauberflöte* abverlangt. Die stimmlichen Herausforderungen werden noch dadurch gesteigert, daß die Primadonna vor ihrem Auftritt in einer äußerst angespannten, aggressiven Verfassung ist. Ihre kleinen Koloraturmarkierungen schieben sich in eine Suada von Welthaß, Bühnenangst und Überdruß an ihrem Beruf ein.

Diese Koloraturen müssen selbstverständlich, auch wenn sie nur markiert sind, exakt und leicht kommen. Insofern kann die Rolle ohnehin nur durch eine Schauspielerin mit herausragender Stimmqualität besetzt werden. Der Widerspruch zwischen ihrem verzweifelten Gerede und diesen Koloraturen muß so weit gespannt wie möglich sein. In den Augenblicken, in denen sie zur Koloratur ansetzt, schert sie aus der Situation

Königin: Absagen
absagen
wir müssen alles absagen
in Zukunft alles absagen …
markiert eine Koloratur …
wir kennen alle Opern
alle Schauspiele …
und insgeheim hassen wir das Publikum
nicht wahr
unsere Peiniger
markiert eine Koloratur …

in der Garderobe aus und befindet sich in dem Risikobereich ihrer Bühnenexistenz. Die rhythmisierte Verssprache Bernhards gibt für diesen gestischen Ruck durch die Figur eine vorzügliche elastische Grundlage. Trotzdem muß der Moment vor dem Start in diese ganz andere Sphäre immer deutlich und in Konzentration empfunden werden. Der ganze Körper stellt sich um. Diese Miniaturkolora-

213

turen müssen also immer wieder – nicht nur von der Primadonna, sondern auch von der Schauspielerin – geübt werden. In der Regel fallen dabei Staccatokoloraturen leichter als Skalenkoloraturen. Körperliche Voraussetzung ist ebenso wie bei den Spitzentönen eine durchgehende feine Weitenspannung, auf der die Töne elastisch tanzen können. Wie dort empfiehlt sich in den Übungen ein vokalisches Oktavglissando zu einem Spitzenton, von dem repetierte Staccatoklänge oder Dreiklangssequenzen leicht abspringen oder abgeworfen werden.

Dem männlichen Schauspieler werden Koloraturen seltener abverlangt – es sei denn als Parodie. Das Couplet des *Hans Styx* aus Offenbachs *Orpheus in der Unterwelt* ist ein solcher Fall. Die Begegnung zwischen ihm, dem Domestiken im Hades, und der schönen *Eurydike* ist natürlich komisch und zugleich ein wenig tragisch. Die Komik entsteht aus der sehnsuchtsvollen Ernsthaftigkeit seines Werbens und der Lächerlichkeit der Ausgangsposition: *Hans Styx* – einst, so sagt er, der *Prinz von Arkadien* »in Reichtum, Glanz und Pracht« – ist senil und leider auch schon gestorben. Die asthmatische Koloratur am Ende seines Couplets ist die kraftlose Anstrengung, ein Pfauenrad zu schlagen. Die Staccato-Punkte über den einzelnen Tönen innerhalb des Gesamtbogens deuten auf Kurzatmigkeit, für die jeder Ton sowohl emotional als auch stimmlich eine Herausforderung ist: »Arka -- ha-ha-hahahahaha -- dihihihien«. Hier sind eingeschobene »h«s nicht nur erlaubt, sie sind ein wichtiges Ausdruckselement. Die kraftlose Sehnsuchtsgeste erlischt mit einer kleinen, konventionell ausgezierten musikalischen Schlußfigur:

3. Teil

Das Melodram

Vorspiel

Kleine Geschichte des Orchestermelodrams

Die Anfänge

Melodramen lassen sich als ein zweiter Anlauf – nach der Oper – verstehen, die antike Tragödie »aus dem Geiste der Musik« wiederzubeleben oder gar neu zu erschaffen. Den ersten Impuls dazu hatte Rousseau 1770 im Zuge der Pariser Opernfehden mit seinem Monodram *Pygmalion* gegeben – einem Schauspiel, in dem die Musik das stumme Gebärdenspiel des Schauspielers begleitet und deutet, während sie schweigt, wenn er spricht. Das deutsche Melodrama knüpft an den großen Erfolg des *Pygmalion* an. Es entsteht in der Zusammenarbeit des Komponisten Georg Benda und des Schauspielers und Schriftstellers Jacob Christian Brandes. Mit seiner *Ariadne* (1775) und der nachfolgenden *Medea* hat es eine frühe Blüte erlebt. Das Echo auf die ersten Aufführungen war überwältigend. Die Rede war von »einer neuen Gattung des Schauspiels«, die »dem stärksten, was man auf dem Theater kennt, an die Seite gestellt werden muß«. Vor allem das neuartige Zusammentreffen von Musikereignis und schauspielerischer Deklamation – anders gesagt: das Ausbreiten eines Seelenzustands und die gleichzeitige Erscheinung dieses Seelenzustands in den umgebenden Klängen der Musik übte diese Wirkung aus. Benda geht in der Wechselwirkung von Musik und Sprache einen deutlichen Schritt über die Intentionen Rousseaus hinaus. Er faßt die Musik durch die Verknüpfung der Motive zu größeren Sinneinheiten zusammen und bindet vor allem die Sprechstimme in ausdrucksstarken Momenten in die Musik ein. (Vgl. Budde 1985)

Das begeisterte Echo auf diese neue Form des Schauspiels wich bald einem heftigen Pro und Contra. Goethe begrüßte die neuartigen Möglichkeiten und schrieb selbst mit der *Proserpina* einen Melodramtext. Er empfand eine grundsätzliche innere Nähe zwischen der Deklamation als einer »leidenschaftlichen Selbstentäußerung« und der Musik selbst: »Man könnte die Deklamierkunst eine prosaische Tonkunst nennen, wie sie überhaupt mit der Musik viel Analoges hat.« Herder sah im Melodram dagegen eher ein ästhetisches Ärgernis:»Eine mißliche Gattung, die bald widrig werden kann, weil Töne die Worte, Worte die Töne als unvereinbar miteinander jagen.« So vernichte die Schönheit der Musik die Schönheit der Deklamation und umgekehrt.

In dieser frühen Kontroverse kommt in der Tat sowohl der besondere Reiz als auch die ästhetische Problematik des Melodrams zur Sprache. Es ist kein Zufall, daß in der Frühzeit die Trennung von Wort und Musik dominiert. In der unmittelbaren Konkurrenz mit dem Klangereignis ist das Wortereignis immer der schwächere Teil. Das hat zwei Ursachen: Erstens ist die klangliche Qualität gesprochener Worte musikalischen Klängen grundsätzlich unterlegen, vor allem denen von Instrumenten. Sprachliche Äußerungen artikulieren sich nicht in einer klanglichen Kontinuität, sondern in einer differenzierten Lautfolge. Der Verlust eines einzigen Lautes in der Wahrnehmung des Hörers kann zum Sinnverlust für die ganze Äußerung führen. Darüber hinaus ist die Sprechmelodie – im Gegensatz etwa zum gesungenen Wort – charakterisiert durch den ständigen Spannungsabfall bzw. das Absinken des Tons. Beides macht die Sprechstimme in der unmittelbaren Konfrontation mit musikalischen Abläufen zum schwächeren Partner. Eine Problematik liegt von daher in der ständigen Gefahr gewalttätiger Auseinandersetzung: in der Tendenz der Musik, die Stimme zu übertönen und in den Versuchen der Stimme, sich davor durch ein gesangsähnliches Ausrufen der Worte zu retten.

Die zweite Ursache für diese Schwäche liegt tiefer. Musik und Sprache sind in ihren Strukturen nicht ohne weiteres miteinander vereinbar: sie werden gleichsam umgekehrt produziert und rezipiert. Sprachliche Strukturen sind dadurch gekennzeichnet, das der Impuls, das psychische Motiv, das einer Äußerung zugrunde liegt, häufig erst gegen Ende dieser Äußerung im Wort erscheint. Das musikalische Motiv, das eine musikalische Äußerung charakterisiert, erscheint in der Regel am Anfang und läßt das musikalische Geschehen aus sich heraus entstehen. Je komplexer und gedankenträchtiger also sprachliche Äußerungen sind, desto stärker tritt im unmittelbaren Zusammentreffen auch das Problem zutage. Je einfacher in der Struktur sie sind, je anschaulicher und geprägt von »leidenschaftlicher Selbstentäußerung«, desto größer ist der Reiz. Melodramatische Kompositionen fordern also nicht nur den Schauspieler als Sprecher und Musiker in einer besonderen Weise heraus, sondern auch den Komponisten und den Textdichter. Beide können die Probleme im Vorfeld entschärfen oder verschärfen.

Die weitere Entwicklung des Melodrams in Deutschland ist begleitet von diesen ästhetischen Kontroversen. Aber ungeachtet aller Vorbehalte und aller Kritik hat sich das Melodram behauptet und in seinen Mitteln verfeinert. Ein – in seiner Einfachheit – eindrucksvolles Beispiel ist der Schlußmonolog des *Egmont* in Goethes Schauspiel mit der Musik Beethovens. Auch hier werden die Worte überwiegend von den Klängen umrahmt, nur punktuell wird die Gleichzeitigkeit von Wort und

Musik gewagt. Aber die Musik gibt den Worten einen ganz eigenen atmosphärischen Raum aus Klang und Verstummen. Sie entwickelt so die Qualität einer emotionalen Unterströmung und wird eine Art Untertext aus Klängen. Die Musik des Melodrams ist dabei nur der Auftakt einer groß angelegten Traummusik, in der »die beiden süßesten Freuden« *Egmonts* – die Freiheit und Klärchen – in einer Gestalt auf der Bühne gegenwärtig werden. Das Melodram setzt ein, als Egmont in der letzten Szene des Stückes mit der Gewißheit der kommenden Hinrichtung allein im Gefängnis zurückbleibt. In einer ungewohnten inneren Gelassenheit und frei »jedes ängstlichen Gefühls« legt er sich zur Ruhe:

Manfred – ein dramatisches Gedicht

Ein wichtiger Impuls zur Weiterentwicklung des Melodramas geht von Robert Schumann aus. Seine Vertonung des *Manfred* von Lord Byron ist eine anspruchsvolle Aufgabe für einen Schauspieler. Das dramatische Gedicht Byrons ist ein literarischer Reflex auf Goethes *Faust*. In ähnlicher Weise wie dort geht es um Beschwörungen von Welt- und Naturgeistern. Zugleich ist das Stück die Verarbeitung der unglücklichen Liebe Byrons zu seiner Halbschwester. Anlaß zu den Beschwörungen oder Anrufungen *Manfreds* ist demnach – im Gegensatz zu *Faust* – die geliebte *Astarte*, deren Tod er durch seine Liebe verursacht hat. Die *Geister des Weltalls* narren ihn mit flüchtigen Abbildern der geliebten Frau. Erst der dritte

Versuch, die Beschwörung der toten Frau selbst und das Gespräch mit ihr, befreit ihn von Schuld und verbindet beide auf eine neue Weise.

Schumann überwindet im *Manfred* die Schwächen des Melodrams, das Auseinanderfallen von Wort- und Klangereignis vor allem durch das Moment des Situativen. Der Komposition gelingt darüber hinaus eine dichte Verschmelzung des Poetisch-Sprachlichen mit dem Musikalischen, in der jede Kunst ihrer Eigengesetzlichkeit folgt und dennoch die andere fast innig durchdringt. Ein anschauliches Beispiel dafür ist die Erscheinung eines Zauberbildes. Ihr voraus geht die Anrufung der »verborgenen Mächte«. Das Zauberwesen, das ihm erscheint, trägt die Züge *Astartes*, der toten Geliebten:

Die Musik bewegt sich formal geschlossen als ein klingender Vorgang für sich. Die Sprechstimme ist in sie eingelegt – in der Weise, daß Instrumentalmelodie und Textmelodie sich frei überlappen. Sie haben ihre eigenen Einsätze und Abschlüsse, ihre Höhepunkte und inneren Akzente und nehmen doch in ihren Eigenbewegungen Rücksicht und Bezug aufeinander. Der innere Bezug ist dadurch gegeben, daß die Erscheinung des Zauberbildes sich im musikalischen Vorgang ereignet, auf den *Manfred* sprechend antwortet. Zugleich sind in der Musik – in dem schnellen Aufschwung und dem sanften Abfall der Melodiebildung, in der rhythmischen Unruhe der Begleitung, den Synkopen und Triolenbewegungen, in den dynamischen Schwellern und in den harmonischen Wendungen – die wechselnden und widersprüchlichen Empfindungen *Manfreds* eingefangen. Die Musik spiegelt so zugleich die Beziehung, die er zu diesem Zauberbild aufbaut, indem er es anschaut und zu ihm spricht. Die charakteristischen und exponierten musikalischen Motive sollten in diesem Miteinander zunächst für sich allein sprechen. Die Stimme antwortet echoartig oder auch in der Art eines freien Kanons auf die Musik – anders gesagt: *heterophon*. Nur in seltenen, emotional exponierten Fällen können der melodische Einsatz und der Einsatz der Stimme zusammenfallen.

In einer ähnlichen Weise reagiert die Stimme im *Alpenkuhreigen* auf die fernen Klänge der Hirtenschalmei. Auch hier muß sich erst das Klangereignis etablieren, ehe die Stimme in die Klangdehnungen der Melodie hineinsprechen kann. Die Notwendigkeit für die Ungleichzeitigkeit des Einsatzes liegt also einmal darin, daß sowohl die Musik als auch die Äußerung in Worten in ihrer Gestalt wahrgenommen sein wollen. Sie liegt aber vor allem in dem besonderen Charakter der Situationen: Sie sind vom Wechselbezug bestimmt. Erst das gelingende Ineinanderverweben von Musik und Sprechklang macht – im Gegensatz zu den Frühformen des Melodrams – letztlich auch die Wirkung von Augenblicken aus, in denen die Stimme unbegleitet von der Musik nur mit der Stille umgeht, vor allem wenn sich das aus der Situation heraus begründet – wie in *Manfreds* Ansprache an *Astarte*:

Das musikalische Motiv der *Astarte* erklingt zunächst allein, die Worte fallen in die Stille dazwischen. Damit stehen die beiden bestimmenden Momente dieser Situation einander gegenüber: das Bild dieser Frau und die Empfindung, die diesem Bild gilt, in Gestalt der wortlosen Musik – und die bewegte Anrede, die ihren eigenen Gestus behält. Erst allmählich verbinden sie sich miteinander. Aber auch in der Verbindung von Wort und Musik greift der Klang immer wieder verzögernd in die Rede ein und will erst wahrgenommen werden als ein Gegenüber. Im übrigen soll nicht verschwiegen sein, daß die Textnotation im Manfred diese Prinzipien nicht durchweg deutlich macht. Sie muß in vieler Hinsicht – ähnlich wie die allzu komplexe alte Übersetzung des Byronschen Textes – für eine Aufführung neu eingerichtet werden.

Von Schumann zu Schönberg und zum Film

Das Melodrama als Gattung bekommt im 19. Jahrhundert in Europa zwei Gesichter, die letztlich kaum mehr eine Ähnlichkeit miteinander aufweisen. In Frankreich bezeichnet der Begriff mehr und mehr ein emotional aufwühlendes Theaterstück, in dem zwar die Musik anfänglich noch eine wichtige Rolle spielt, vor allem aber die zwischen Schrecken und Rührung wild bewegte dramatische Handlung und die große Ausstellung der Gefühle. Das aus der Musik geborene Melodram – oder wenn es ein ganzes Stück ist, das diesem Prinzip folgt: das Melodrama – hat eine schmalere Spur hinterlassen. Mendelssohn hat in einem romantischen Neuentwurf der antiken Tragödie 1841 eine melodramatische Bühnenmusik für die *Antigone* des Sophokles komponiert. Tschaikowsky mit seinem russischen Märchentheater Schneeflöckchen, das Chöre, Gesangssolisten und Schauspieler vereint, und Humperdingk mit den *Königskindern* sind Stationen dieser Entwicklung. Alle diese Erscheinungen werden aber letztlich erst von Arnold Schönberg und seiner Schule neu und originär aufgenommen und weiterentwickelt. Mit der – rhythmisch wie melodisch – auskomponierten Sprechweise Schönbergs und Bergs entsteht eine eigentümliche Synthese zwischen Sprechausdruck und Kunstgesang, die den Gesangstil der neueren Musik grundlegend beeinflußte und grundlegend veränderte. Damit verläßt allerdings dieses Erbe des Melodrams den Raum des Schauspiels.

In mancher Hinsicht könnte man im Film und in der Filmmusik die letzten und aktuellen Erben des Melodrams sehen – und hier fließt die verzweigte Entwicklungsgeschichte letztlich auch wieder zusammen. Schon der Stummfilm hatte sich mit den – meist billigeren – Mitteln melodramatischer Musik eingedeckt. Brecht spricht in Folge von einer »Musikinflation im Film«, von einer »Überschwemmung unserer Filme mit Musik«: »Man ertränkt die Dialoge in Musik. (...) Das einzige, was man für die Beibehaltung von soviel Musik im Film geltend machen kann, ist, daß man sie im Grund nicht mehr hört.« (15, 488) Diese Bemerkung läßt sich allerdings – je nach Standpunkt – auch als Kompliment verstehen. Die »Entwertung der Musik« findet gleichsam im Dienst einer höheren Sache statt: der Wirkung des Films insgesamt. Für den Schauspieler hat das zur Folge, daß er auf die musikalischen Ereignisse nicht mehr reagieren muß – sie werden eingeblendet. Der gleiche Effekt tritt ein, wenn die Kräfteverhältnisse von Musik und Stimme durch technische Aussteuerung reglementiert werden. Im unmittelbaren wechselseitigen Umgang von Stimme und Musik, wie ihn das Melodram fordert, muß der Schauspieler den Austausch der Energien immer neu suchen, begründen und differenzieren. Das setzt eine musikalisch-schauspielerische Kompetenz voraus, die in jedem Fall wünschenswert bleibt.

221

7. Hauptstück

Balladen und Romanzen

Das balladeske Melodram

Das balladeske Melodram entsteht als ein Seitenzweig der romantischen Lied- und Balladenkomposition. Da es nicht auf die Erfindung in sich geschlossener Melodien oder auf gesangliche Deklamation ausgerichtet ist, ist das Verhältnis zwischen musikalischem Ereignis und Rede wesentlich stärker aus der Situation entwickelt, in oder von der gesprochen wird. Die Melodramen der Romantik erzählen Geschichten, deren Situationen und Vorgänge teils in Musik, teils in Worten erscheinen. Wie das geschieht, zeigt ein Beispiel aus Schumanns Vertonung der Romanze *Schön Hedwig* von Hebbel.

Die Ausgangssituation wird über dem gehaltenen Akkordklang eröffnet: Festatmosphäre, im Blickpunkt der Hausherr, der Ritter. Bevor der neue Vorgang sich ereignet, tritt Stille ein. Dann erscheint das Mädchen mit dem Weinkrug. Die Musik hat dabei den Vortritt und formt die Geste aus, desgleichen in verkürzten Motiven die Bewegung des Zurücktretens, dann steht *schön Hedwig* und wird wie ein Bild von den weiterrückenden Klängen beleuchtet, bis der »klarste Morgenstrahl« sie mit dem C-Dur-Dreiklang trifft. Die unverhoffte Berührung durch die Hand des Mannes wirkt wie ein kleiner Schock; musikalisch erscheint das als dissonanter Klang mit nachfolgender Pausenfermate. Dann heben sich die zu Boden geschlagenen Augen in drei zögernden musikalischen Gesten und blicken ihn mit einer stummen Frage – musikalisch: mit dem Dominantseptimakkord – an.

Von Bedeutung ist dabei, ob es dem Komponisten gelingt, über das unmittelbare Reagieren auf situative Momente hinaus eine eigene Logik des Erzählens, das heißt auch: eine eigene musikalische Form zu entwickeln. In dem Schumannschen Beispiel wird man finden, daß die kleine Schock-Dissonanz schon in der ersten Begegnung, unmittelbar vor dem Zurücktreten des Mädchens, erklingt. Das musikalische Motiv, mit dem sich das Auge vorsichtig hebt, ist die verlangsamte

Erscheinung der musikalischen Auftrittsgeste und erscheint auch in der Bewegung des Zurücktretens. Die Musik zeichnet also von Beginn an mit ihren Motiven an der geheimen Beziehung zwischen den beiden. Sie kann also durch die Wandlungsfähigkeit ihres Materials und ihrer Motive scheinbar auseinanderliegende Momente eines Vorgangs unmittelbar aufeinander beziehen und zugleich in einer differenzierten, situationsadäquaten und dennoch konsistenten Weise sprechen. Was sie zu den Vorgängen sagt, betrifft häufig Momente, die in Worten unaufgedeckt bleiben und so indirekt zur Sprache kommen. Robert Schumann und daneben Franz Liszt stoßen durch diese Dichte der motivischen Struktur und ihren situativen Bezug gelegentlich weit in musikalisches Neuland vor.

Robert Schumann

Robert Schumanns *Balladen zur Declamation mit Begleitung des Pianoforte* sind um die Mitte des 19. Jahrhunderts entstanden. Die Textvorlagen lieferten Hebbel und der englische Romantiker Shelley. Shelleys Ballade *Die Flüchtlinge* hat einen – romanhaften – biographischen Kern: Mit neunzehn Jahren entführte er die siebzehnjährige Harriet Westbrook aus ihrem Londoner Vaterhaus und heiratete sie in Schottland. In romantischer Überhöhung wird daraus eine Flucht übers wilde nächtliche Meer unter prasselndem Hagel und Kanonenkugelregen. Die drei Situationsmotive der Ballade – der *Sturm*, die beiden *Liebenden* allein im Segelboot und die Zurückgebliebenen, vor allem das greise *Vatergespenst* auf dem obersten Turm seines Schlosses mit seinem gräßlichen Fluch – bekommen bei Schumann sehr charakteristische und gegensätzliche musikalische Motive. Beim näheren Hinhören und Hinsehen haben sie aber alle auch gemeinsame Wurzeln. Das macht die formale Einheit dieses wildbewegten Melodrams aus.

Das Sturmmotiv äußert sich in der rollenden Wellenbewegung im Baß und den harten dissonanten Sforzatoschlägen mit dem charakteristischen Halbtonschritt. In der Beruhigung wird daraus ein Tremolo, in dem dieser Halbtonschritt verborgen weiterlebt. Die Musik für die jungen Liebenden hat zunächst einen ähnlichen dissonanten Harmoniegrund, darüber aber eine sehr weiche melodiöse Legatolinie, die sich schließlich in einer kanonischen Zweistimmigkeit liebend ineinanderfügt. Auch die harten Akkordschläge leben noch, sind aber ins Weiche verwandelt und erscheinen in ihrem Höhensprung fast wie verhaltene Jauchzer. Die Wut der Zurückgebliebenen entlädt sich in harten dissonanten Akkordschlägen – dem Sturm-Motiv vergleichbar. Auch der weite Ausschlag der Melodielinie lebt darin verwandelt weiter: Die Geste setzt zu einem großen Ausholen an, aber in der Dehnung des zweiten Akkordschlags liegt auch eine Lähmung. In der sehr leisen, überdehnten Baßlinie ist diese Geste ins Ohnmächtige verwandelt: »ein todkündend Gespenst«. Dennoch entlädt sich die Aggression noch einmal mit dem ansetzenden Fluch in den beschleunigt zuschlagenden Dissonanzen:

Der Hagel klirrt nieder, es leuchten die Wogen, die
Blitze sprühen, der Schaum kommt geflogen — Fort, fort, fort! Der Donner laut kracht, die Wälder stöhnen, der
Sturmwind braust, die Glocken ertönen! Fort, fort, fort! Die Erd', gleich dem Meere, wankt
trümmerbedeckt, Thier und Mensch sind entfloh'n, von dem Sturm erschreckt — Fort, fort, fort!

Ein Schiffsmantel deckt die Liebenden beide, Ihr Herz schlägt vereint in stolzer Freude, sie flüstern sich zu.

In dem Schlosshof, neben der Pförtnerin, gleich geschlagenem Bluthund, steht der Bräutigam, bleich vor Scham. Ein
todtkündend Gespenst, steht auf oberstem Thurm ein Greis, und vor seiner Stimme scheint der Sturm zahm.

225

Schumanns Vertonung der Ballade ist ein schönes Beispiel für die Qualität des Widerstandes, den die Musik als Klangereignis der Sprechstimme bietet, und die Art, wie dies fruchtbar zu machen ist. Das Neben- und Miteinander von Worten und Klängen kann als wechselseitige Störung, aber auch als Stütze und Steigerung erfahren werden. Die einfachste Form des Wechselbezugs ist es, wenn die Musik – wie am Anfang – sich austobt, die Stimme diese Energie aufnimmt und das Abebben des Klangs zu ihrem Einsatz nutzt. Eine Möglichkeit der Steigerung zeigt das wiederholte »… fort, fort, fort!« Die Stimme hat zweimal den Vortritt, das Klavier schlägt nach, treibt die Stimme an, und erst beim dritten Mal schlagen Stimme und Instrument mit ihren Akzenten zusammen. Solche rhythmisch synchronen Zusammenstöße von Musik- und Textereignis sind immer herausragende Stellen. In anderer Weise geschieht das mit dem Wort »Fluch« über dem heroischen Es-Dur-Dreiklang kurz vor dem Ende. Hier sollte die Stimme den Akzent des Instruments allerdings in einem gedehnten Vorschlag vorwegnehmen, um die Energie hörbar zu doppeln. Dieser Fluch ist eben zugleich auch der Triumph der Liebenden:

Der gewichtigste Beitrag Schumanns zum balladesken Melodram ist die Vertonung der Ballade Der *Haideknabe* von Hebbel. Die besondere innere Dramatik des Vorgangs liegt darin, daß der Knabe den Mord an sich selbst und das Gesicht des Mörders bereits vorausträumt und dann diesen Ablauf bis zum Mord Schritt für Schritt – wie geträumt – sich vollziehen sieht. Das Besondere ist also nicht eigentlich der Mord selbst, sondern die Art wie er als unaufhaltbar erlebt wird. Eine musikalische Lösung Schumanns für dieses besondere Faktum ist, daß er das ganze Melodram fast ausschließlich aus einer thematischen Motivkette entwickelt, die in Fragmenten immer wiederkehrt und sich gegen Ende immer mehr verkürzt und in ihre Elemente auflöst. Auch die Akkorde stammen zum großen Teil aus diesem Material. Am vollständigsten ist diese Motivkette im Vorspiel des Instruments, wo sie sich – ähnlich wie das Geschehen im Kopf des Knaben – in einem dreifachen Kanon verhakt.

Eine wichtige wiederkehrende Nuance in diesem Melodram ist die atmosphärische und zugleich rhythmische Qualität des Verstummens von Musik. Das Vorspiel endet in einem stehenden Akkordklang, aus dem sich der letzte angeschlagene Ton als erster wieder fortstiehlt. Was als Klang von dem Akkord übrigbleibt, ist eine Art Erinnerung an das frühere Klangereignis. Sowohl dieser Augenblick des halben als auch der des vollständigen Verstummens sind bei Schumann genaue musikalische Signale, die dem Sprechen wichtige Impulse geben: »Der Knabe träumt ...« wird in den vollständigen Klang hineingesprochen, »... man schicke ihn fort ... zum Haideort« in den nachhängenden Klang, und nach dem Verstummen der Musik: »... er ward drum erschlagen ...« Damit ist das Ereignis bereits erzählt – und zugleich das Verdämmern des Traums. Was nun folgt, ist das allmähliche Wiedererkennen und -erleben der Details und die Panik des mehrfachen Todes:

In Hinblick auf die besondere Qualität des direkten Zusammenstoßes von Wort- und Klangereignis sollten die eingeworfenen Akkorde zunächst den Sprechfluß eher unterbrechen, als daß sie die Akzente verstärken. Das gilt auch für die abgebrochene Rede des Knaben: »Ach, Meister ... gleich greifst du –«. Das Klavier, das eben noch das zupackende »sonst mach' ich dir Beine« angefeuert hat, gibt vorweg einen scharfen Akzent. Das musikalische Hauptmotiv erstarrt auf dem zweiten Ton in einem verminderten Septimklang – man könnte sagen: in Panik, daß jetzt eintreten wird, was der Traum vorausgesagt hat. Die Stimme stößt sich von diesem musikalischen Akzent in einer Art von Fluchtversuch ab: »Ach, Meister, ach, Meister, so sprachst du schon ...« Dann verstummt der begleitende Klang – und zwar mit dem Gedankenstrich des Textes. Das Moment des Verstummens ist das Signal für den Wechsel des Gestus: vom Ton des Knaben zum Erzählton. Mit den Worten »er wird schon geschlagen« trifft die Stimme zum ersten Mal direkt auf die Akkordschläge des Klaviers. Dieser Zusammenstoß von Klavierklang und Sprechstimme entsteht hier noch fast zufällig aus einer je eigenen rhythmischen Bewegung. Im Miteinander von Musik und gesprochenem Wort ist es der erste Höhepunkt auf der dramatischen Skala: der zweite Tod – nach dem geträumten.

Der ausgedehnte Schlußteil – der Mord und sein Vorspiel – zeigen ein sehr gegensätzliches Verhältnis zwischen Musik und Sprechstimme. Im Vorspiel ist der Knabe mit seinem Mörder allein und ihm ausgeliefert. In scheinbarer Freundlichkeit zwingt dieser ihn den Traum zu erzählen und seinen Mörder wiederzuerkennen. Gegenüber diesem Gestus scheinhafter Freundlichkeit bewegt sich die Musik in einer flatternden Ängstlichkeit. Die schnellen Wiederholungen und das versetzte Ineinander der Halbtonschritte des Hauptmotivs und die chromatische Steigerung im ganzen sind dafür charakteristisch. Für eine kurze Phase pendelt die Musik mit leichten, in ihrer Richtung unentschiedenen Akkordbrechungen in einer Art perverser Idylle: »Er faßt den Knaben wohl bei der Hand, / der leistet auch nimmermehr Widerstand ...«, bis der Mörder sein Opfer zwingt, die Detailschritte bis zum Mord aus der Erinnerung an den Traum vorzugeben.

Der Schlußdialog unmittelbar vor dem Mord ist ein dichter Schlagwechsel aus Rede und Gegenrede in gegensätzlichstem Gestus: kompromißloses Drängen auf den nächsten Schritt zum Mord und höchste Angst vor der Selbstauslieferung mit diesem Schritt. Der musikalische Ablauf faßt diesen Schlagwechsel als Einheit zusammen und entfaltet ihn zugleich als sich steigernden Prozeß: durch das durchgehende rhythmisch-hämmernde Motiv, die teils chromatisch aufwärts geführte Höhenlinie im Diskant, durch sich verschärfende Dissonanzen und das immer weitere Auseinanderklaffen der Oktavschläge im Baß. In diesem motorischen und zugleich expandierenden musikalischen Prozeß gestützt, muß die Stimme den durchgehenden Schlagabtausch auch mit dem Instrument aufnehmen – nicht dadurch, daß sie sich treiben ließe, sondern dadurch, daß sie führt. Sie ist der Hammer, die Musik der Amboß. Eine solche synchrone Bewegung und

Akzentuierung von Sprechklang und Musik ist eine der intensivsten Steigerungsformen, die das romantische Melodram kennt. Aber selbst hier folgen Sprache und Sprechen immer der Eigengesetzlichkeit ihres Flusses und ihres Rhythmus'. Es handelt sich hier um ein freies, aus der Situation geborenes Kontrapunktieren der Kräfte:

Franz Liszt

Franz Liszts Balladen »mit melodramatischer Pianoforte-Begleitung zur Deklamation« sind wenig später als die Robert Schumanns entstanden. Die Vertonung der *Lenore* wurde 1860 publiziert. *Der traurige Mönch* stammt aus demselben Jahr. In der Wort-Ton-Behandlung verfahren Schumann und Liszt nach ähnlichen Prinzipien. Die Melodramen setzen stets mit Instrumentalklängen ein. Mit charakteristischen Motiven, gelegentlich mit einer Miniatur-Ouvertüre, umreißen sie die Atmosphäre der Ballade. Liszt ist in seiner Klangsprache kühner. *Der traurige Mönch* entfaltet sein Material im Kern aus dem Wechsel verschiedener Ganztonleitern mit chromatischen Bewegungen und Moll-Klängen. Damit verläßt Liszt immer wieder das gewohnte tonale System der Klänge, gewinnt aber aus der Rückkehr in die gewohnte Klangwelt und den Klangbrüchen besondere Wirkungen. Er schreckt fast selbst vor seinen eigenen Klängen zurück: »so bodenlos wüst und ungeheuerlich erklingen diese tonartlichen Dissonanzen« (vgl. Martens).

Die Geschichte, um die es in der Ballade geht, steht damit in deutlichem Zusammenhang. Der Mönch ist eine Geistererscheinung mit »traurigem Gesichte«. Er spukt in einem alten Gemäuer und wem er erscheint und wer ihm

»ins Aug' gesehn«, wird ebenfalls zu Tode traurig und »muß sterben gehn«. Die eigentliche Qualität dieser Ballade von Nikolaus Lenau liegt in ihrer Doppelbödigkeit. Hinter der Geisterballade scheint eine romantische Weltsicht auf, die den Schmerz als wesentliche Grunderfahrung von Natur und Welt empfindet. Die Klänge, die Liszt zu dieser Geschichte erfindet, sind darauf bezogen. Die Klangwelt der Ganztonleitern und der zu ihnen gehörenden übermäßigen Dreiklänge – ähnlich auch die chromatischen Bewegungen – hat kein tonales Zuhause und enthält scharfe schmerzhafte Dissonanzen. Dieser Klangwelt gehören das Unwetter, die Verirrtheit, die unbegreifliche Erscheinung des Mönchs an und der »geheime Schmerz, der die Natur durchzittert« und »im Aug' des Mönchs« erscheint. Die Moll-Klänge machen diese Welt gleichsam menschlich, aber auch sterblich. Diese Mischung bestimmt die einleitende Miniatur-Ouvertüre und in der Folge auch den Auftritt des Reiters, der im Unwetter auf diesen Turm stößt:

Auch diese Musik spielt mit überhängenden Klängen und abruptem Verstummen. Wo das Pedal des Klaviers keine Endmarkierung zeigt, sollten die Klänge nachhallen und die Worte in diesen Klang hineingesprochen werden. Dagegen verstummt etwa das erste »sehr rasche« Zwischenspiel sehr abrupt und gibt der Stimme die Möglichkeit zu einem Neueinsatz.

Der Reiter steht dem Gespenstergeraune unbefangen und lebenspraktisch

gegenüber. Er ist froh über die Unterkunft. Mit dem Eintritt in den Turm öffnet
sich eine eher harmlose Klangwelt: eine leichthin tänzelnde Musik, in der sich die
Stimme ebenso federnd bewegen kann. Die folgende Situation der Ruhe, des
Schlafs, des Traums unmittelbar vor der Geistererscheinung ist eine selige Insel.
Die Klangrückungen der arpeggierten Dur-Dreiklänge zeigen den bisherigen
Klängen gegenüber eine überraschende Zartheit und Helligkeit. Um so deutlicher
ist – auch in der Stimme – mit dem Beginn der Geistererscheinung und der Panik
des Pferdes der Bruch der Klangwelten zu markieren:

In dem Aufbäumen des Pferdes und der Musik können Stimme und Klavierklang erstmalig vehement gegeneinanderschlagen: Die Pausenfermate gilt für »es schnaubt«, »bäumt« schlägt mit den Triolen des Klaviers zusammen, »Hell« läßt dem Akzent des Instruments den Vortritt, »Turmesrunde« wird exakt ausrhythmisiert. In der – möglichen – Wiederholung dieser Musik kann dieses Zusammenschlagen noch vehementer erfolgen – beispielsweise: »Weit auf das Roß …« synchron mit der ersten Triole, die zweite trifft auf »bleckt«, der Akzent im Baß schlägt zusammen mit »Angst«, »die Zähne« wird ausrhythmisiert mit den punktierten Klangwerten. Je heftiger dieser Ausbruch, desto überraschender ereignet sich im Piano der Blickkontakt von Mönch und Reiter. Diese Begegnung des Reiters mit der Erscheinung des Mönchs wird musikalisch einfach, aber aufregend gestaltet: durch den kleinschrittigen Wechsel der dissonanten übermäßigen Dreiklänge mit den Moll-Akkorden in chromatischen Rückungen und durch die tiefe düstere Lage der Akkorde. In diesen Klangrückungen realisiert sich symbolisch der Austausch der Blicke in rhythmisch genau markierten Impulsen. Dieser Blicktausch zwischen Mönch und Reiter ist das eigentliche Ereignis in dieser Situation und in der ganzen Ballade.

Die *Lenore* Gottfried August Bürgers verbindet volkstümliche Denk- und Redeformeln und knappe, fast szenische Dialoge mit einem grotesken Geisterritt, in dem eine verzweifelte Braut in Gestalt ihres toten Bräutigams vom Teufel geholt wird. Charakteristisch für den Anfang ist der unvermittelte Einstieg in die Situation, das schnelle Auffahren Lenores »aus schweren Träumen« in die wörtliche Rede. Die Lisztsche Melodramfassung beginnt vorweg mit einer sehr knappen, gedrängten Introduktion des Klaviers. Sie gibt der Sprechstimme zwei Grundmotive vor: ein heftiges Auffahren synkopischer Akkorde und ein melancholisch arpeggiertes, ebenfalls synkopiertes Seufzer-Motiv. Beide Motive, auch wenn sie für den musikalische Fortgang immer wieder wirksam werden, sind hier sehr konkrete musikalische Gesten für das heftige Auffahren der Stimme: »Bist untreu, Wilhelm, oder tot?« und das gedämpfte, verstörte Absinken: »Wie lange willst du säumen?« Dabei läßt das Instrument die Stimme bei ihrem ersten Auftritt zwar allein agieren, aber noch im Wirkungsraum des vorangegangenen musikalischen Ereignisses. Erst nach diesem Ausbruch Lenores findet sich die Sprechstimme wirklich allein und setzt in einem neuen, erinnernden Gestus zu einer Rückblende an: »Er war mit König Friedrichs Macht / Gezogen in die Prager Schlacht …« Die epische Rückblende greift weit aus – bis zum Friedensschluß von »König und Kaiserin«. Sie führt damit auch räumlich weg von der Ausgangssituation »ums Morgenrot«. Die Sprechstimme bleibt in dieser Textpassage auf sich gestellt und gibt – nach dem kurzen Vorspiel – einen neuen Ausgangspunkt für den Gang der Ereignisse.

Es ist bezeichnend, mit welchem Motiv des Erzählers die Musik wieder zu sprechen anfängt und wie unmittelbar auf den Text bezogen sie dies tut. Der fernste

Vorstellungspunkt ist kaum markiert, da rückt der neue Vorgang und das neue Vorstellungsbild der beiden heimkehrenden Heere näher – erst akustisch: »mit Sing und Sang, mit Paukenschlag und Kling und Klang«, dann optisch: »geschmückt mit grünen Reisern«. Diese Annäherung wird verstärkt durch eine Gegenbewegung von »Jung und Alt«, die »den Kommenden entgegen« ziehen. Dann stoßen die beiden Bewegungen zusammen: Der heimkehrende Mann ist nahe, und das »Gottlob!«, das »Willkommen!« des Kindes, der Gattin, der Braut ergreifen ihn. Die musikalische Ausformung dieser Gegenbewegungen und ihres Zusammentreffens ist ein langsames, aber stetiges Crescendo: Über einem trommelnden Orgelpunkt auf der Dominante wird der Vorgang in einem sich entfaltenden Trompetenmotiv zusammengefaßt und gipfelt in einer Fermate. Dann setzen die Willkommensrufe ein. Während die Stimme von ihnen spricht, singt das Klavier sie mit einem innig bewegten Motiv unmittelbar aus. Das abschließende Lenore-Motiv – entwickelt aus dem Geist des zweiten Eingangsmotivs – formt in seiner melodischen Dehnung und der chromatischen Verschärfung des Klanges den dringlich, aber vergeblich suchenden Blick aus. Es erstarrt in der Dissonanz und verstummt schließlich und läßt so die letzten Worte »und Kuß verloren« klanglos allein: ein eindrückliches Beispiel für ein situatives Schweigen der Musik. Der folgende heftige Dialog zwischen der Mutter, die zu beschwichtigen versucht, und der rasenden Lenore wird nur sehr sparsam von der Musik durchsetzt – im Wechselspiel der beiden Eingangsmotive. Vor allem das Seufzermotiv schiebt sich immer wieder unter die letzten klagenden Worte Lenores. Dagegen findet die Musik für die große Verzweiflungsklage eine sehr charakteristische Geste, in der das aufbäumende und das verzagende Moment sich zusammenfinden und in einem großen Bogen entfalten bis zur Ermattung.

Der Auftritt des Reiters, der Lenore entführt wird, und der folgende Dialog zeigen drei Qualitäten des Verhältnisses von Sprechstimme und Musik nebeneinander:

Der »scharf markierte Rhythmus« »als wie von Rosseshufen« fordert dem Sprecher eine ähnlich rhythmisch markierte Diktion ab, ohne daß sie synchron verlau-
fen dürfte. Das feine Geräusch des Pfortenrings »ganz lose, leise, klinglingling!«
und Ankündigung der überraschenden und zugleich ersehnten »Worte« bleiben
unbegleitet: Die Sprechstimme agiert allein in dem von der Musik miteröffneten
und wieder verlassenen Vorstellungsraum. Die folgende Rede des Geisterreiters
und die Gegenrede *Lenores* sind ganz frei und situativ zu sprechen, geraten aber
durch eine fahle, rhythmisch erstarrte, langgezogene Hinter- und Untergrundsme-
lodie in den Sog einer weitgespannten musikalischen Form.

Der gemeinsame Ritt auf dem Geisterroß spielt sich in furiosen und szenischen
Bildern ab. Da ist Ritt selbst, den makaberen Leichenzug und das Gesindel vom
Galgen am Hochgericht, die beide zum Troß werden. Die Koordinierung dieser
sprachlichen und musikalischen Abläufe gehört zu den großen Herausforderungen des Melodrams. Sie verlangt ein genaues Hineinhören in die musikalischen
Abläufe und zugleich die unbedingte Führung der Sprechstimme, die gleichsam
auf der Musik reitet. Die Koordinierung darf kein Neben- oder Gegeneinander der
Energien sein, sie müssen vielmehr frei und zugleich präzis aufeinander bezogen
sein. Nahezu synchron, also fast rhythmisiert, stützt sich die Sprechstimme dagegen im Ruf des Geisterreiters: »Hurra! Die Toten reiten schnell!« auf die Akkorde
der Begleitung. Daneben sind die Momente gemeinsamen Verstummens wichtig
und die Art, wie Worte in eine plötzlich sich auftuende Stille hineinfallen – beispielsweise in dem kleinen, wiederkehrenden Dialog zwischen Reiter und Lenore:

Ein Beispiel versetzter, fast kanonischer Phrasierung, in der dennoch die Besonder-
heit musikalischer und sprecherischer Diktion gewahrt bleibt, ist die Aufforderung
an den *Leichenzug*, dem Geisterritt zu folgen. Die Baßmelodie ließe sich nahezu

syllabisch für die Rede, die jeweils einen Takt später einsetzt, verwenden. Dennoch hat die Rede in ihren Sprechrhythmen dem eher stoßweisen Gestus des Zurufs zu folgen – ein Beispiel freier musikalisch-sprecherischer Kontrapunktik.

Einer der wenigen Momente, in denen aus der unbegleiteten Rede heraus ein synchroner Zusammenprall von Instrumentalklang und Sprechstimme erfolgt, findet sich gegen Ende – dem letzten Akt, in der Ankunft auf dem Friedhof. Die Sprechstimme – im Endspurt über schnellen treibenden Akkordschlägen – erreicht das Ziel im Ruf: »Die Toten reiten schnelle! Wir sind, wir sind zur Stelle«. Die Musik verstummt. Die Stimme setzt neu an. Diese anlaufenden Worte sind wie das Ausholen zum »Schlag«, in dem hier – doppelsinnig – die Requisiten Gert' und Gittertor und der Sprechklang mit dem Klavierklang zusammentreffen: »Mit schwanker Gert' ein Schlag davor / zersprengten Schloß und Riegel.«

Am Ende ist der Reiter zum Gerippe zerfallen und mit dem Roß im Boden versunken. Im Tanz der Geister um die halbentseelte *Lenore* herum kann sich über den wiederkehrenden Impulsen der Baßbewegung eine Art von rhythmischem Sprechgesang entfalten, der auch im Nachhall des Klavierklangs das Geheul der Geister weiter intoniert: »Geduld! Geduld! …«. Er kann sich über den letzten stehenden Klavierklängen zu psalmodierendem Gesang in fistelnder Höhe steigern:

Die Weise von Liebe und Tod

Das Melodram nach Schumann und Liszt griff nach diesen markanten Vorgaben gern zu schaurigen Stoffen. Verschiedene Komponisten spezialisieren sich geradezu darauf und entwickeln das Melodram zu einem morbiden, phantastischen Genre – beispielsweise Max von Schillings mit seinem *Hexenlied*. Eine ganz andere, teils realistische, teils symbolistische Atmosphäre haben die Melodramen des Russen Anton S. Arenski (1861 – 1906) nach Prosagedichten von Turgenjew. Das Klavier-Melodram *Wie waren einst schön, so frisch die Rosen* eröffnet ein realistisches Ambiente und – damit verbunden – eine ungezwungene Sprechweise, die sich jeder dichterischen Überhöhung enthält. Durch die Form des Prosagedichts entfällt das Wechselspiel zwischen Versrhythmus und musikalischem Rhythmus. Das schafft im Melodram ein neues Verhältnis zwischen Sprechklang und Musik. In der gegebenen Situation erinnert sich ein älterer Mann in der Dunkelheit eines winterlichen Zimmers an Sommerbilder: ein junges Mädchen am abendlichen Fenster, lebhafte Kindergesichter, das Fragment eines Lannerschen Walzers, von »jungen Händen« mit »verworrenen Fingern« gespielt – und »alle sind sie schon tot, längst schon tot«. Auslöser dieser Erinnerungen ist eine Gedichtzeile: »Wie waren einst so schön, so frisch die Rosen ...« Dieser Satz klingt ihm im Kopf und kehrt immer wieder – wie der Refrain eines Liedes. Diese Melodie – auch wenn sich die Gedichtzeile durchaus darauf singen ließe – ist vor allem zu verstehen als die Summe von Erinnerungen und mit ihnen verbundener Gefühle. Gerade die Konfrontation von Sprechstimme und Melodie läßt das Gegenüber der Erinnerungsbilder deutlich werden: Dem Hinhorchen auf die Melodie folgt das Hineinsprechen. Denn auch vor den Bildern seiner Erinnerung steht dieser Mensch immer in der Haltung des – ausgeschlossenen – Betrachters. Der Ton des Sprechens bindet

und klingt es in einem fort: "Wir waren einst

so schön, so frisch die Rosen..."

die Gefühle verstärkt an die Situation des Augenblicks, in dem er gegenwärtig lebt. Dennoch wäre es auch wieder eine realistische Nuance, wenn er gelegentlich halb ins Singen verfiele. Im übrigen färben die Erinnerungsbilder auch den Refrain in sich um. Bei jeder Wiederholung schlägt die Melodie gegen Ende in immer weiteren Intervallen aus und wendet sich in neue entferntere Tonarten: sie moduliert auch die Gefühle und wird von ihnen moduliert. Erst die letzte Wiederkehr mit dem weitesten Ausschlag endet in der Ausgangstonart.

Am weitesten über die Vorgaben des 19. Jahrhunderts hinaus – in einer Art Vollendung und Überschreitung des romantischen Melodrams – geht Viktor Ullmann in seiner Komposition der *Weise von Liebe und Tod des Cornets Christoph Rilke*, in der sich die Beziehung von Sprechklang und Musik aufs äußerste verfeinern. Die Textvorlage ist eine der bekanntesten Dichtungen Rainer Maria Rilkes: eine knappe lyrische Bild- und Szenenfolge über den Ausritt eines 18jährigen Fähnrichs in die Türkenkriege des 17. Jahrhunderts. Sie macht den Heereszug, kleine Situationen eines ungewohnten Alltags, das Heerlager, ein Fest, eine Liebesnacht, den schnellen Tod in kleinen Miniaturen gegenwärtig. Ähnlich rauschhaft wie diese Ereignisse durch die Figur des Textes hindurchgehen, ist der Entstehungsprozeß der Dichtung zu denken: Der Cornet, schreibt Rilke im Rückblick, »war das unvermutete Geschenk einer einzige Nacht, einer Herbstnacht, in einem Zuge hingeschrieben bei zwei im Nachtwind wehenden Kerzen; das Hinziehen von Wolken über den Mond hat ihn verursacht ...« Rilke war damals 24 Jahre alt. Der Rhythmus dieser Prosa, die sich immer wieder deutlich der Verssprache annähert, die Farbigkeit und Plastizität der Bilder sind – bei allem gelegentlichen Gefühlsüberschwang – von großer Eindringlichkeit. Die Grenzerfahrungen von Liebe und Tod in einer feindlichen und in vieler Hinsicht verwirrenden und undurchschaubaren Umgebung mögen auch für Viktor Ullmann 1944 in Theresienstadt Anlaß zur Komposition gewesen sein. Geboren 1898, gehört er zur ersten Generation junger Menschen, die den Text immer wieder verschlungen haben. Das Melodram ist die letzte kompositorische Arbeit Ullmanns und wurde – knapp vollendet – noch in Theresienstadt aufgeführt. Unmittelbar danach wurde er nach Auschwitz verbracht und ermordet.

Ullmann hat die Vorlage für die Komposition um einzelne Episoden gekürzt. Der Vorgang hat dadurch an Dichte und Dramatik gewonnen. Die Klangsprache Ullmanns ist expressiv und streng in der Struktur zugleich. In der Behandlung des Tonfalls der Sprechmelodie geht er einen anderen Weg als sein Lehrer Schönberg (vgl. S. 270 ff.) – in mancher Hinsicht einen umgekehrten. Die Sprechmelodie ist nicht auskomponiert. Vielmehr zeigt die Motivbildung der Musik selbst eine ungewöhnliche Sprachnähe und eine deutliche Orientierung an Rhythmik und Tonfall des Sprechens. Nicht die Sprache also wird musikalisiert, sondern die musikalische Sprache Rilkes wird zum Impuls für die Sprechweise der Musik. Aber wenn auch der Tonfall der Worte sich von daher vielfach synchron oder auch in einer Art Heterophonie zur Musik bewegt, so behält er bei aller rhythmischen Präzision doch immer einen freieren und fließenderen Duktus gegenüber den auszählbaren Rhythmen der Musik. Das Autograph selbst dokumentiert noch einen sehr vorläufigen Zustand und gibt nur wenig Hinweise für »das ungefähre Zusammentreffen« von Text und Musik. Insofern sind die folgenden Beispiele einer Zuordnung selbstverständlich Vorschläge, aber sie begründen sich immer aus diesem Wechselbezug von Tonfall und Motivbildung in der Musik. Für die Ausführung in diesem Sinn ist ein sehr enges Verständnis zwischen Sprechstimme und Instrument gefordert. Der Sprecher braucht ein Gespür für die Bewegungsweise der Musik und ihre verschiedenen motivischen Schichten, um diese Dichte des Bezugs auszugestalten und auszukosten. Der *Cornet* Ullmanns ist, so gesehen, ein Beispiel äußerster Verfeinerung der Beziehung von Sprechklang und Musik. In diesem Sinn ist Ullmann der Vollender des romantischen Melodrams und seiner Intentionen.

Das *erste Bild* beschreibt den Ritt durch eine endlos scheinende Ebene »durch den Tag, durch die Nacht«. Der Hufschlag der Pferde wird Klang in der gleichförmigen ostinaten Tonfigur des Basses. Darüber erklingt eine glockenartige Melodie mit einem durch die tiefe Lage sehr abgedunkelten Sehnsuchtsintervall. Die Worte sind genau und zugleich frei in die Musik eingefügt. Das dreimalige »Reiten« trifft auf den musikalischen Akzent des Taktanfangs, wird aber nicht der Baßbewegung entsprechend ausrhythmisiert, sondern bleibt Sprechrhythmus und Sprechklang. Auch die Akzente der folgenden Worte »durch den Tag, durch die Nacht ...« treffen jeweils auf die Glockenschläge der tiefen Melodietöne, laufen aber in normaler Diktion dynamisch auf diesen Akzent zu. Bei näherer Betrachtung zeigt sich, daß das melodische Motiv in seinen sechs Tönen den Tonfall der sprachlichen Akzente seinerseits musikalisch abbildet und zeitversetzt realisiert. Solche Wechselbezüge kehren immer wieder:

Das *folgende Bild* zeigt die Situation der Rast: »Jemand erzählt von seiner Mutter«. Das punktierte Motiv des Klaviers leitet sich deutlich aus der rhythmisch-melodischen Prägung des Tonfalls der Worte ab. Das musikalische Motiv äußert sich zunächst allein und gibt den Worten Impuls und Atmosphäre, und sie können sich in den begleitenden Klavierklang hineinschmiegen:

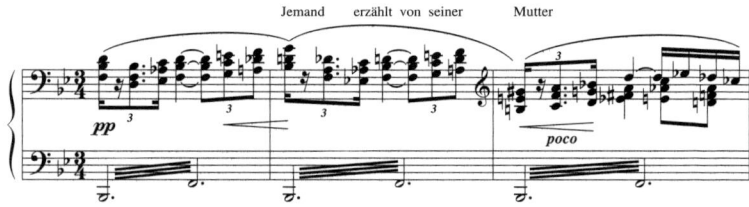

Das *nächste Bild* führt in eine bewegte Lageratmosphäre hinein. Die Musik verkörpert dies durch eine sehr schnelle Motorik im Fünfvierteltakt mit unregelmäßig wechselnden Zweier- und Dreiergruppierungen. Der Sprecher, will er nicht in dieser Bewegung und dem Martellato des Klaviers untergehen, muß darauf rhythmisch prägnant antworten und zugleich mit einer übergreifenden Sprechgeste dagegenhalten und führen. Die Stimme kann Worte dehnen, andere rhythmische

Gruppierungen bilden als die Begleitung, pausieren und neu eingreifen, aber sie muß die motorische Bewegung des Instruments im Sprechfluß grundsätzlich mitempfinden und von daher beherrschen. Je furioser und zugleich genauer die Sprechweise über der Motorik der Begleitung agiert, desto markanter und situativer werden die rhythmischen Abweichungen: das Winken der Dirnen und die heftige Geste der Knechte: »Packen die Dirnen …« und das wortlose rhythmische Gegeneinander der allein zupackenden Klavierklänge. Diese Heftigkeit gipfelt in dem Pesante. Auch hier muß die Diktion den ungebärdigen Rhythmus beherrschen und in Griff nehmen. Die erotische Rangelei der Knechte mit den Dirnen, erscheint unmittelbar in der Auseinandersetzung von Stimme und Instrument.

Im *letzten* Bild des ersten Teils öffnet sich eine Burg dem Heereszug: »Groß wird das Tor.« Das erscheint im Klavier als markanter posaunenartiger Kanon. Die Stimme geht versetzt in diese aufeinandergetürmten Klänge hinein:

Das Schloß bietet Rast in ungewohnter Atmosphäre und Raum für ein Fest mit Frauen. Im Ausleben der Tanzbewegungen können sich die Worte fast schwingend in der Musik wiegen:

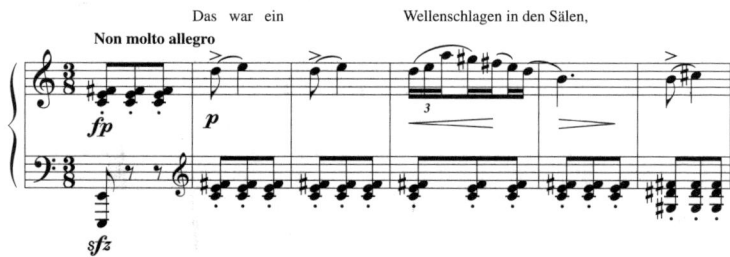

Die darauf folgende Nacht gehört der Liebe mit einer schönen Frau – weit ab von allen andern. Nach langem Vorspiel spricht die Musik den ersten Satz melodisch fast vollkommener aus als die Stimme. Diese kann sich weich in den Klang hinein-schmiegen. Die Musik übernimmt in den folgenden kleinen Schrittbewegungen und ihren Verzögerungen sehr deutlich den tastenden Annäherungsprozeß der beiden, während die Stimme, auch wenn sie sich in diese Bewegung rhythmisch einfügt, den Vorgang fast ruhig mit Worten betrachtet und führt. Über dem ganzen liegt ein feiner flirrender Tremoloklang. Und erst wenn die »Tür« gefunden ist, werden die Intervallbewegungen ganz ruhig und weit:

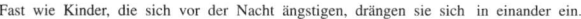

Wach wird der *Cornet* durch den Brand der Burg. Feinde haben das Feuer gelegt, das führt nach der Liebe zum schnellen Tod des *Cornets*. Mit der brennenden Fahne in der Hand stürzt er sich ins Getümmel. Im Finale klingt die Musik des Anfangs an. Ein Kurier mit der Todesnachricht reitet den Weg zurück zum Ausgangspunkt: »Dort hat er eine alte Frau weinen sehen.«

Schlußstück

Rund um den Schönberg

Der komponierte Sprechklang

In der kurzen Geschichte des Melodrams hat sich die Beziehung zwischen Sprechklang und Musik und damit auch die Beziehung der Schauspielkunst zur Musik sehr ausdifferenziert und verfeinert. In der Frühzeit werden vor allem zwei Qualitäten dieser Beziehung entdeckt. Die erste Entdeckung betrifft das Nebeneinander der Wirkungen und Wechselwirkungen. Das verbindende Moment ist das schauspielerische Verhalten, insbesondere das stumme Spiel der Gebärden. Die zweite Entdeckung ist die Wirkung einer Einbettung von gesprochenen Worten in die Musik. Es sind Momente der Ausdruckssteigerung, die nach dieser Verbindung verlangen. Der Sprechklang gewinnt dadurch an Emphase, bleibt aber Sprechklang. Die Romantik entwickelt ein vielfältiges Mit- und Ineinander von Wort und Musik. Bestimmend für die Wechselwirkung – auch für das Schweigen der Musik – wird das situative Moment. Versetzte imitative Einsätze von Musik und Wort und Formen von Heterophonie treten auf. Die Musik hat dabei in der Regel den Vortritt. Die Verdichtung von Wort und Klangereignis bis zum Zusammenprall der Akzente sind besondere Steigerungsformen. Die Musik befreit sich darüber hinaus von dem Zwang, punktuell auf Textereignisse zu reagieren, und entwickelt komplexere Strukturen und Formen. In wechselseitiger Beeinflussung nähern sich die Motive der begleitenden Musik und der Tonfall des Sprechens einander an.

Gegen Ende des 19. Jahrhunderts entwickeln sich Tendenzen, die Sprache in musikalische Strukturen einzubinden und zu *komponieren*. Der erste Schritt dazu ist die rhythmische Fixierung des Sprechklangs. Ansätze dazu finden sich schon in Mendelssohns Bühnenmusik zur *Antigone* des Sophokles. In der Klage der *Antigone*, intonieren die Akkorde des Orchesters den Rhythmus der Worte und fordern so die Stimme heraus, »mit den Noten« zu sprechen. Der situative Anlaß verlangt nach gesteigertem Ausdruck:

(mit den Noten gesprochen)
Hyme - nä-en er-schal-len nicht, kein bräut-li-ches Lied fei-er-te mich mit Festklängen,

In der *Ekklesiastischen Aktion* von Bernd Alois Zimmermann über hundert Jahre
später (1970) greifen Rhythmisierungen sehr viel extremer in den Tonfall ein.
Auch hier sind es situative Anlässe, und zwar aggressive Ausbrüche, die eine rhythmische Verzerrung der Sprechweise begründen:

Diesem Werk für zwei Sprecher, Baß-Solo und Orchester liegt eine Montage von
Textfragmenten aus dem Prediger Salomonis und Teilen aus der *Rede des Großinquisitors an den gefangenen Christus* aus Dostojewskis *Die Brüder Karamasow*

zugrunde. Unter dem Titel *Ich wandte mich und sah an alles Unrecht, das geschah unter der Sonne* ist es eine große Wehklage über den Gang der Welt. Vor allem der Sänger und der erste Sprecher in der Rolle des *Ekklesiastes*, des Predigers, führen diese Klage. Der zweite Sprecher – episch und dramatisch zugleich konzipiert – steht als Figur des Großinquisitors im Zentrum des Stückes. Mit ihm stellt sich die Ordnungsmacht Kirche gegen den anarchischen Aufrührer Christus. Vorgeschrieben ist eine »feste, gut geführte Greisenstimme; direkte Rede hart skandierend, eisig, eher leise als laut«. In der Auseinandersetzung mit dem gefangenen – und schweigenden – Christus im Kerker wechselt der Gestus dieser Figur von kühler Überlegenheit, Zynismus und Verhöhnung seines Gegenübers zu aggressiver Anklage und panischer Besessenheit. Die Sprechweise entfaltet sich dementsprechend von alltäglichem Tonfall über exakt notierte verzerrte Sprechrhythmen bis hin zum Schreien. In der musikalischen Steigerung dieses Ausbruchs werden die Sprechrhythmen beider Sprecher miteinander verschränkt. Sie beginnen zu spielen und ihre Emotionen stilisiert auszuagieren: durch Posen, präzise notierte Sprünge mit aufgereckten Armen und gespreizten Beinen oder durch rhythmisch notiertes Aufstampfen. Eine letzte Explosion aus Aggression und Verzweiflung ereignet sich über einem ständig anschwellenden dissonanten Klangblock des ganzen Orchesters. Schließlich schlägt das gesamte Schlagzeug »wild und chaotisch auf beliebige Schlaginstrumente ein«. Die beiden Akteure geraten vor diesem Klanghintergrund in eine Art stilisierten Veitstanz. Sie »schreien durcheinander: Reichtum, Selbstvernichtung, sich gegenseitig ausrotten. Dazu gestikulieren sie und führen akrobatische Aktionen aus.«

Die rhythmischen Stilisierungen der Sprechstimme bei Zimmermann haben unmittelbare Auswirkungen auf die Sprechmelodie. Überdehnte Sprechklänge bewirken eine gehaltene Tonhöhe oder langgezogene Glissandi der Stimme. Auch in der Klage der *Antigone* bei Mendelssohn stellen sich zwangsläufig halb gesungene Sprechklänge ein. In beiden Fällen ist das emotional zu begründen und in den Gestus der Figuren aufzunehmen. Eine durchgehende melodische Fixierung der Sprechstimme oder ihre rhythmisch-melodische Komposition machen eine solche Rückbindung zu einem Problem – vor allem, wenn die Sprechstimme in die motivische Struktur der Musik eingebunden wird. Darin liegt aber auch der Reiz, emotionalen und gestischen Momenten auf die Spur zu kommen, die sich im Formalen verbergen.

Arnold Schönberg

Den ersten Ansatz zu einer melodischen Notierung der Sprechstimme entwickelt Engelbert Humperdingk in seinem Bühnenwerk *Die Königskinder* (1897). Humperdingk geht allerdings über eine gelegentliche, emotional begründete Fixierung der Sprechmelodie weit hinaus. Ihm ist es letztlich um »die innigste Verbindung mit der begleitenden Musik« zu tun, die »zwar der Freiheit des rezitierenden Schauspielers einige unbequeme Fesseln anlegen, auf der anderen Seite aber auch die gemeinsame Wirkung von Rede und Melodie (...) auf ein hochgesteigertes Maß erheben dürfte.« (Vgl. Stephan) Das für die neuere Musik epochemachende melodramatische Werk, das diese Intentionen auf seine Weise verwirklicht, ist Schönbergs *Pierrot lunaire* (1912), eine Musik für Sprechstimme und Kammerorchester nach Gedichten von Albert Giraud in der Übersetzung von Otto E. Hartleben. Schönberg dringt in seiner Vorrede zur Partitur des *Pierrot* darauf, daß die »in der Sprechstimme durch Noten angegebene Melodie (...) nicht zum Singen bestimmt« ist. »Der Ausführende hat die Aufgabe, sie unter guter Berücksichtigung der vorgezeichnete Tonhöhen in eine Sprechmelodie umzuwandeln.« Er muß sich »sehr davor hüten, in eine singende Sprechweise zu verfallen. Das ist absolut nicht gemeint. Es wird zwar keineswegs ein realistisch-natürliches Sprechen angestrebt. Im Gegenteil, der Unterschied zwischen gewöhnlichem und einem Sprechen, das in einer musikalischen Form mitwirkt, soll deutlich werden. Aber es darf auch nie an Gesang erinnern.« Diesen Forderungen gerecht zu werden, ist schwer – zumal von einem heutigen Verständnis des Sprechens her. Vermutlich sind Humperdingk und Schönberg in ihren Vorstellungen nicht unbeeinflußt durch die Bühnensprache der damaligen Zeit, die immer wieder mit dem Gesangston spielte – man denke an Wüllner und Moissi.

Man kann sich sicher fruchtbar darüber streiten, ob der *Pierrot lunaire* heute eher einer sprechenden Sängerin oder einer musikalischen Schauspielerin anzuvertrauen wäre – Schönberg dachte wohl an eine Frauenstimme. Beide Realisierungen hätten wohl ihre Berechtigung, setzten aber immer eine grenzüberschreitende Kompetenz voraus. Zwei andere ähnlich angelegte Kompositionen Schönbergs – die *Ode an Napoleon* und *Der Überlebende aus Warschau* – scheinen mir dagegen grundsätzlich eine schauspielerische Kompetenz zu forden. Auch die Intentionen Schönbergs scheinen dahin zu gehen. Zum *Überlebenden aus Warschau* schreibt er anläßlich der Pariser Aufführung 1948: »Diese Sprechstimme darf niemals so musikalisch ausgeführt werden wie meine andern strengen Kompositionen. Niemals darf gesungen werden, niemals darf eine wirkliche Tonhöhe erkennbar sein. Das heißt, daß nur die Art der Akzentuierung gemeint ist.« Ähnlich sind die Verhältnisse in der *Ode an Napoleon* für Sprecher, Klavier und Streichquartett. Die Notation der Sprechstimme hat nur eine Linie ohne Notenschlüssel, so daß trotz vieler Hilfslinien und Vorzeichen die Tonhöhe nicht eindeutig bestimmbar ist, wenn man sie nicht aus korrespondierenden Instrumentalstimmen heraushören will. Daß Schönberg die eindeutige Fixierung vermieden hat, läßt aber vermuten, daß er die tonliche Reibung von Instrumental- und Sprechklang wünschte.

Lord Byrons *Ode to Napoleon Buonaparte* ist eine Schmährede und zugleich ein Triumphgesang über die Niederlage Napoleons. Bei Schönberg richtet sich der Text und damit die Komposition (1941) gegen Hitler und den Nationalsozialismus. Die Notierung der Sprechmelodie des Melodrams ist auf das englische Original gemünzt. Die Sprache Byrons gibt die Impulse für den Rhythmus des Sprechens und die Intonation. Weil diese Sprechmelodie in die musikalische Motivstruktur eingegangen ist und mit ihr vielfach korrespondiert, ist sie unantastbar. Eine deutsche Übersetzung muß den deutschen Tonfall in der notierten Sprechmelodie aufsuchen und muß zugleich die poetischen Intentionen Byrons und die rhetorische Dynamik des Originals bewahren.

Der Beginn der *Ode* spiegelt den direkten aggressiven Zugriff in den kurzen heftigen Sprechgesten oder auch in der höhnischen Dehnung des Vokals. Das leichtere, ironische Moment äußert sich in dem aufwärtsgezogenen Glissando »und schon«. Für den Gestus ist nicht unwesentlich, daß Byron, wie er im Tagebuch am 10. April 1814 vermerkt, erst eine Stunde geboxt hat, ehe er die Ode aufs Papier warf. Boxen war für ihn körperliche und geistige Auseinandersetzung.

Bereits im Anfang der Ode lassen sich motivische Beziehungen in der Intonation der Sprechmelodie und der Instrumente erkennen, etwa in den chromatischen Triolen dort. Diese Beziehung zum motivischen Geflecht der Instrumente zeigt sich im weiteren Verlauf immer wieder. Die wechselseitige Übergabe der Motive in der Komposition zeigt, wie präzis der Text rhythmisch zu arbeiten ist und wie genau der Sprecher in die Musik hineinhorchen muß, um den Instrumenten auch melodisch antworten zu können. Noch notwendiger wird das, wenn Stimme und Instrument parallel laufen – wie etwa in dem folgenden kleinen Fugato. Wichtig sind aber auch die Momente, in denen die Sprechstimme sich aus diesem Geflecht wieder befreit.

Die komplexeste Einbindung zeigt die folgende Engführung verkürzter und gedehnter Motive, in der sich die Stimme innerhalb der Instrumentalklänge teilweise eigenständig bewegt. So weit hier die Sprechstimme auch von ihrem realistisch-natürlichem Ausgangspunkt entfernt sein mag, so sehr gewinnt sie doch an Atem und an durchgehender Spannung durch das Mitgehen mit den Instrumenten – nicht zuletzt auch an Plastizität des Gestus'. Die breiten Dehnungen des Anfangs, der lange Weg zum eigentlichen Gipfelpunkt der Aussage »Hölle«, die Beschleunigung im melodischen Abfall und das Zupackende im Rhythmus der letzten Worte – dies wäre ohne die Partnerschaft der Instrumente so nicht möglich. Aber auch die Instrumentalklänge gewinnen in der Nachbarschaft der Worte neue emotionale Kraft und Farbe:

Na - po - le - on might a - rise, to shame the world a - gain –

le wür - de dich neu ge - bären mit Mord und To - des - schrein.

Kehraus mit Kageln und Schnebeln

Die Entwicklung der Musik – vor allem in der ersten Hälfte des 20. Jahrhunderts – zwingt den Schauspieler, wenn er sich auf ein Überschreiten der engeren Grenzen seiner Professionalität in diese Richtung einläßt, zu einem Verhalten in sehr streng vorstrukturierten Klangräumen und Klangbewegungen. Die Neuansätze in der zweiten Hälfte des Jahrhunderts zeigen da, wo sie den Schauspieler ansprechen oder einladen in musikalischen Prozessen mitzuwirken, vielfach ein weniger strenges Gesicht, im Gegenteil manchmal fast spielerisch-experimentelle Züge. Dennoch sind auch die Schritte in dieses Feld für den Schauspieler häufig Grenzüberschreitungen. Er begegnet hier freien musikalisch-szenischen Aktionsformen oder musikalisch durchsetzten Erscheinungen der Performance. Der Komponist Dieter Schnebel beispielsweise setzt mit *Atemzügen* an und artikulatorischen Geräuschen oder atomisierten bedeutungsfreien Sprachlauten. Diese *Glossolalien* sind neben elementaren Bewegungsabläufen und Gesten das Material eines kompositorischen Spiels. Bei den *Maulwerkern* schließlich kann Gesprochenes und Agiertes aller Art zu Musik werden.

Ein wesentlicher Impuls zu dieser Art Musiktheater ging von Mauricio Kagel aus. Kagel entdeckt von gegensätzlichen Blickwinkeln her in jeder Handlung des Musikbetriebes – vom Heben des Taktstocks, dem Ansetzen des Bogens, dem Reden über Musik bis hin zum rituellen Verbeugen – das theatralisch-szenische

250

Moment. Umgekehrt läßt sich auch die Aktion des Schauspielers in seine Elemente auflösen und neu komponieren. Die Geräuschhaftigkeit einer Aktion – beispielsweise schon Variationen des Gehens auf variabel klingendem Untergrund – kann zu einer Musik des szenischen Verhaltens werden. Auch visuelle Momente einer Aktion können auf diese Weise Musik sein.

Eines der ersten Stücke dieser Art ist das »kammermusikalische Theaterstück in einem Akt für Sprecher, Mime, Sänger und drei Instrumentalisten« *Sur Scène* von 1959/60. Dieses Theaterstück handelt auf eine seltsame Weise von nichts als Musik. Alle Akteure agieren weniger miteinander als vor allem für sich, auch wenn sie aufeinander Bezug nehmen. Der *Sprecher* hält einen Vortrag über Musik, aber letztlich ohne Verantwortung für das, was er sagt. Das Gesagte spinnt sich in seinen eigenen Konventionen fort: tiefsinnige Gedanken und klarer Unsinn, Nebenbemerkungen, Definitionen, Abschweifungen und semantische Abirrungen in labyrinthischen Schachtelsätzen. Dabei wechselt der *Sprecher* immanent die Rollen, auch wenn er vom Grundgestus her Vortragender bleibt. Der Sänger gibt elementare, z. T. in extremen Lagen angesiedelte Gesangstöne von sich, Glissandi, Tremolos, gelegentlich den Ansatz einer Arie, er darf auch schreien, rufen, ächzen o. ä. Insgesamt sortiert er sein durcheinandergewürfeltes sängerisches Inventar. Gelegentlich übernimmt er auch Fragmente aus dem Vortrag des *Sprechers*, kommentiert oder ironisiert sie, so daß ein indirekter Bezug entsteht. Der *Mime* spielt mit Elementen des Publikumsverhaltens. Er hört angestrengt zu, schneidet Grimassen, lacht stumm, gähnt usw. In einer Vortragspause mimt er den Vortragenden. Auch die *Instrumentalisten* spielen mit Bruchstücken ihrer Tätigkeit. Sie üben oder erproben elementares musikalisches Material: Triller, Cluster, Glissandi. Sie wechseln sich an den über den ganzen Raum verteilten Instrumenten ab, spielen gelegentlich zu dritt an einem Instrument, ohne eigentlich miteinander zu spielen, oder imitieren Aktionen der anderen.

Der *Sprecher* ist in seiner Rolle und in den latenten Rollenwechseln durchaus Schauspieler. Immer wieder durchsetzt er seinen Vortrag willkürlich mit schauspielerischen Gesten, Tönen und Artikulationsqualitäten. Er ist aber nicht zuletzt auch Musiker und manipuliert seinen Text durch verschiedene Höhenlagen der Stimme und durch verschiedene Grade von Lautstärke und Schnelligkeit. Diese Manipulationen oder Artikulationsweisen des Textes dienen allerdings ebensowenig wie seine gestischen Attitüden dem Sinn, sondern zerstören oder konterkarieren seine Restbestände. Der Sinn des Aktionszusammenhangs ist rein ästhetischer Natur: ist Musiktheater:

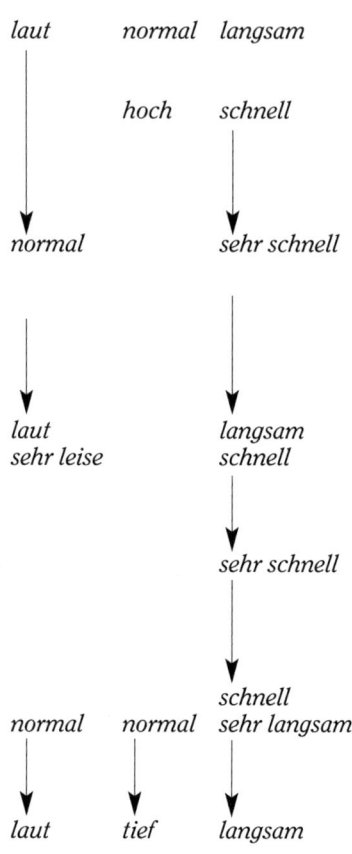

Lautstärke	Tonhöhe	Zeitmaß	Sprecher
laut	*normal*	*langsam*	Und doch habe ich damals geschrieben: *(mit dem Gesicht sehr nahe an den Manuskriptseiten)*
	hoch	*schnell*	»In Aufsuchung ohrenzerreißender Dissonanzen, gequälter Übergänge, schneidender Modulationen, widerwärtiger Verrenkungen der Melodie und des Rhythmus, ist er ganz unermüdlich. *(Pause)*
normal		*sehr schnell*	Alles, worauf man nur verfallen kann, wird hervorgesucht, um den Effekt bizarrer Originalität zu erzeugen, zumal aber die fremdartigsten Tonarten, die unnatürlichsten Lagen der Akkorde, die widerhaarigsten Zusammenstellungen in Betreff der
laut		*langsam*	Fingersetzung. *(Pause)*
sehr leise		*schnell*	Aber es verlohnt wahrlich nicht der Mühe, daß ich der verdrehten Werke dieses sogenannten Komponisten wegen so lange Philippiken halte.
		sehr schnell	Hätte dieser Herr Chopin diese Komposition einem Meister vorgelegt, so würde dieser sie ihm hoffentlich zerrissen vor die Füße geworfen haben, was wir hiermit symbolisch tun
		schnell	wollen. *(Pause)*
normal	*normal*	*sehr langsam*	Es klang, *(kurze Pause)* als wenn eine Herde Ratten langsam zu Tode gepeinigt würde und dazwischen von Zeit zu Zeit eine sterbende Kuh
laut	*tief*	*langsam*	stöhnte.«

Literatur

Literatur zur *elementaren Arbeit*:
Ritter, Hans Martin: Sprechen auf der Bühne. Ein Lehr- und Arbeitsbuch. Berlin 1999
Strasberg, Lee: Ein Traum der Leidenschaft. München 1988
Artaud, Antonin: Das Theater und sein Double. Frankfurt/M 1969

Literatur zum *Gestischen Prinzip* und zum *Bühnenlied*:
Benjamin, Walter: Versuche über Brecht. Frankfurt/M 1966
Brecht, Bertolt: Arbeitsjournal. Frankfurt 1973
    Gesammelte Werke. Bd. 1-20. Frankfurt 1967
Dümling, Albrecht: Laßt euch nicht verführen. Brecht und die Musik. München 1985
Hennenberg, Fritz (Hrsg.): Das große Brecht-Liederbuch. Bd. 1-3. Berlin 1984
Ritter, Hans Martin: Das gestische Prinzip. Köln 1986
    Die Lieder der *Hauspostille*. Untersuchungen zu Brechts eigenen Kompositionen und zu ihrer Aufführungspraxis. In: Hans Martin Ritter: Dem Wort auf der Spur. Köln 1989. Zuerst in: *Lehmann*, Hans-Thies, und *Lethen*, Hellmut (Hrsg.): Brechts *Hauspostille*: Text und Kollektives Lesen. Stuttgart 1978
    Theater und Musik. In: Hans Martin Ritter (Hrsg.): Spiel- und Theaterpädagogik als Modell. Berlin 1990
    Wort und Wirklichkeit auf der Bühne. Münster 1997
Wedekind, Frank: Ich hab meine Tante geschlachtet. Lautenlieder und Simplizissimus-Gedichte. München 1967
    Lautenlieder. München 1989
Weill, Kurt: Ausgewählte Schriften. Frankfurt/M 1975

Literatur zum *Bänkelsang*:
Petzold, Leander: Die freudlose Muse. Texte, Lieder, Bilder zum historischen Bänkelsang. Stuttgart 1978
    Bänkellieder und Moritaten aus drei Jahrhunderten. Frankfurt/M 1982
Riha, Karl (Hrsg.): Moritatenbuch. Frankfurt/M 1981
Torneck, Harro und *Mährlen*, Hermann: Volks- und Küchenlieder. München 1977

Liedersammlungern aus der *Shakespearezeit*:
Auden, W. H., *Kallman*, Chester und *Greenberg*, Noah (Hrsg.): An Elizabethan Song Book. London. 1982
Chambers, H. A. (Hrsg.): A Shakespeare Song Book. London 1984
Möller, Heinrich (Hrsg.): Englische und Nordamerikanische Volkslieder. Mainz-London 1924

Literatur zum *Melodram* und zum Verhältnis von *Sprache und Musik* im 20. Jahrhundert:

Budde, Elmar: Das deutschsprachige Melodram im ausgehenden 18. Jahrhundert. In: Bachtage Berlin. Vorträge 1970–1981. Hrsgg. von Günter Wagner. Neuhausen-Stuttgart 1985

Zum Verhältnis von Sprache, Sprachlaut und Komposition in der neueren Musik. In: Stephan, Rudolph (Hrsg.): Über Musik und Sprache. Sieben Versuche zur Neueren Musik. (Veröffentlichungen des Instituts für Neue Musik und Musikerziehung Darmstadt, Bd. 14 Mainz 1974)

Musik und Sprechklang. In: *Fragstein*, Thomas v. und *Ritter*, Hans Martin (Hrsg.): Positionen und Prozesse ästhetischer Kommunikation. Frankfurt/M 1990

Corsten, Volker: Von heißen Tränen und großen Gefühlen. Funktionen des Melodrams im gereinigten Theater des 18. Jahrhunderts. Frankfurt/M-Berlin-Bern 1999

Martens, Heinrich: Das Melodram. Musikalische Formen in Beispielen. Bd. 11. Berlin 1932

Ritter, Hans Martin: Die Sprechende Stimme - Widersacher der Musik und Musikalisches Ereignis. In: Dem Wort auf der Spur. Köln 1989

Musik – Sprache – Gesellschaftliche Wirklichkeit: Widersprüche und ihre Versöhnung. Anmerkungen zu einer deutschen Fassung von Schoenbergs Ode to Napoleon Buonaparte (Lord Byron). In: Hugo-Wolf-Akademie Stuttgart (Hrsg.): Europa im Aufbruch. Tutzing 1992. Mit Abweichungen auch in: Österreichische Musikzeitschrift. Jg. 46/6 1991. (Beide Pubklikationen mit vollständiger Übersetzung des Byronschen Textes)

Melodramen. In: Haase, Martina, und Meyer, Dirk (Hrsg.): Von Sprechkunst und Normphonetik. Hanau-Halle 1997

Die Sprechstimme auf der Bühne – Erfahrungen und Überlegungen. In: Gundermann, Horst (Hrsg.): Die Ausdruckswelt der Stimme. Heidelberg 1998

Schnebel, Dieter: Mauricio Kagel. Köln 1970

Schoenberg, Arnold: Ausgewählte Briefe. Mainz 1958

Stephan, Rudolph: Zur jüngsten Geschichte des Melodrams. In: Archiv für Musikwissenschaft VII 1960

Urbanczyk, Edith: Zum Problem der Sprechmelodie in Arnold Schönbergs Melodram »Pierrot Lunaire«. In: Fragstein/Ritter (Hrsg.) a. a. O.

Vill, Susanne: Wenn das Wort an sich die Gewalt der Musik erleidet – Über Sprache und Sprechklang in der neuen Musik. Ebd.

Quellennachweis

Wolf Biermann: *Dra-Dra-Hymne*, S. 83, aus: Biermann, Der Dra-Dra (Wagenbach, Berlin 1977), S. 18

Boris Blacher: *Sinnspruch Omars des Zeltmachers Nr. IV*, S. 190, aus: Blacher, Fünf Sinnsprüche Omars des Zeltmachers, Op. 3 (Bote & Bock, Berlin), S. 5

Bertolt Brecht: *Ballade von den verführten Mädchen*, S. 151, *Alabama-Song*, S. 152, aus: Brecht, Hauspostille (Anhang) (Suhrkamp, Frankfurt a. M. 1951), S. 163, 161 f.; *Choral vom Manne Baal*, Seite 39, *Erinnerung an die Marie A.* (Brecht/Bruinier), S. 46, *Apfelböck oder die Lilie auf dem Felde*, S. 148, *Ballade vom toten Soldaten*, S. 148, *Gott in Mahagonny*, S. 175, aus: Fritz Hennenberg (Hrsg.), Das große Brecht-Liederbuch, Bd. 1 (Henschelverlag Kunst und Gesellschaft, Berlin 1984), S. 12, 42, 14, 7, 24

Jochen Breuer: *Der nächste Morgen*, S. 100, aus: Breuer, Ohne Schminke und Toupet (Apollo Verlag Paul Lincke, Berlin), S. 40

Paul Dessau: *Lied vom Förster und der schönen Gräfin*, S. 74, *Lied vom Rauch*, S. 156, *Lied auf den Adzak*, S. 158, aus: Fritz Hennenberg (Hrsg.), Das große Brecht-Liederbuch, Bd. 1, S. 180, 168, 194

Hanns Eisler: *Lied vom kleinen Wind*, S. 68, aus: Brecht Song Book (hrsg. von Eric Bentley), S. 180; *Hollywood*, S. 47, aus: Eisler, Lieder und Kantaten, Bd. 1 (VEB Breitkopf & Härtel, Leipzig), S. 39; *Wienerlied*, S. 67, *Lied des Händlers (Song von der Ware)*, S. 74 f., *Lied des Freudenmädchens (Lied der Nanna)*, S. 161, *Lied von der Tünche*, S. 163 f., *Duett Isabella/Judith (Isabella/Nanna)*, S. 168 f., *Die Stadt*, S. 189, aus: a. a. O., Bd. 2, S. 180, 46, 60, 95, 98, 101 f., 140; *Ballade vom Soldaten*, S. 154 f., *Bettellied*, S. 209, *Die haltbare Graugans*, S. 208, *Mutter Beimlein*, S. 210, aus: Fritz Hennenberg (Hrsg.), Das große Brecht-Liederbuch, Bd. 2, S. 200, 235, 277, 234

Wolfgang Fortner: *Fool-Song*, S. 93f., aus: Fortner, *Shakespeare-Songs* (B. Schott's Söhne, Mainz), S. 24 f.

George Gershwin: *Summertime*, S. 44, aus: Gershwin, Porgy and Bess, Klavierauszug (Gershwin Publ. Corp., New York), S. 14

Fritz Graßhoff/Friedrich Zehm, *Knochensammler Engel*, S. 191f., aus: Graßhoff/ Zehm, Ein Bündel Chansons von frech bis poco triste (B. Schott's Söhne, Mainz), S. 37, 39

Birger Heymann/Volker Ludwig, *Tag, ich hasse dich*, S. 202, aus: Heymann/Ludwig, Linie 1, Klavierauszug (Echo Verlag, Berlin), S. 12, 14

Paul Hindemith: *Auf der Treppe sitzen meine Öhrchen*, Op. 18, Nr. 4, S. 187 f., aus: H. J. Moser: Das deutsche Sololied und die Ballade (B. Schott's Söhne, Mainz) (= Das Musikwerk, hrsg. von K. G. Fellerer und Arno Volk), S. 138

Friedrich Hollaender: *Johnny*, S. 193, *Die Kleptomanin*, S. 212, aus: Hollaender, Von Kopf bis Fuß ... (UFATON Verlag, Berlin/München), S. 11, 13

Mauricio Kagel: *Sur Scène*, S. 252, aus: Dieter Schnebel, Mauricio Kagel (DuMont, Köln 1970), S. 59

Georg Kreisler: *Heute abend: Lola Blau*, S. 201, aus dem Bühnenmanuskript, S. 108 ff.

Mitch Leigh/Dale Wassermann: *The impossible Dream*, S. 47, *Aldonza*, S. 200, aus: Leigh/Wassermann, Der Mann von La Mancha, Klavierauszug (Lane Music Corp., Greenwich), S. 77, 79, 109 f.

Frederick Loewe/Alan Jay Lerner, *Ooooh, 'enry 'iggins*, S. 198 f., aus: Loewe/Lerner, My fair Lady, Klavierauszug (Chappel & Co, New York/London), S. 48, 50

Galt MacDermont/Gerome Ragni/James Rado, *Good morning Starshine*, S. 71, *I got Life*, S. 207, aus: MacDermont/Ragni/Rado, Vocal Selectons from *Hair* (The Big 3 Music Corp., Miami), S. 34, 35f., 67

Arnold Schoenberg: *Ode to Napoleon Buonaparte, Op. 41*, S. 248 ff., aus der Ausgabe von Schirmer, New York, S. 7 u. 41

Igor Strawinsky: *Couplet du diable*, S. 97, aus: Strawinsky, Die Geschichte vom Soldaten (Chester Music, J. und W. Chester, Edition Wilhelm Hansen, London) S. 56 f.

Viktor Ullmann: *Die Weise von Liebe und Tod des Cornets Christoph Rilke*, S. 240-243, aus der Ausgabe von B. Schott's Söhne, Mainz, S. 5, 11, 16, 23, 31, 38 f.

Carl Orff: Olim lacus, S. 212, *Stetit puella*, S. 213, aus: Orff, Carmina burana, Klavierauszug (B. Schott's Söhne, Mainz), S. 68 f., 90 f.

Bernd Alois Zimmermann: *Ekklesiastische Aktion*, S. 245 f., aus: Zimmermann, »Ich wandte mich und sah an alles Unrecht, das geschah unter der Sonne«. Ekklesiastische Aktion für zwei Sprecher, Baß-Solo und Orchester (B. Schott's Söhne, Mainz) S. 37 f.

Kurt Weill: *Alabama-Song*, S. 88, 152, *Wenn es etwas gibt, was du haben kannst für Geld (Lehre)*, S. 173, aus: Weill/Brecht, Mahagonny, Klavierauszug (Universal Edition, Wien) S. 17, 18, 139; *Eifersuchtsduett Polly/Lucy*, S. 90, aus: Weill/Brecht: Dreigroschenoper, Klavierauszug (Universal Edition, Wien) S. 51; *Ballade vom ertrunkenen Mädchen (aus dem Berliner Requiem)*, S. 153, *Moritat von Mackie Messer*, S. 157, *Barbara-Song*, S. 159, *Lied der Seeräuberjenny* (alle drei Zitate aus der *Dreigroschenoper*), S. 167, *Surabaya-Johnny* (aus *Happy End* von Elisabeth Hauptmann), S. 165 f., aus: Fritz Hennenberg (Hrsg.), Das große Brecht-Liederbuch, Bd. 1, S. 114, 51, 62, 56, 106; *Lied der Nanna*, S. 162, *Klops Lied*, S. 186, *Wie lange noch?*, S. 195, *Der Abschiedsbrief*, S. 196 f., aus: Weill, The Unknown Kurt Weill (European American Music Corp., Miami), S. 1, 4, 10, 12, 23, 24 f., 30 ff.

Abschließender Hinweis: Die Liedbeispiele auf den Seiten 64, 65 u., 66 u., 76, 98, 105, 117, 129, 134 stammen vom Autor

256